KONTROLLIERT AUSSER KONTROLLE

D1729350

Hanna-Charlotte Blumroth vom Lehn

KONTROLLIERT
AUSSER KONTROLLE

Das Tagebuch einer Magersüchtigen

SCHWARZKOPF & SCHWARZKOPF

INHALT

Du weißt, dass es so ist
Du lebst in einem Körper mit zwei Seelen,
Eigentlich wünschst du dir, eine würde fehlen
Da gibt's die eine, die ist gut
Durch sie schöpfst du immer wieder Mut
Da gibt's die andere, die ist schlecht
Und du weißt eigentlich, nur die gute hat recht
Doch ist das so?
Wenn du es weißt, wieso ist sie trotzdem da?
Einfach so? Weil es eben so war?
Schalte sie doch ab, ist doch kein Problem,
Du weißt, es würde dir dann viel besser gehn
Doch ist das so?
Du weißt auch, dass sie dich einzigartig macht
Und mit jedem Gramm ein Feuer in dir entfacht
Doch ist das so?
Du weißt, durch dieses Feuer wird dir warm,
Doch du weißt auch, was dieses Feuer mit dir macht:
Dein Herz wird dadurch arm.

Heute.

Heute sitze ich hier und kann es kaum glauben. Vor mir liegen die über 300 Seiten meines Buches und ich weiß einfach nicht, was ich denken soll. Ich habe lange überlegt, ob ich meine tiefsten Gedanken wirklich öffentlich machen soll. Einerseits versuche ich, stolz auf mich zu sein, was immer noch sehr schwierig ist, anderseits habe ich eine Heidenangst, dass es Konsequenzen für mich haben wird, dass ich mit diesem Buch mein Innerstes preisgebe. Werde ich denn einen Freund finden, wenn er meine Vorgeschichte kennt? Werde ich vielleicht benachteiligt bei Bewerbungen? Ich weiß es nicht. Aber ich weiß, dass dieses Buch mir geholfen hat und es auch anderen helfen wird. Ich denke, es ist die richtige Entscheidung.

Durch das Schreiben konnte ich über meine Kranheit reflektieren. Erst gab es nur Tagebucheinträge, ganz für mich allein, doch irgendwann bemerkte ich, dass ich kein Buch kenne, in dem Magersuchtsgedanken so klar geschildert werden. Das Erstaunliche bei Magersucht ist ja, dass sich die Gedanken, der Magersüchtigen so unglaublich ähneln. Ich möchte zum einen den Betroffenen zeigen, dass sie nicht allein sind mit ihren Gedanken und zum anderen versuchen, deren Angehörigen und Freunden die Magersucht etwas näherzubringen. Es ist einfach so, dass Menschen, die nicht magersüchtig sind, meist nicht verstehen können, dass man nicht nur Angst hat, zu essen und zuzunehmen, sondern dass schnell immer mehr Ängste dazukommen und man irgendwann gar kein normales Leben mehr führen kann.

Aus diesem Grund finde ich, dass Betroffene, Angehörige, aber auch Leute, die noch nie etwas mit diesem Thema zu tun hatten, dieses Buch lesen sollten. Es ist nichts erfunden, übertrieben oder untertrieben. Alles ist vollkommen authentisch. Und wenn ich zurückblicke, war der Schreibprozess wie eine Selbsttherapie für mich. Kaum ein Therapeut konnte mir die Krankheit so nahebringen wie meine eigenen Gedanken. Vieles wurde mir erst bewusst, nachdem ich es niedergeschrieben hatte. Und ich empfehle allen, die mit dieser Krankheit zu tun haben, sich ihre Gedanken aufzuschreiben. Es hilft!

Trotz meiner Klinikaufenthalte und des langen Weges, den ich schon gegangen bin, bin ich oftmals immer noch hin- und hergerissen zwischen meinem Wunsch, dünn zu sein, und dem Wunsch, gesund zu sein. Ich muss einfach lernen, mit meinem Körper klarzukommen. Aber das ist sehr schwer. Manchmal glaube ich, ich werde nie zufrieden sein mit meinem Körper – egal, wie viel ich wiege.

Zurzeit treffe ich viele Freunde und Bekannte wieder, die mich lange nicht gesehen haben und sehen, dass ich zugenommen habe. Ständig klingt in meinen Ohren: »Hanna, du siehst ja so gut aus. Schön, dass es dir besser geht.«

Es ist schwer, das auszuhalten. Ich habe mich daran gewöhnt, zu hören, dass ich schlecht aussehe, und es ist nicht einfach zu erklären, dass es einem nicht sofort blendend geht, nur weil man mehr wiegt und gut erholt aussieht. Das ist ja das Schwierige an der Krankheit. Es auszuhalten. Ich bin noch lange nicht gesund und mein Essverhalten hat sich in den letzten Jahren auch nicht wirklich geändert, aber ich habe die Hoffnung, dass es nach und nach besser wird. Dass ich ein geregeltes Leben führen und irgendwann wieder normal essen kann.

Ich möchte, dass die Betroffenen wissen, dass sie es ohne Hilfe nicht schaffen können. Es mag sein, dass es Mädchen und Jungs gibt, die es allein geschafft haben, aber ich würde behaupten, dass deren Zahl sehr gering ist. Je dünner man ist, desto tiefer steckt man drin und desto dringender braucht man Hilfe. Welche Hilfe das sein soll, muss man selber ausprobieren. Die Familie kann dabei zwar unterstützend sein, aber sie kann das Kind oder den Jugendlichen nicht gesund machen. Egal, ob meine Mutter und meine Oma mich angefleht oder ob sie mir gedroht haben – je mehr sie mich unter Druck gesetzt haben, desto weniger hab ich gegessen.

Fakt ist: Man muss es selber wollen. Wenn man nicht selber dahintersteht, kann man es nicht schaffen und dann kann einem auch niemand anders helfen. Wenn man starkes Untergewicht hat, braucht man auf jeden Fall professionelle Hilfe, aber auch ein Klinikaufenthalt wird wenig bringen, wenn man dort nicht lernt, seinen Körper zu akzeptieren. Es wird nichts bringen, solange man nicht selber gesund sein will. Ich kann das so genau sagen, weil ich viermal in der Klinik war und viermal nicht dorthin wollte.

Ob ich es jetzt will? Ich weiß es nicht. Aber ich weiß, dass ich mich nach einem normalen Leben sehne, dass es sich lohnt, zu kämpfen und nie aufzugeben. Man liebt sich nicht mehr, nur weil man dünn ist. Man muss lernen, sich zu akzeptieren und mit sich zufrieden zu sein. Aber ich glaube, das ist ein langer Lernprozess und nicht nur für mich, sondern für die meisten Menschen sehr schwer.

München und Hamm,
im Herbst 2012

Eure Hanna-Charlotte

1. KAPITEL

Die Kontrolle schleicht sich heran

Ostern bis August 2008

Boah, das war zu viel! Konntest du dich wieder nicht beherrschen?« – »Du hast nicht zu viel gegessen, du hattest doch den ganzen Tag über kaum etwas, dann ist es doch klar, dass der Hunger umso größer ist.« – »Hunger hin oder her. Eine Portion hätte vollkommen gereicht und selbst die war zu groß. Auch wenn die Hälfte nur aus Salat bestand.«

Darf ich vorstellen? Meine zwei Stimmen im Kopf, die mich nicht in Ruhe lassen. Sie versuchen, mir Ratschläge zu geben, wie ich mich zu fühlen habe nach dem Essen. Es ist Ostern 2008 und gerade haben wir das Osteressen meiner Oma hinter uns. Ich bin pappsatt. Satt und zufrieden? Keinesfalls! Ich fühle mich zwiespältig, denke viel über das gerade Gegessene nach und entscheide mich, der ersten Stimme in meinem Kopf recht zu geben! Es war zu viel! So wird das nichts mit der gesunden Ernährung.

»Mama, Oma, darf ich aufstehen?«

»Ja klar, Schatz, räume nur deinen Teller bitte weg.«

Ich räume meinen Teller weg und überlege. Was jetzt? Wohin? Ich muss irgendwohin, wo ich ungestört bin und ein Waschbecken oder eine Toilette ist. Das Erdgeschoss ist zu nah zu den anderen. Ich renne die weiße Treppe meiner Oma hoch, doch auch hier bin ich nicht ungestört genug, weil meine Geschwister direkt nebenan vor dem Fernseher sitzen. Da fällt mir die Mansarde ein. Ich renne die nächste Treppe hoch, direkt zum Waschbecken, lehne mich darüber und stecke mir den Finger in den Hals, bis ich würgen muss. Immer und immer wieder. Die vielen Versuche kommen mir vor wie Stunden, meine Augen fangen an zu tränen, ich fange an zu zittern. Es dauert einige Zeit, bis ich brechen kann, doch es kommt viel zu wenig. Jetzt muss ich dranbleiben, egal wie ekelig ich mich fühle, egal wie sehr mir das Würgen wehtut.

Irgendwann kommt nichts mehr hoch. Wahrscheinlich waren es nur fünf bis zehn Minuten, doch es kam mir eher vor wie fünf bis zehn Stunden. Ich spüle das Waschbecken aus, wasche meine Hände, mein Gesicht. Mein Gesicht! Ich sehe im wahrsten Sinne des Wortes »zum Kotzen« aus. Meine Augen sind aufgequollen und tränen. Mein Mund ist rot und entzündet vom Aufreißen, den Händen und der Magensäure.

Soll ich mich jetzt gut oder schlecht fühlen? Zumindest bin ich erleichtert, dass es vorbei ist. Jetzt muss ich mich nur erst mal wieder ansehnlich machen und mich von den anderen fernhalten, damit keiner was bemerkt. Warum ich das mache? Nun ja, ich möchte mich gesund ernähren und auf meine Figur achten. Ich fühle mich undiszipliniert und habe deswegen jetzt auch wieder mit Leichtathletik angefangen, zwei- bis dreimal die Woche. Hinzu kommt dann noch das Tanzen donnerstags.

So wie heute geht es eigentlich die nächsten Monate weiter. Ich ernähre mich gesund, lasse »Sünden« weg und mache ganz viel Sport. Doch manchmal hab ich so großen Hunger, dass ich meiner Meinung nach zu viel gegessen habe, wenn ich satt bin, und übergebe mich deswegen. Außer dem Übergeben ab und zu macht mir das Ganze ziemlich Spaß. Ich fühle mich gesund und fit, auch wenn ich mich manchmal sehr quälen muss, zum Sport zu gehen. Wo sich dann auch gleich wieder meine zwei Begleiterinnen melden.

»Hanna, geh nicht zum Training, es ist so schönes Wetter. Leg dich in die Sonne, du hast doch eh keine Lust.«

»Doch, Hanna, du hast Lust. Stell dir vor, was dir das bringt: Du fühlst dich doch immer so gut nach dem Sport und außerdem kannst du dann einigermaßen beruhigt zu Abend essen.«

Okay! Ich sollte wirklich zum Training gehen. Allein dafür, dass ich schon wieder überlege, könnte ich mir in den Hintern beißen. Da leuchtet auf einmal eine Nachricht von meiner Freundin auf meinem Handy auf: »Hey! Kommst du auch gleich mit zum See, ein bisschen sonnen und so? Die anderen kommen auch alle!«

Na toll! Jetzt treffen sich alle und ich kann nicht mitkommen, nur wegen des scheiß Trainings. Aber ich muss dahin, ich zieh das jetzt durch, also schreibe ich zurück: »Hey! Nein, tut mir leid, aber habe jetzt gleich Training, vielleicht beim nächsten Mal!«

Wann das alles anfing? Ich weiß es nicht ganz genau. Als die ganze Familie und der neue Freund meiner Mutter im Jahr 2007/2008 im Skiurlaub waren, ging es mir, soweit ich weiß, ganz gut. Gerade hatte ich mich einigermaßen vom Tod meines über alles geliebten Opas, der an einem Gehirntumor gestorben war, erholt. Er war wie ein Vater für mich.

Ob ich damals schon ein Problem mit mir oder meiner Figur hatte, weiß ich nicht. Kurze Zeit nach diesem Urlaub entschieden der neue Freund meiner Mutter und sie, sich zu trennen. Es tat mir unglaublich leid für meine Mutter, da sie ihn, glaube ich, sehr mochte, wobei ich nicht sagen kann, ob sie ihn zu diesem Zeitpunkt schon richtig liebte. Für mich persönlich war es nicht so schlimm. Ich fand ihn zwar nett, mehr aber auch ehrlich gesagt nicht, also störte es mich nicht sonderlich. Ich würde sagen, dass es mir auch in diesem Zeitraum noch gut ging. Allerdings war seit einiger Zeit mein leiblicher Vater Thema in der Familie.

Damals, vor 18 Jahren, war meine Mutter mit ihm verheiratet und bekam mit ihm meinen Bruder und mich. Doch nach einiger Zeit stellte sie fest, dass er sie nur noch belog. Er war kaum zu Hause und von seinem Studium längst exmatrikuliert. Es stellte sich heraus, dass er Alkoholiker war. Sie fasste sich ein Herz und zog mit meinem Bruder und mir von München nach Hamm zu ihren Eltern.

Als ich zwei Jahre alt war, heiratete sie ein zweites Mal, einen Mann, der meinen Bruder und mich adoptierte. Meine Mutter war zehn Jahre mit ihrem zweiten Mann verheiratet und bekam noch zwei weitere Kinder. Meine Geschwister Maria und Robert. Das Bedürfnis, meinen leiblichen Vater kennenzulernen, hatte ich nie. Eher war ich sauer auf ihn, weil ich fand, dass es eigentlich seine Aufgabe war, den Kontakt zu seinen Kindern zu suchen. Ich sah immer den zweiten Mann meiner Mutter, meinen Adoptivvater, als meinen richtigen Vater an. Doch als meine anderen Geschwister auf die Welt kamen, wurde das Verhältnis kritischer.

Wenn Streit herrschte, waren die Großen schuld, sodass unter den Geschwistern ein Konkurrenzgerangel entstand. Doch auch die Ehe zwischen meinen Eltern lief nicht gut. Für meine Mutter war klar, dass an erster Stelle immer die Kinder stehen und dann der Ehemann kommt. Das konnte mein Vater oft nicht nachvollziehen, sodass in der Familie ein ständiger Kampf herrschte. Wenn wir uns mal wieder stritten, hatte es zur Folge, dass meine Mutter sich auf unsere Seite schlug und uns verteidigte. Es herrschte nur noch Streit. Man könnte es sogar als Teufelskreis beschreiben. Mein Vater stritt mit uns, meine Mutter verteidigte uns, dann stritten die beiden, dann verteidigten wir Kinder unsere Mutter und so ging es immer weiter. Das Widersprüchliche war, dass ich zwar tierisch sauer auf ihn war, er mir aber immer leidtat und ich ein schlechtes Gewissen hatte. Nach wochenlangem Schweigen zwischen Mama und Papa trennten sie sich und meine Mutter zog mit uns in eine Wohnung. Anschließend lebten wir mit unserer Mutter alleine und waren jedes zweite Wochenende bei meinem Vater. Anfänglich zog ich das noch durch, doch dann besuchte ich ihn immer weniger, da ich meine Mutter zu sehr vermisste.

Als mein Bruder dann 18 wurde, sprach meine Mutter ihn noch einmal auf seinen leiblichen Vater Sven an, denn nun hatte er sowieso den Wunsch, ihn kennenzulernen. Auch ich wurde gefragt, doch ich war immer noch der Überzeugung, dass die Kontaktaufnahme Aufgabe von ihm sei. Zuerst wurde Kontakt zu Svens Mutter, also unserer leiblichen Oma, aufgenommen und ein erstes Treffen vereinbart. Als dann immer mehr versucht wurde, ein Treffen zu organisieren, hatte auch ich Interesse, den anderen Teil meiner Familie kennenzulernen. Es war sehr seltsam, plötzlich vor Menschen zu stehen, von denen man eigentlich nichts weiß, und somit lernte ich meine Oma, meine Tante, drei Cousins und eine Cousine kennen.

Mein Vater war bei diesen Treffen nicht mit dabei. Ihm ging es zu dieser Zeit gesundheitlich schon sehr schlecht und er verschob die Treffen immer wieder, weil er sich nach Aussage meiner Oma sehr schämte. Er hatte sich für das Treffen mit meinem Bruder und mir extra einen neuen Anzug gekauft und dann sollte es endlich so weit sein. Am Ostersamstag sollten wir ihn das erste Mal zu Gesicht bekommen. Max und ich wussten allerdings auch, dass man die Zeichen des Alkohols und seiner schlechten Gesundheit sehen würde. Am Karfreitag, einen Tag vorher, klopfte es an meiner Zimmertür und Max kam herein. Ich bemerkte sofort an seinem Gesicht, dass irgendetwas nicht stimmte. Nicht weil er weinte oder traurig aussah. Nein. Eigentlich sah er aus wie immer und trotzdem sah er anders aus.

»Ich muss dir was sagen. Oma Ursel hat eben angerufen … Sven ist gestorben. An Organversagen.«

In diesem Moment wusste ich überhaupt nicht, wie ich reagieren sollte. Während Max das zu mir sagte, lächelte er zwar, doch ich wusste ganz genau, dass er eigentlich nicht lächeln wollte, also antwortete ich nur: »Oh, ähm ja. Okay. Danke fürs Sagen.«

Als er wieder hinausging, saß ich, glaube ich, zehn Minuten einfach nur da und guckte geradeaus. Ich wusste überhaupt nicht, was ich denken, geschweige denn tun sollte. Sollte ich weinen? Ich wusste ja nicht mal, ob ich traurig war. Sollte ich es einfach so hinnehmen? Schließlich kannte ich ihn gar nicht. Doch gerade, dass ich ihn nicht kannte, war so schwierig, denn langsam wurde mir klar, dass ich ihn auch niemals kennenlernen würde. Nach weiteren Minuten wusste ich dann, dass ich entweder traurig, enttäuscht oder wütend war, denn ich fing an zu weinen. Wenn mich jetzt jemand gefragt hätte, warum ich weinte, ich hätte die Frage nicht beantworten können. Ich weinte um jemanden, der wie ein geschlossenes Buch war. Ein Buch, das ich nie wieder öffnen konnte.

Trotzdem würde ich dieses Weinen nicht als Trauer beschreiben, da ich selbst nicht wusste warum, um wen, oder um was. Meiner Mutter musste ich nichts erklären. Ich glaube, sie wusste ganz genau, was ich dachte. Wenn ich von dem Tod meines Vaters erzähle, habe ich immer das Gefühl, ich müsse mich erklären. Erklären, warum ich betroffen bin, weil ich es mir selber nicht erklären kann. Außerdem habe ich das Gefühl, in ganz vielen Augen zu lesen: »Du kanntest ihn doch gar nicht.« Doch auch das war nur ein Gefühl.

Besonders in Erinnerung geblieben sind mir aus dieser Zeit die Zwischenfälle mit dem Übergeben nach dem Essen. Einen Tag nach dem Tod fand das beschriebene Osteressen bei meiner Oma Gerda statt. So geht es die nächsten Monate weiter. Eigentlich geht es mir gut und auch der Tod von Sven ist in den Hintergrund getreten. Ich fühle mich diszipliniert und fit, auch wenn ich mich manchmal mit unglaublichem Appetit herumquälen muss, was sich stark an meiner Laune bemerkbar macht und sich auf meine eigentliche Freundlichkeit auswirkt.

Auch meine Freundinnen und mein Freund werden stutzig.

»Sehen wir uns denn mal diese Woche irgendwann?«, fragt mich mein Freund.

»Also Montag, Mittwoch und Freitag bin ich beim Training«, erwidere ich.

»Ja, und ich habe Dienstag und Donnerstag Training und am Sonntag habe ich ein Fußballspiel, willst du dann vielleicht am Samstag zu mir kommen?«

Früher wollte ich meinen Freund am besten jeden Tag sehen. Am besten jedes Wochenende bei ihm verbringen. Am besten immer zusammen feiern gehen und zusammen die Feier verlassen. In dieser Hinsicht war meine Vorstellung von einer Beziehung sehr an den vielen Liebesbüchern und Liebesfilmen orientiert, die ich gelesen und gesehen hatte.

Aber jetzt hat sich der Spieß umgedreht. Jetzt gehe ich lieber zum Sport. Er merkt meine Veränderung und versucht, noch irgendetwas geradezubiegen. Er bemüht sich um mich, lädt mich zu sich ein. Doch ich denke nur noch daran, wie unerträglich ich meinen Körper finde.

Bald sehen wir uns immer seltener und so geht die Beziehung mit ihm zu Ende, eine Beziehung, in der ich eigentlich sehr glücklich war.

Nicht nur die Beziehung zu meinem Freund geht in die Brüche. Durch die Sorgen meiner Mutter streite ich mich immer mehr mit ihr und auch mit meinen Geschwistern. Es geht mir einfach alles und jeder auf die Nerven. Der Höhepunkt kommt aber erst noch.

Es ist Sommer 2008. Ein weiterer Urlaub im Schwarzwald steht vor der Tür. Eigentlich habe ich überhaupt keine Lust, mit meinen Geschwistern und meiner Mutter auf einen Bauernhof zu fahren, mit fast 17 Jahren, doch andererseits freue ich mich total darauf, mir zwei wundervolle Wochen mit meiner Mutter zu machen. Shoppen gehen, gemeinsam etwas unternehmen. Einfach einen Frauenurlaub machen. Vor einigen Wochen ist Mama auch wieder mit ihrem vorherigen Freund Matthias zusammengekommen. Kurz vor dem Urlaub heißt es dann: »Matthias kommt übrigens nach einer Woche nach zu uns in den Urlaub, ist das nicht schön?«

Wunderschön. Ich könnte kotzen. Doch ändern kann ich es nicht. Ich versuche, mich damit abzufinden und mich einfach auf die erste Woche zu freuen. Die Autofahrt in Richtung Schwarzwald ist super. Ich sitze die ganze Zeit vorne neben meiner Mutter, unterhalte mich ununterbrochen mit ihr und höre Musik. Kurz bevor wir ankommen, gehen wir noch einkaufen für einen schönen ersten Urlaubsabend »à la famille« vor dem Fernseher.

Als es so weit ist, klingelt plötzlich Mamas Handy und sie verschwindet für einige Zeit im Schlafzimmer zum Telefonieren. Als sie wiederkommt, strahlt sie übers ganze Gesicht und meint: »Ich hab eine ganz tolle Überraschung für euch. Matthias kann morgen schon zu uns nachkommen.«

Als ich diesen Satz höre, ist es, als würde mir jemand ein Messer ins Herz rammen. Mein Hals schnürt sich zu, weil ich mich extrem zwingen muss, meine Tränen zu verstecken, also versuche ich, aggressiv zu reagieren: »Mann, immer dieses ganze Hin und Her, hätte er das nicht vorher gewusst? Ich hab keinen Bock darauf.«

»Keinen Bock? Ich dachte, dass ihr euch darauf freut. Soll ich ihm sagen, dass er nicht kommen soll?«

»Oh, nein, Mann! Ist mir auch egal. Ich geh jetzt ins Bett.«

So geht es eigentlich den ganzen Urlaub weiter. Meine Mutter versucht, verständnisvoll zu sein, den Urlaub für alle schön zu machen und zu vermitteln zwischen Matthias und den Kindern, doch es ist der schrecklichste Urlaub überhaupt und mit mir und meinem Charakter geht es von nun an nur noch bergab. Ich fühle mich wie ein Stein in Matthias' Nähe und versuche, wo ich nur kann, meine schlechte Laune zu zeigen und sie an ihm auszulassen, wobei ich im Nachhinein weiß, dass es nicht an ihm lag, sondern daran, dass ich mit mir nichts mehr anfangen kann.

Ich fühle mich fett und hässlich und unsportlich und einfach total unausgeglichen. Jedes Mal, wenn mir irgendjemand aus der Familie etwas zu essen anbietet oder einfach nur fragt, ob ich ein Eis möchte, entsteht sofort ein Streit.

»Nein, ich will kein Eis!«

»Wieso nicht, du hast doch bis jetzt nur gefrühstückt und warum bist du überhaupt schon wieder so schlecht drauf, es hat dir niemand etwas getan, das war eine ganz normale Frage von uns.«

»Checkt ihr es eigentlich nicht? Ich hab halt keinen Bock auf ein Eis!«

»Also ich hab mir das jetzt schon fast eine Woche lang angeguckt, wenn das so weitergeht mit deiner ständigen Meckerei und diesem absolut unangebrachten Benehmen, setze ich dich in den Zug nach Hamm.«

»Mach doch. Ich hatte eh keine Lust auf diesen scheiß Urlaub. Welcher normale Mensch muss schon mit fast 17 Jahren mit seiner Familie auf einen abgegammelten Bauernhof fahren.«

»Jetzt ist Schluss! Setz dich sofort ins Auto und komm mir ja nicht unter die Augen in den nächsten drei Stunden. Ich gehöre eben nicht zu den Müttern, die ihre Töchter mit irgendwelchen Leuten in irgendwelche Länder fahren lassen, wo sie jeden Moment verschleppt werden können.«

»Ts, ist wahrscheinlich immer noch besser als dieser Urlaub.«

»Was hast du gesagt?« Meine Mutter ist kaum noch zu halten.

»Nichts hab ich gesagt, Mann, lass mich einfach in Ruhe!«

Die nächsten Stunden verbringe ich im Auto. Am liebsten würde ich gleichzeitig schreien und heulen. Ich bin so sauer. Was bilden die sich eigentlich ein? Dass wir einen auf tolle neue Familie machen? Wir hätten uns so einen schönen Urlaub machen können und dann kommt der daher und fühlt sich wie so ein toller neuer Vater und macht einen auf verliebt. Ich könnte kotzen, wenn ich die beiden turteln sehe. Ehrlich gesagt, kotze ich sogar, wenn ich an manchen Tagen etwas mehr gegessen hab und ich mich wieder nur schäbig und fett fühle. Eigentlich bestand der Urlaub bis jetzt nur aus Streit, Fasten, Kotzen, Joggen und Sit-ups-Machen. Genau. Jeden Abend geh ich schon vor neun ins Bett, so kann ich ein Buch lesen und nebenher Sit-ups machen, um abzunehmen. An manchen Abenden habe ich da eigentlich überhaupt keine Lust drauf, doch ich mache es trotzdem. Ich kann mich immer wieder motivieren und wenn es nur meine beschissene Laune ist, die mich dazu antreibt.

Ich denke ganz viel darüber nach, was mich so besessen macht. Woher kommt diese plötzliche Abneigung gegen Matthias? Im Winterurlaub war er doch auch mit dabei und da konnte ich ihn eigentlich sehr gut akzeptieren. Vielleicht ist es für mich einfach zu ungewohnt, meine Mutter verliebt zu sehen. Im Winterurlaub kam mir die Beziehung zwischen den beiden noch eher locker vor und Mama hat Matthias auch mal gerne veräppelt oder mit mir zusammen Späßchen über ihn gemacht. Doch jetzt ist es einfach etwas anderes zwischen den beiden. Beide haben auf einmal gemerkt, was sie am anderen haben und was sie sich gegenseitig wert sind.

Ich habe meine Mutter noch nie verliebt gesehen. Das ist total fremd. Ich würde es sogar als außerirdisch bezeichnen. Wenn sie sich küssen oder herumturteln, fühlt es sich an, als würde man mir das Herz herausreißen. Aber ich weiß nicht wirklich, was mich daran stört. Stört mich Matthias als Person? Eigentlich mochte ich ihn bis jetzt sehr gern. Oder stört mich ein neuer Mann allgemein? Ist es einfach eine ungewohnte Situation oder habe ich Angst, meine Mutter zu verlieren? Eigentlich ist mir ganz genau bewusst, dass ich meine Mutter niemals verlieren würde. Wir sind das Wichtigste in ihrem Leben. Das war immer so und das wird auch immer so sein. Das hat sie uns sozusagen eingeimpft. Doch warum bin ich dann so eifersüchtig? Es ist einfach nichts mehr wie früher. Sonst waren meine Mutter und ich immer ein Team und jetzt bin ich nur noch auf Abwehr und Abstand. Hinzu kommt noch, dass ich jetzt wahnsinnigen Hunger habe.

Anstatt etwas zu essen, schnappe ich mir meine obligatorische Wasserflasche und trinke etwas. Das hat keine Kalorien und macht mich wenigstens für kurze Zeit satt. Während ich mich mit meinem Hunger und diesen bescheuerten Gedanken herumschlage, kommt der Rest der Familie zum Auto. Am liebsten würde ich mich jetzt in Luft auflösen. Doch ich bleibe einfach auf meinem Platz sitzen und gucke aus dem Fenster, während wir zurück zu unserer Ferienwohnung fahren. Hauptsächlich sehne ich mich jetzt nach meinem Bett und vollständiger Ruhe. Am besten bis zum Ende des Urlaubs. Doch das bleibt ein Traum, denn nach einem weiteren schrecklichen Abendessen gehe ich ins Bad und merke, wie meine Mutter hinter mir herkommt und die Tür abschließt.

»Du sagst mir jetzt sofort, was mit dir los ist, eher kommst du hier nicht raus.«

»Ich hab doch schon gesagt, dass nichts ist, Mann, lass mich doch einfach in Ruhe.«

»Ich lass dich ganz bestimmt nicht in Ruhe und gucke zu, wie du immer weniger isst und ein völlig anderer Mensch wirst. Ich erkenne dich ja gar nicht wieder. Ich hab dich den ganzen Urlaub noch nicht einmal lachen gesehen und sonst hast du ein Späßchen nach dem anderen gemacht. Wenn ich da alleine an den Skiurlaub denke, das war doch unglaublich lustig mit dir.«

»Ja war es auch. Aber zurzeit hab ich halt schlechte Laune, mehr aber auch nicht. Da muss man jetzt auch kein Drama draus machen.«

»Kein Drama? Du bist total verändert. Allein schon dein ganzes Essverhalten. Man sieht jetzt schon, dass du abgenommen hast, und das Wasser trinkst du doch auch nur, um abzunehmen oder dein Hungergefühl zu unterdrücken.«

»So ein Schwachsinn. Ich hab mir einfach nur vorgenommen, mehr zu trinken und auf meine Ernährung zu achten. Ich möchte einfach gesünder leben. Außerdem hab ich 'ne Wampe, die ich loswerden will, mit der fühle ich mich nämlich nicht wohl.«

»Willst du mich veräppeln? Wo hast du denn eine Wampe? Im Winter hattest du noch so eine wundervolle Figur und jetzt bist du total schmal geworden. Wie kommst du auf einmal darauf, abnehmen zu wollen? Früher hast du dich immer über so Magerhippen aufgeregt und jetzt bist du selber auf so einem Trip.«

»Auf einem Trip bin ich schon mal gar nicht. Und ich will niemals in meinem Leben dick sein und damit das nicht passiert, achte ich eben auf meine Ernährung und mache viel Sport.«

»Du warst doch noch nie in deinem ganzen Leben dick und wirst auch nie in deinem Leben dick sein. Das würde überhaupt nicht in unsere Familie passen oder kennst du irgendjemanden in unserer Familie, der dick ist? Niemand. Und wir haben auch keinen, der Ernährungsprobleme hat, wir achten von Natur aus schon auf gesunde Ernährung, weil wir gar nicht der Typ für ungesundes Essen sind. Außerdem hattest du das früher doch auch nicht.«

»Früher hatte ich auch keine Wampe und Sport gemacht habe ich ja wohl schon immer. Ich hab einfach nur schlechte Laune. Punkt! Darf ich jetzt gehen?«

»Du darfst erst gehen, wenn ich eine ordentliche Antwort bekommen hab. Ich glaube dir nicht, dass sonst nichts ist. Und schlechte Laune hat man auch nicht einfach so. Zumindest nicht in dem Ausmaß, wie es bei dir gerade ist. Man kommt ja überhaupt nicht mehr an dich heran. Sobald man dir eine Frage stellt oder versucht, dich ins Familienleben einzubeziehen, pflaumst du denjenigen an, als hätte man dir sonst etwas getan. Man kann ja kein normales Wort mit dir wechseln. Deine Geschwister trauen sich schon gar nicht mehr, dich überhaupt anzusprechen. Und wie du mit Matthias umgehst, ist unter aller Sau. So kenne ich dich gar nicht, so warst du doch früher auch nicht zu ihm und so hab ich dich auch nicht erzogen. Hat es etwas mit Matthias zu tun? Du kannst mir das ruhig sagen, ich bin dann nicht traurig oder so. Ich könnte das sogar verstehen. Immerhin haben wir jetzt so lange ohne Mann gelebt und selbst als ich noch mit deinem Vater verheiratet war, waren wir ja eigentlich immer mehr unter uns. Und jetzt kommt plötzlich jemand in die Familie, der versucht, sich einzubringen und an der Seite deiner Mutter steht.«

»Totaler Schwachsinn. Ich finde die Situation einfach komisch, mehr nicht. Ist mir doch scheißegal, was er macht.«

»Aber warum? Das muss doch irgendeinen Grund haben. Denkst du vielleicht, dass er ein Vaterersatz sein will? Er wird euch niemals ein Vaterersatz sein können. Das möchte er auch gar nicht. Er möchte mehr ein Freund oder eine Vertrauensperson für euch sein. Den Vater kann euch nämlich nichts und niemand ersetzen.«

»Selbst wenn. Auf einen Vaterersatz würde ich eh scheißen. Ich hab halt einfach keinen Bock darauf, wenn er sagt: ›Wir sind jetzt eine Familie.‹ Sind wir ganz bestimmt nicht.«

»Das meinte er wahrscheinlich gar nicht so. Er ist eben einfach glücklich, dass er jetzt wieder bei uns ist. Und er findet euch alle vier so toll und möchte sich ganz große Mühe geben, dass ihr euch wohlfühlt. Doch es ist vollkommen verständlich, dass das eine blöde Situation für dich ist. Aber es wird alles so sein wie vorher. Du weißt, dass an erster Stelle immer du und deine Geschwister kommen. Und da kann kommen, wer will, das wird auch immer so bleiben. Das ist bei Müttern so. Aber Matthias versteht das vollkommen und für ihn ist das genauso selbstverständlich wie für mich. Da würde er sich niemals dazwischendrängen.«

Plötzlich kann ich meinen Kloß im Hals, meine steife Haltung und meine Tränen, die jeden Moment kommen könnten, nicht mehr aushalten. Ich fange ganz stark an zu weinen und pöble los: »Dann soll er nicht so einen Schmarren von toller neuer Familie labern. Selbst wenn er sich Mühe gibt, finde ich das unangenehm.«

»Aber was genau findest du unangenehm? Dass er mit mir zusammen ist? Dass er mit im Urlaub ist? Dass er überhaupt einfach da ist?«

»Meine Fresse, ich weiß es doch selber nicht. Er gibt sich ja Mühe und ist nett und freundlich und versucht, sich so gut wie möglich einzubringen, deswegen versteh ich das ja auch eigentlich nicht. Aber ich fühle mich in seiner Gegenwart immer wie ein Holzklotz. Total verkrampft und auf Abwehr. Wie bei einem Fremden.«

»Ist er dir denn so fremd?«

»Nein. Das ist es ja gerade. Matthias ist ja eigentlich kein Fremder mehr für uns.«

»Aber vielleicht ist es das Problem, dass du einfach generell etwas gegen Männer hast oder sie von vorneherein ablehnst. Das könnte ich sogar verstehen, denn bis jetzt hast du ja nur negative Erfahrungen damit gemacht.«

»Ja, ne, ist klar. Ich hab doch nicht generell was gegen Männer. Mit anderen Männern komm ich doch auch klar und finde sie nett.«

»Dann liegt es vielleicht doch daran, dass es ein Mann ist, mit dem ich zusammen bin.«

»Oh nein! Ich finde halt die Situationen manchmal so schnulzig.«

»Ja, das kann ich schon auch verstehen. Das muss er eben noch lernen, dass das momentan unangebracht ist, von einer Familie zu reden. Den Kleinen gefällt es bestimmt, die fühlen sich damit wohl, aber für dich ist das was anderes. Du bist älter und kannst mit so einem Gerede momentan nichts anfangen. Das hab ich ihm aber auch schon gesagt, dass er das lieber lassen sollte. Aber für ihn ist die Situation genauso schwierig. Er quält sich mit Schuldgefühlen herum, weil wir uns damals kurz vor Ostern getrennt haben. Dadurch hat er unglaublich an Vertrauen bei euch verloren und wahrscheinlich weiß er nicht, wie er das wiedergutmachen soll, und ist jetzt vielleicht etwas zu sehr bemüht. Er weiß doch selber nicht, wie er mit der Situation umgehen soll. Bis jetzt bestand sein Leben doch auch nur aus der Zweisamkeit mit seiner Lebensgefährtin, Golfspielen und abends vor dem Kamin zu sitzen mit einem Gläschen Wein. Er selbst hat gar keine Kinder und die Kinder von ihr sind schon erwachsen. Und jetzt ist er auf einmal mit einer alleinerziehenden Mutter mit vier Kindern zusammen. Da wird er noch viel lernen müssen und ich glaube, dass das auch noch ziemlich hart für ihn wird.«

»Ja, das weiß ich doch alles. Trotzdem fand ich es blöd, dass er jetzt so plötzlich mit in den Urlaub gefahren ist. Da hatte ich halt keinen Bock drauf.«

»Das hab ich mir schon fast gedacht, für mich kam das auch plötzlich. Doch er hat sich so sehr darauf gefreut und wollte so schnell wie möglich kommen. Ich glaube, dass er auch damit versucht, irgendetwas wiedergutzumachen. Doch dass der Urlaub darunter leidet, wollte ich auf keinen Fall. Deswegen bin ich doch auch ständig auf dich zugegangen, weil das für mich auf keinen Fall ein Pärchenurlaub werden sollte. Ich wollte auch Zeit mit dir zusammen verbringen, aber ich bin ja nie an dich herangekommen. Jedes Mal, wenn ich versucht habe, dich anzusprechen, hast du so aggressiv reagiert. Ich wusste manchmal gar nicht, wie ich reagieren sollte, weil du so abweisend warst. Ich werde auf jeden Fall mit Matthias reden und die nächsten Tage möchte ich mich mehr um dich kümmern. Du darfst dir aussuchen, was wir zusammen machen. Und du entscheidest, ob wir etwas mit den anderen zusammen machen oder den Tag einfach nur zu zweit verbringen. Matthias würde das auch verstehen. Dann muss er sich eben mit den anderen beiden beschäftigen und wir machen uns einen schönen Frauentag. Und ich werde auch noch mal mit ihm reden, dass er einige Dinge einfach lassen muss, weil es von ihm vielleicht nett gemeint ist, aber für dich eben komplett unangebracht. Er fragt ja auch immer, wie er was machen soll.«

»Mhm. Ja, können wir machen, aber das ändert den Urlaub nicht.«

»Ist das auch der Grund, warum du so wenig isst, weil dich die ganze Situation nervt und sich das darauf überträgt, dass du mit dir selber so unzufrieden bist?«

»Jetzt kommt das schon wieder! Ich möchte mich einfach nur disziplinieren und habe totale Angst davor, dick zu sein. Das ist der einzige Grund.«

»Aber Hanna, gerade das ist doch so gefährlich. Du wirst magersüchtig. Wahrscheinlich bist du es sogar schon längst. Du kontrollierst dich von morgens bis abends, trinkst Unmengen von Wasser, machst exzessiv Sport und nimmst immer mehr ab. Wenn jemand übergewichtig ist, soll er das machen. Aber du warst ja nicht mal früher übergewichtig, du warst schon immer sehr schmal und zart. Doch jetzt bist du nicht mehr schmal, du bist dünn. Jetzt denkst du vielleicht, dass du alles unter Kontrolle hast, aber irgendwann entwickelt sich da eine Eigendynamik, aus der du selber nicht mehr herauskommst, und das kann tödlich enden.«

»Das ist doch jetzt nicht dein Ernst, oder? Ich bin doch nicht magersüchtig. Kompletter Schwachsinn ist das, nur weil ich diszipliniert bin und mir meine Figur sehr wichtig ist, heißt das nicht, dass ich gleich magersüchtig bin.«

»Das denkst du vielleicht. Aber das denken alle Magersüchtigen am Anfang. Sie denken, sie hätten die totale Kontrolle über ihren Körper und fühlen sich unendlich stolz und gut damit, bis sie irgendwann so dünn sind, dass sie nichts mehr unter Kontrolle haben, weil die Wahrnehmung komplett im Eimer ist. Deine Wahrnehmung ist auch überhaupt nicht mehr normal. Du erzählst mir was von einer

Wampe und dass du Angst vorm Dickwerden hast. Hanna! Du hast keine Wampe und du hattest auch noch nie eine. Du wirst auch nie dick sein. Zum jetzigen Zeitpunkt sowieso nicht, weil du jetzt schon viel zu dünn bist. Und auch, dass du das selber nicht einsiehst, passt in dieses Krankheitsbild, weil Magersüchtige das selber fast nie einsehen. Das ist das Gefährliche an der ganzen Sache. Ich weiß ganz genau, wovon ich spreche, mir kann man da nichts vormachen.«

»Wieso weißt du, wovon du sprichst?«

Dann erzählte mir meine Mutter etwas, wovon ich vorher nie gehört hatte, obwohl ich eigentlich dachte, dass ich alles von ihr wüsste.

Was ich wusste, war, dass ihr älterer Bruder sich mit 22 Jahren das Leben nahm. Er war zu der Zeit schwer schizophren und suizidierte sich, nachdem seine Anfrage, in einer Psychiatrie aufgenommen zu werden, abgelehnt wurde. Dass meine Großeltern gar nicht damit klarkamen, ein Kind verloren zu haben, wusste ich natürlich. Meine Oma litt unter schweren Depressionen und das war wahrscheinlich nicht das Einzige. Mein Opa versuchte es immer zu verdrängen. Wie meine Mutter jedoch damit umging, habe ich nie erfahren.

Jetzt begann meine Mutter zu erzählen: »Als Konstantin damals starb, war er bereits viele Jahre schwer krank. Oma und Opa litten unter ständiger Sorge, weil sie nie wussten, was mit Konstantin war, oder geschehen würde. Bei jeder Verspätung, die er hatte, bei jeder Abwesenheit wurde Oma fast verrückt vor Angst. Ihre Gedanken kreisten nur um Konstantin und das Familienleben war komplett kaputt. Meine Eltern konnten mit nichts und niemandem mehr etwas anfangen und ich stand theoretisch alleine da. Ich hatte mich schon immer zurückgenommen und schließlich entschied ich mich, für einige Zeit nach England zu gehen, damit sich meine Eltern nicht auch noch mit mir belasten müssten.

Es war die schlimmste Zeit in meinem ganzen Leben. Ich hatte fürchterliches Heimweh und fühlte mich schrecklich einsam. Um diese Zeit irgendwie zu ertragen, aß ich immer weniger, und als ich wieder nach Deutschland kam, hatte ich so sehr abgenommen, dass meine Eltern sich extreme Sorgen um mich machten und Angst hatten, ihr zweites Kind auch noch zu verlieren.

»Und was hast du dann gemacht?«

»Ich hab gekämpft. Aus Liebe zu meinen Eltern, denen ich nicht noch ein zweites krankes Kind antun konnte, hab ich gekämpft, um die Essstörung wieder loszuwerden. Es war ein sehr langer und harter Weg und ganz überwunden hab ich die Krankheit erst, als ich nach München zog und dann, vier Jahre später, mit Max schwanger wurde. Da war ich so glücklich, weil es mein allergrößter Wunsch war, ein Kind zu bekommen.«

Anschließend sagten wir erst mal ganz lange Zeit nichts. Dann sagte ich ihr: »Ich bin nicht magersüchtig, Mama. Mach dir keine Sorgen.«

Wir beide fingen noch einmal an, heftig zu weinen, und nahmen uns in den Arm. Mindestens zehn Minuten lang. Dann gingen wir still ins Wohnzimmer zu den anderen zurück und redeten kein Wort mehr. Und trotzdem war es so, als würden wir uns angucken und jeweils wissen, was der andere denkt. An diesem Abend sind meine Mutter und ich uns wieder ein Stück nähergekommen.

Der restliche Urlaub ist zwar nicht mehr ganz zu retten, aber er ist um einiges schöner als der Anfang. Das Verhältnis zu Matthias hat sich nicht sonderlich geändert, weil ich einfach nicht weiß, wie ich mit ihm umgehen soll. Meine Mutter und ich verbringen mehr Zeit miteinander, doch das Essensproblem ist geblieben. Immer wieder gibt es Auseinandersetzungen am Tisch aufgrund meines Essverhaltens, der Portionsgröße oder einfach wegen der schlechten Laune und depressiven Stimmung, die ich manchmal an den Tag lege. Manchmal hab ich das Bedürfnis, einfach loszuweinen, weiß aber nicht warum. Da ich aber am Tag so gut wie nie alleine bin, sondern ständig die Familie um mich herumschwirrt, muss ich mich so zusammenreißen und schlucke meine Tränen oft einfach hinunter, wodurch ich regelrecht verkrampfe und so aggressiv werde, dass ich es einfach nicht schaffe, freundlich zu sein, und jeder meine Laune ertragen muss.

Heute Abend ist noch dazu Bauernfest hier auf dem Ferienhof, zu dem alle Feriengäste und umliegenden Bauernhöfe in die Scheune eingeladen werden, mit Band, Bühne und Buffet. Ich weiß nicht, ob ich mich darauf freuen oder Schiss haben soll. Auf die Feier selbst freue ich mich, weil sie mich bestimmt etwas ablenkt und ich mit den anderen Gästen und Hofbesitzern feiern kann, aber das Buffet macht mir Angst. Es soll selbst gemachten Braten geben, etliche Salate und Unmengen von Kuchen. Ich habe eigentlich jetzt schon Hunger, aber ich möchte mich eher auf den Salat beschränken.

Aber schaff ich es überhaupt, mich zurückzuhalten bei all den leckeren Sachen, die es dann da gibt? Während ich über das abendliche Buffet nachdenke, melden sich meine alten bekannten Stimmen wieder: »Du schaffst das auf jeden Fall. Du musst dich eben dazu zwingen und dich auf jeden Fall zurückhalten, denn wenn du das nicht tust, weißt du, was das für Folgen hat. Du fühlst dich schlecht und zunehmen wirst du wahrscheinlich auch.«

»Du musst dich doch nicht zurückhalten. Du hast dich den ganzen Tag schon zurückgehalten, weil du ganz genau wusstest, dass es heute Abend ein großes Buffet gibt. Selbst wenn du dir eine große Portion an Essen holst, hast du noch lange nicht deinen Tagesbedarf an Nahrung abgedeckt. Also genieße doch einfach den Abend und auch das Essen. Außerdem würdest du auch deiner Mutter damit eine große Freude bereiten.«

Das stimmt wohl, dass meine Mutter sich darüber freuen würde. Aber ich habe immer das Gefühl, von allen angestarrt zu werden, wenn ich esse. Mir ist dann, als denken sie, ich wäre undiszipliniert und hätte meine schlanke Figur nur, weil ich Glück habe. Ich finde, dass andere auch ruhig wissen dürfen, wie hart ich dafür arbeite. Ich versuche einfach, den Abend abzuwarten. Vielleicht habe ich ja heute Abend sogar gar keine Lust, Kuchen oder Braten zu essen. Wir werden sehen.

»Ach Hanna, du siehst ja wieder richtig schick und toll aus! Komm her, ich schneide dir mal ein ordentliches Stück Fleisch ab«, sagt Herr Erdmann, der Besitzer des Ferienhofes.

»Nein, danke, wenn, dann bitte nur ein ganz kleines Stück, ich möchte erst mal probieren«, antworte ich.

»Na ja, okay, aber der wird dir bestimmt schmecken.«

Er schneidet mir ein kleines Stück Braten ab und gibt mir Soße. Anschließend geht es weiter zum Salatbuffet.

»Weil du nur ein kleines Stück Fleisch und keine Beilagen auf dem Teller hast, kannst du doch zumindest jetzt am Salatbuffet ordentlich zugreifen. Hier gibt es doch so viel tolle Auswahl und du magst doch so gerne Nudel- und Reissalat«, meldet sich eine meiner Stimmen wieder, doch auch die andere Stimme lässt nicht lange auf sich warten: »Ordentlich zugreifen? Nichts da. Es reicht doch vollkommen, wenn du dir was von dem grünen Salat nimmst, der schmeckt doch genauso gut und selbst da kommen noch die Kalorien von der Salatsoße dazu. Und Reis- beziehungsweise Nudelsalat sind unnötige Kohlehydrate, die man besonders abends nicht essen sollte.«

Na toll. Was soll ich jetzt machen? Ich nehme mir eine große Portion grünen Salat ohne Soße, denn ich habe ja schon die Soße von dem Braten. Doch vom Reis- und Nudelsalat muss ich wenigstens probieren, die sehen so lecker aus. Also nehme ich von beiden Salaten jeweils einen halben Löffel. Ich hab das Gefühl, dass mein Teller unglaublich voll ist, weiß aber nicht, ob das an dem vielen grünen Salat liegt, der mich sperrig vom Teller aus anguckt, oder ob ich wirklich eine große Portion auf dem Teller habe.

Während ich ununterbrochen über die Salate nachdenke, die ich auf meinem Teller liegen habe, gehe ich zu meiner Familie, die bereits mit Freunden von uns am Tisch sitzt. Als ich mich gerade setzen möchte, meint unser Bekannter, der neben Matthias sitzt: »Ah, Hanna, hast dir ja doch wat zu essen jeholt, so ist dat gut. Deine Mutter hat uns nämlich grade erzählt, dass se sich so Sorgen um dich macht, weil du so wenig isst, aber heute Abend haste ja Appetit.«

Na super. Das war jetzt ehrlich gesagt das Letzte, was ich hören wollte. Sofort fühle ich mich wieder undiszipliniert und total elend, versuche aber, auf keinen Fall aggressiv zu antworten: »Mhm, ja, ist ja vielleicht ganz lecker.« Aber dass die Leute immer denken, ich hätte keinen Appetit ... Ich hab immer Appetit!

Ich esse meinen Teller leer, lasse aber was von dem Fleisch darauf liegen, sodass ich nur ein kleines Stück probiert habe. Trotzdem muss ich mich wieder extrem beherrschen, nicht loszuheulen, weil wieder einer dieser Momente ist, in denen es mir total mies geht. Diesmal weiß ich aber warum. Es wurde gerade erst gegessen, ich fühle mich schlecht, weil ich das Gefühl habe, dass es vielleicht zu viel war. Andererseits glaube ich, dass es nicht zu viel war, weil ich fast nur Salat gegessen habe, und jemand sagt mir ganz deutlich, dass es nicht zu viel war. Mein Magen. Ich habe nämlich noch unglaublichen Hunger.

Um mich abzulenken, setze ich mich zu den beiden Kindern der Hofbesitzer, die eigentlich gar keine Kinder mehr sind. Die Tochter ist 25 und der Sohn 23. Mit beiden versteh ich mich total gut und verbringe die nächsten Stunden mit ihnen, die sehr lustig sind, weil wir viel lachen und etwas von den selbst gebrannten Schnäpsen trinken.

Ich bin eigentlich einigermaßen abgelenkt und habe auch schon lange nicht mehr ans Essen gedacht, bis plötzlich sämtliche Kuchensorten auf das Buffet gestellt werden. Sofort meldet sich mein Magen wieder und mein unglaublicher Appetit, den ich habe. Ich sitze fast zehn Minuten einfach nur da und starre diese vielen Kuchensorten an, die mir eigentlich alle schmecken würden. Fast alle in der Scheune holen sich ein oder mehrere Stücke, aber ich schaff es nicht.

»Später«, sag ich dann immer. Wenn ich mir jetzt ein Stück holen würde, hätte ich das Gefühl, dass die Blicke regelrecht auf mir brennen würden, aber da ich so unglaublichen Appetit habe, gehe ich ständig am Buffet vorbei und schneide mir von einigen ganz kleine Häppchen ab, stecke sie aber sofort in den Mund, damit mich ja keiner sieht. Kurze Zeit später steigt plötzlich eine unglaubliche Panik in mir auf. Ich habe das Gefühl, innerlich erdrückt zu werden, und bekomme Herzrasen. Sofort gehe ich zu unserem Tisch zurück und frage: »Mama, gibst du mir mal bitte eben den Wohnungsschlüssel?«

»Ja klar, was willst du denn machen?«, fragt sie.

»Mann, gib mir doch einfach den Schlüssel, ich möchte nur Frauke mal anrufen«, gebe ich mal wieder aggressiv zurück.

»Ja, Entschuldigung, das war doch nur eine ganz normale Frage.«

Das Ende des Satzes bekomme ich eigentlich kaum noch mit. Ich schnappe mir den Schlüssel, gehe in zügigem Schritt aus der Scheune, renne aber sofort los, als mich keiner mehr sieht. Renne zur Haustür, renne die Treppe hoch, in die Wohnung, auf die Toilette, lehne mich über sie und stecke mir den Finger in den Hals. Immer und immer wieder, bis etwas kommt und ich wieder anfange, zu zittern und zu schwitzen. Es kommt mir wieder vor wie eine Ewigkeit, bis alles raus ist. Ob es wirklich alles ist, weiß ich gar nicht genau, aber zumindest ist es so viel, dass ich mich erleichtert fühle, dass ich es losgeworden bin. Langsam stelle ich mich wieder aufrecht hin und gucke in den Spiegel. Ich sehe grausam aus. Sofort gerate ich wieder in Panik, denn wenn mich jetzt jemand so sieht, mit dicken, aufgequollenen und tränenden Augen, ist sofort alles klar. Also gehe ich erst mal in die Küche und lege mir Eis auf die Augen, damit sie etwas abschwellen. Anschließend schminke ich mich noch mal neu und versuche, so frisch wie möglich auszusehen. Doch anscheinend nicht frisch genug, denn als ich wieder nach unten gehe, fragt mich meine Schwester entsetzt: »Was hast du denn gemacht? Hast du geheult? Deine Augen sehen ganz komisch aus.«

Was soll ich denn jetzt antworten? Ich muss mir ganz schnell was überlegen: »Ähm ne, ich glaube, ich habe irgendeine Allergie. Sieht komisch aus, oder? Aber meine Augen haben vorhin ganz komisch gejuckt und dann habe ich die ganze Zeit gerieben und dann sind sie plötzlich ganz dick geworden. Sieht es denn sehr schlimm aus?«

»Mhm, ne, sieht halt nur so aus, als ob du geweint hättest. Ist was mit dir?«

»Nein, Mann, ich hab doch grade gesagt, dass ich nicht geheult habe, und jetzt lass mich in Ruhe.«

Ich gehe genervt zur Scheune und habe Schiss davor, was meine Mutter sagen würde, da sie vorhin schon so misstrauisch gefragt hat, warum ich in die Wohnung wolle. Am besten, ich nehme ihr gleich den Wind aus den Segeln.

»Du Mama, guck mal, ich habe ganz plötzlich so dicke Augen, die jucken ganz doll. Ich glaube, ich bin gegen irgendetwas allergisch.«

Sie guckt mich extrem misstrauisch an und ich glaube, dass sie mir kein Wort abnimmt von dem, was ich sage.

»Allergisch? Du hast aber nicht geweint, oder? Ist irgendetwas? Du kannst mir das ruhig sagen.«

»Ich raste hier gleich aus, ey. Meine Augen jucken wie Sau und sind ganz dick. Warum sollte ich das einfach so erzählen, wenn es nicht stimmen würde«, schnauze ich sie an.

»Jaja, ist ja gut, ich dachte nur ... Warte am besten ab und versuche, so wenig wie möglich mit den Händen an deine Augen zu gehen. Wenn das nicht hilft, sehe ich mal nach Tropfen.«

»Okay!«

Na also, es geht doch. Ich sollte Schauspielerin werden. Aber eigentlich fühle ich mich ziemlich bekloppt, dass ich so einen Mist erzähle. Eigentlich habe ich eh das Gefühl, dass ich in letzter Zeit extrem viele Lügen auftische. Ich würde mich jetzt nicht als Lügnerin bezeichnen, aber zumindest schwindele ich schon ab und zu, so in der Art:

- »Ich habe keinen Hunger.«
- »Ich habe keine schlechte Laune.«
- »Ich habe grade erst etwas gegessen.«
- »Ich bin pappsatt.«

- »Ich möchte nicht weiter abnehmen.«
- »Mir geht es gut.«

Und so weiter und so fort …

Aber wenn man genau drüber nachdenkt, sind das ja nur Notlügen, um meine Umgebung, meine Freunde und vor allem meine Mutter und meine Oma zu beruhigen. Ich glaube, das ist erlaubt.

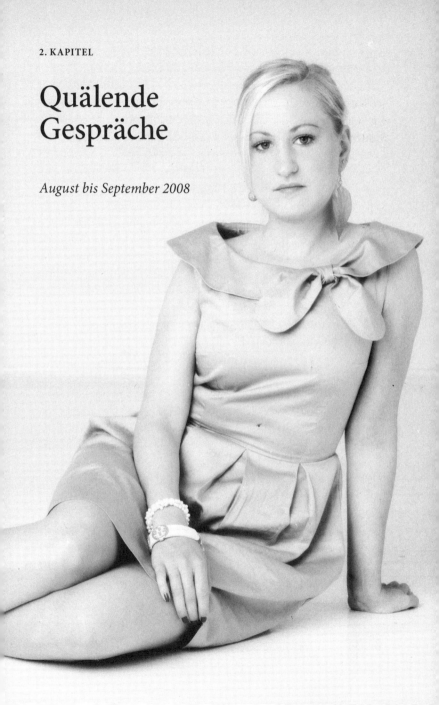

2. KAPITEL

Quälende
Gespräche

August bis September 2008

Nach zwei Wochen geht es wieder ab nach Hause. Matthias ist bereits kurz vor dem Sommerurlaub wieder zu uns gezogen. Nach und nach wird das Thema Essen in meinem Leben immer größer und wichtiger. Der Sport wird mehr, die Sorgen werden mehr, das Essen wird weniger, Verabredungen werden weniger. In letzter Zeit werde ich ganz oft gefragt, ob es mir gut geht und warum ich so dünn bin und ob ich abgenommen habe. Man könnte jetzt meinen, dass ich das nervig finde, doch es gibt mir eher noch mehr Ansporn. Jedes Mal, wenn mir gesagt wird, dass ich dünn bin, habe ich das Gefühl, dass mein Herz platzt vor Stolz. Die Personen, die mir das sagen, haben zwar eher große Sorge in ihren Augen stehen, doch für mich ist es wie ein großes Kompliment, welches mir gemacht wird. Eigentlich ist es total paradox, denn selbst wenn ich zu hören bekomme, dass ich ZU dünn aussehe, dass das nicht mehr schön sei, dass eine Frau Rundungen haben müsse usw., selbst dann stört es mich nicht. Im Gegenteil. Ich fühle mich richtig gut. Der einzige Nachteil ist, dass man ständig im Mittelpunkt steht und ich ehrlich gesagt nicht weiß, ob ich das jetzt gut oder schlecht finde, da ich mich jetzt nicht unbedingt als Mittelpunktmensch bezeichnen würde.

Ganz oft bekomme ich zu hören, dass ich mich verändert hätte, und ich glaube, dass das dann eher als Kritik gemeint ist. Aber ist das unbedingt schlimm, sich zu verändern? Das gehört doch zum Erwachsenwerden dazu, oder nicht? Ich würde sagen, dass ich einfach reifer geworden bin. Früher musste ich jedes Wochenende feiern gehen und sobald ich einen Abend mal zu Hause herumsaß, hatte ich ständig das schreckliche Gefühl, irgendetwas zu verpassen oder zu Hause zu vergammeln. Jetzt ist es eher so, dass ich gerne zu Hause bin bei der Familie oder einfach keine Lust habe, irgendetwas zu machen. Muss doch auch nicht immer sein. Außerdem möchte ich auch im sportlichen Bereich wieder erfolgreicher werden. Vor meiner Leichtathletik-Pause habe ich an etlichen Wettkämpfen teilgenommen und würde sagen, dass ich da manchmal sogar sehr erfolgreich war. Ich weiß noch, wie super es mir immer anschließend ging, allerdings nur, wenn ich unter den ersten drei Plätzen war. Wenn nicht, war ich immer am Boden zerstört und so was von enttäuscht von mir. Und jetzt habe ich eben wieder angefangen, an Wettkämpfen teilzunehmen. Eigentlich habe ich ganz oft überhaupt keine Lust, weil die Wettkämpfe meistens frühmorgens an den Wochenenden stattfinden, doch da muss ich durch.

Immerhin möchte ich was erreichen im Leben, besser sein als die anderen und mich mit den Guten messen. Und gerade das zeichnet echte Disziplin doch aus. Zu Hause herumsitzen, ausschlafen und feiern gehen kann doch jeder. Man muss sich aufraffen und durchhalten, egal ob man jetzt Lust hat oder nicht, ob man müde ist oder nicht, ob man Zeit hat oder nicht. Deswegen würde es mir auch niemals in den Sinn kommen, in einem Wettkampf auszusteigen oder aufzuhören. Eher würde ich ins Ziel kriechen oder man müsste mich von der Bahn schleppen.

Generell bekomme ich Angst, wenn ich an meine Zukunft denke. Was ist, wenn aus mir nichts wird, dabei möchte ich doch Großes erreichen. Erfolgreich sein. Aber wie? Ich weiß es einfach nicht. Eigentlich weiß ich, was ich will, andererseits wieder gar nicht. Die Zukunft ist so ungewiss und das macht mir Angst. Zurzeit gehe ich dreimal die Woche zum Training und an den Wochenenden sind dann manchmal Wettkämpfe, aber mein Trainer meint, ich sollte öfter zum Training kommen, wenn ich was erreichen möchte. Er sagt, dass ich sehr talentiert sei und das Talent mehr ausbauen müsse, dann könnte ich auch einiges schaffen im Leistungsbereich. Aber noch mehr Leichtathletik in der Woche? Ich hab ja auch noch Tanzen donnerstags. Ich muss ja nicht unbedingt zum Training gehen, ich geh einfach noch zwischendurch joggen, wenn ich Zeit habe, oder abends vor dem Abendessen, dann klappt das schon.

Bis jetzt wurde ich eher nebenbei auf meine äußere und charakterliche Veränderung angesprochen, doch in letzter Zeit muss ich mich ständig mit so ernsten Gesprächen herumschlagen. Genauso wie jetzt. Das Telefon klingelt und ein Freund von mir ist dran und begrüßt mich wie üblich: »Jo, Hänn, was gehten bei dir so? Hast du jetzt gleich Zeit? Ich würde gerne mal vorbeikommen, um mit dir über etwas zu reden.«

»Peace. Um mit mir über etwas zu reden? Das hört sich ja spannend an. Willst du mir denn vielleicht verraten, worum es geht?«

»Nene«, antwortet er, »das wirst du dann schon noch erfahren. Ich fahr dann jetzt nur eben vorher zu Mc's. Soll ich dir was mitbringen? Nuggets oder so?«

»Nein danke.«

»Mhm, okay, war ja klar. Bis gleich dann.«

Eine halbe Stunde später klingelt es an der Haustür und besagter Freund ist da mit einer 20er-Packung Chicken McNuggets und wirft sich auf mein Bett.

In ironischem Ton sage ich: »Ja klar, schmeiß dich ruhig auf mein frisch gemachtes Bett. Mach es dir gemütlich.«

Und er gibt mit einem Lachen zurück: »Och danke, habe ich schon.«

Danach guckt er mich lange an und bietet mir etwas von seinen Nuggets an, doch ich lehne ab.

»Nee, ich möchte nicht. Jetzt lass mal knacken und spann mich nicht auf die Folter. Worüber willst du mit mir reden? Schieß los.«

»Ja. Also mir ist da etwas an dir aufgefallen. Und zwar bist du extrem schmal geworden. Du hast total abgenommen und essen sehe ich dich sowieso nie. Immer wenn wir uns was zu essen bestellen oder irgendwo etwas zu essen herumsteht, lehnst du das ab und isst nichts. Was ist los mit dir? Ich persönlich würde sagen, dass du magersüchtig bist.«

Da muss ich plötzlich ganz laut anfangen zu lachen: »Willst du mich natzen? Ich bin doch nicht magersüchtig, so ein Scheiß. Meine Mutter hat mich auch schon damit vollgelabert.«

»Ich weiß«, antwortet er, »ich hab mich vorhin kurz mit ihr unterhalten und ich denke, wenn ich nicht der Einzige bin, und das bin ich auf keinen Fall, das denken nämlich mehrere, muss doch irgendetwas dran sein, oder nicht?«

Ich weiß gar nicht, was ich erwidern soll, da seine Aussage ziemlich plausibel klingt.

Recht hat er aber trotzdem nicht, also erkläre ich: »Mein Gott, es mag sein, dass ich vielleicht ein bisschen abgenommen habe, aber das liegt nur daran, dass ich seit Längerem wieder viel Sport mache. Ist doch kein Ding und ich finde, Fastfood muss halt nicht sein. Da achte ich eben drauf.«

»Dass du das abstreitest, ist klar, weil Betroffene das selber eh nie einsehen. Außerdem isst du ja nicht nur einfach kein Fastfood. Deine Mutter meinte, dass du generell total wenig isst.«

»Ts. Das ist ja super, dass sie das einfach so irgendjemandem erzählt hinter meinem Rücken. Ich könnte schon wieder ausrasten.«

Nachdem er mich kurz schräg ansieht, erwidert er: »Also erstens bin ich nicht irgendjemand, und zweitens hat das nichts mit ›hinter dem Rücken reden‹ zu tun. Sie macht sich einfach nur Sorgen um dich. Genauso wie deine ganzen Freunde auch.«

»Ja, mag sein, aber man muss es auch nicht übertreiben. Ich bin bestimmt nicht magersüchtig, ich achte auf meine Figur und gesunde Ernährung, mehr nicht.«

»Mehr, als dich darauf anzusprechen, kann ich eh nicht machen. Das kann keiner. Denk wenigstens darüber nach, denn ich bin wirklich nicht der Einzige, der so denkt, und das ist eine gefährliche Sache. Versuch einfach, auch die andere Seite zu verstehen. Ich muss jetzt leider schon los, aber wir sehen uns ja eh heute Abend noch. Ich lass dir ein Chicken McNugget hier, kannst ja überlegen, ob du nicht doch Lust darauf hast, denn wenn du ehrlich bist, gehört Essen zu den geilsten Sachen auf der Welt. Ich würde sogar sagen, es ist fast noch geiler als SEX!«

Da ist er wieder, mein alter Kumpel. Kann mich trotz allem immer zum Lachen bringen und schafft es nicht, ein Gespräch zu führen, ohne irgendwann auf das Thema Sex zu kommen.

»Ich habe mich schon richtig gewundert, dass du das ganze Gespräch über dieses Wort noch nicht benutzt hast. Ich habe schon förmlich darauf gewartet.«

Anschließend bringe ich ihn zur Tür und verabschiede mich von ihm. Ich denke noch lange über das Gespräch nach, weil ich ihn nur ganz selten so ernst sehe. Reden konnte man immer schon sehr gut mit ihm, aber dass er mich mit den gleichen Augen sieht wie meine Mutter wundert mich.

Den Nugget habe ich nicht gegessen, obwohl er mich tierisch lecker angeschaut hat.

Das ist allerdings nicht das einzige anstrengende Gespräch. Eigentlich geht es sogar konstant mit solchen Gesprächen weiter.

Eines der konfrontierendsten Gespräche kommt allerdings noch. An einem Tag kommt Katharina auf mich zu und fragt mich, ob ich auch ins Extrablatt-Café kommen würde um vier Uhr, mit allen anderen Mädels zusammen. Einfach mal wieder alle zusammensitzen und quatschen.

»Ja klar«, meine ich, »das haben wir ja schon lange nicht mehr gemacht, dann bis um vier.«

Als ich um vier Uhr ins Extrablatt komme, sitzen bereits alle am Tisch. Ich wundere mich ein bisschen, dass ich die Letzte bin, weil es eigentlich gerade erst vier Uhr ist, aber ich denke mir nichts weiter dabei. Ich setze mich zu den anderen, als eine Kellnerin kommt und die Bestellung aufnimmt.

Katharina: »Eine Spezi bitte.«

Janine: »Zwei.«

Anka: »Eine große Kirschschorle nehme ich.«

Frauke: »'Ne Fanta bitte.«

Natalie: »Ich hätte gerne einen Latte macchiato.«

Janina: »Ja, ich auch.«

Ich selber bestelle mir eine Cola light und habe das komische Gefühl, dass ich dabei von allen angestarrt werde. Dann ergreift Katharina das Wort, nachdem sie mich durchdringend angeguckt hat.

»Also Hanna. Das Treffen hat schon einen bestimmten Grund. Und es war auch schon länger geplant unter uns Mädels und es ist auch Absicht, dass wirklich alle von uns mit dabei sind. Wir machen uns nämlich alle ziemlich viele Gedanken um dich in letzter Zeit. Ich hab dich ja vor einigen Wochen schon mal auf das Thema angesprochen, dass du so krass abgenommen hast, und da hast du es schon abgestritten. Aber seitdem ist es noch schlimmer geworden. Und das sag nicht nur ich, das sagen alle!«

Während ich ihr mit einem unglaublich unangenehmen Gefühl zuhöre, blicke ich total verunsichert in die Runde und sehe, dass mich alle förmlich fixiert haben mit ihren Blicken und heftig mit ihren Köpfen nicken. Am liebsten würde ich mich in Luft auflösen. Als dann auch noch die Getränke kommen und die Kellnerin fragt: »Cola light?«, und ich mich melde, ist es, als würde diese bestellte Cola light Bände sprechen. Als würde sie sagen: »Hanna, du bist die Einzige, die mich bestellt hat. Die anderen haben alle ein Getränk bestellt, das Kalorien hat, nur du nicht.« Und mittlerweile bin ich mir sicher, dass diesen Gedanken gerade alle meine Freundinnen haben. Als die Kellnerin wieder weg ist, fügt Frauke hinzu: »Katharina hat recht. Du bist übelst dünn geworden und machst immer mehr Sport. Alle machen sich Sorgen.«

Noch zeige ich mich selbstsicher und gebe meine Standard-Antwort: »Das liegt einfach nur daran, dass ich, wie du schon sagtest, viel Sport mache und auch eben auf meine Ernährung achte. Vielleicht habe ich auch ein bisschen abgenommen, ich weiß es nicht, aber wenn, dann auch nur so wenig, dass man da nicht so einen Aufstand drum machen muss.«

»Darf man denn fragen, warum du plötzlich so auf deine Ernährung achtest? Das wird ja einen Grund haben«, stellt Janine fest.

»Ich achte nicht plötzlich auf meine Ernährung. Ich habe mich schon immer sehr gesund ernährt und darauf geachtet, was ich esse. Und Süßigkeiten oder so etwas hab ich noch nie so wirklich gegessen, weil …«

»Das ist doch gar nicht wahr«, fällt Frauke mir ins Wort, »ich kann mich noch genau an unsere Fress-Orgien erinnern, die wir früher immer zusammen gemacht haben, beim DVD-Gucken oder so, und da hast du auch immer mitgegessen. Klar, natürlich auch Salat und normale Sachen, aber Süßigkeiten hast du trotzdem auch gegessen, und das weißt du auch ganz genau.«

»Ja schon, aber nie so viel«, versuche ich, mich zu rechtfertigen.

»Na ja«, sagt Katharina, »dass sei mal so dahingestellt. Aber es ist ja nicht nur, dass deine Figur sich verändert hat. Dein ganzes Verhalten ist anders und deine Launen. Du bist halt einfach ganz anders geworden.«

»Ja ne, ist klar. Das kann man immer gut sagen, dass sich andere verändern. Und ich hab mich überhaupt nicht verändert. Und das mit der schlechten Laune finde ich auch mies, das jetzt zu sagen. Denn in letzter Zeit sind wir alle schlecht drauf. Nicht nur ich. Ihr sagt selber immer, dass ihr keinen Bock mehr habt auf Schule im Moment. Aber ich bin diejenige, die sich verändert haben soll.«

Sofort meldet sich Frauke wieder zu Wort: »Es ist klar, dass wir uns schon auch alle etwas verändert haben, aber bei dir ist es heftig. Ich kann gar kein normales Wort mehr mit dir reden. Vorgestern zum Beispiel bist du einfach losgefahren nach der Schule, ohne auf mich zu warten …«

»Ja, weil ich dachte, du hättest noch Unterricht«, unterbreche ich sie und sie fügt hinzu: »Ist ja auch nicht schlimm, aber dann sage ich zu dir ironisch ›Dankeschön fürs Warten‹ und du kackst sofort herum ›Chill mal!‹.«

»Du hast ja auch gleich so zickig reagiert. Du kannst mir nicht erzählen, dass das ironisch gemeint war, du warst nämlich total angepisst und bist sofort weitergedüst. Und dass ich nicht gewartet hab, war ja nicht mit Absicht, sondern einfach nur weil ich halt dachte, du hättest noch eine Stunde länger Unterricht als ich.«

»Na ja, grundsätzlich lässt sich sagen, dass du extrem gereizt bist, einen ständig anmeckerst oder genervte Antworten gibst. Hinzu kommt, dass du total abgemagert bist und nur noch Sport machst und essen sehe ich dich sowieso nie. Das sind alles die Merkmale von Magersucht«, erklärt Katharina und wieder nicken alle heftig und gucken mich vorwurfsvoll oder vielleicht auch sorgenvoll an.

Ich weiß nicht wirklich, wie ich die Blicke der anderen deuten soll. Ich weiß nur, dass ich am liebsten gehen würde. Die Atmosphäre ist so gespannt und die Luft ist so dick, dass es schwer zu ertragen ist. Doch da ich jetzt nicht einfach gehen kann, muss ich weiterhin meine Position vertreten. Immerhin lass ich mich nicht einfach so fertigmachen. Was fällt denen denn eigentlich ein. Haben sich jetzt alle gegen mich verschworen, um diesen Mist von der Magersucht zu verbreiten? Oder was soll das jetzt. Eine meiner Stimmen weiß die Antwort: »Die sind doch alle nur neidisch auf deine Figur. Dass du abgenommen hast und es einigermaßen schaffst, dich zu disziplinieren. Du bist zwar immer noch zu dick und musst noch weiter abnehmen, aber das wollen die anderen natürlich nicht, weil du dann schlanker bist als sie.« Ich glaube, dass ist es wirklich. Aber das kann ich ja schlecht sagen.

Da meldet sich Anka zu Wort: »Hanna, jetzt mal ehrlich. Du hattest früher immer ein Schulbrot mit in der Schule. Meistens mit irgendeiner Wurst drauf. Salami oder so. Das weiß ich noch so genau, weil jedes Mal die ganze Klasse nach Wurst roch, wenn du das ausgepackt hast. Und jetzt kann ich mich schon gar nicht mehr daran erinnern, wann du das letzte Mal was zu essen mithattest, geschweige denn, dass du sonst irgendetwas gegessen hast in den Pausen.«

Ich merke, wie ich immer unsicherer werde. Alle starren mich an. Durchbohren mich mit ihren Blicken. Stellen mir Fragen. Was soll ich denn jetzt machen? Ich kann kaum noch sprechen, weil ich so einen Kloß im Hals habe. Am liebsten würde ich ausrasten und schreien und allen sagen, dass sie mich am Arsch lecken können. Doch ich bin so wütend, dass ich anfangen muss zu weinen, und meckere unter Tränen los: »Könnt ihr mich mal alle in Ruhe lassen?

Was soll das denn jetzt hier. Ihr seid voll am Übertreiben. Als ob ich magersüchtig bin. Das geht ja mal gar nicht klar.«

»Wenn das so großer Schwachsinn ist, warum weinst du dann jetzt? Dann muss doch irgendetwas dran sein an der Sache«, meint Janine.

»Warum ich heule? Willst du mich verarschen? Ich sitze hier am Tisch mit sechs Mädchen, werde von zwölf Augen einfach nur angestarrt und damit konfrontiert, dass ich mich ja SO SEHR verändert habe. Da wunderst du dich, dass ich anfange zu heulen? Dann möchte ich mal einen von euch an meiner Stelle sehen.« Ich kann mich kaum noch halten vor Unsicherheit und habe das Gefühl, dass mich mittlerweile das ganze Café anguckt. Die Tränen fließen so oder so einfach nur runter, obwohl ich sie am liebsten einfach abstellen würde.

Nachdem Katharina meint, dass sie sich alle einfach nur Sorgen um mich machen, ist es erst einmal ganz lange Zeit still am Tisch. Wir bezahlen unsere Getränke und stehen langsam alle auf. Fast alle umarmen mich zum Abschied, nur Frauke schaut mich ganz lange traurig an und geht raus.

Am liebsten hätte ich diesen Tag aus meinem Gedächtnis gestrichen.

Seit dem Tag kann ich meinen Freundinnen kaum noch in die Augen gucken, weil ich immer weiß, was sie über mich denken. Damit niemals ein peinliches Schweigen entsteht oder womöglich das Gesprächsthema wieder auf mich fallen könnte, verstelle ich mich total. Ich habe sowieso seit Längerem gelernt, mich zu verstellen bei anderen, damit ja nichts auffällt, sodass ich mittlerweile nicht mehr ich selbst bin. Ich trage den ganzen Tag eine Art Maske über meiner eigenen Persönlichkeit, die ich erst ablege, wenn ich alleine bin. Manchmal, wenn meine Stimmung und ich jedoch zu labil sind, bröckelt sie ab und zu etwas ab. Aber das passiert entweder zu Hause bei meiner Mutter oder bei meiner Therapeutin. Genau. Meine Therapeutin, zu der ich seit einigen Wochen gehen muss auf

Wunsch meiner Mutter. Sie ist sich nämlich schon lange sicher, dass ich magersüchtig bin. Die Gespräche zu Hause eskalieren nur noch und wenn mal kein Streit herrscht oder meine Art und ich einmal nicht Thema sind, würde ich das als Wunder bezeichnen.

Die Kontrolle meiner Mutter geht morgens beim Frühstück los und hört abends beim Gute-Nacht-Sagen auf. Mehr noch, die Kontrolle ist mittlerweile konstant, weil sie sogar nachts aufsteht, um nachzusehen, ob ich schlafe beziehungsweise überhaupt noch atme. Ja richtig. Sie hat Angst, dass ich aufgrund meines Untergewichts und der zusätzlich zu wenig zugeführten Flüssigkeit dehydrieren könnte, das heißt, dass plötzlich meine Organe überlastet sind und aufhören zu arbeiten. Woher ich das weiß, dass sie nachts nach mir schaut? Ich merke es eigentlich fast immer, weil ich nachts kaum schlafe oder immer nur etappenweise, was nicht daran liegt, dass ich nicht müde bin. Nein. Eigentlich bin ich sogar todmüde, aber mein Schlaf ist ist seit Längerem sehr oberflächlich und wenn ich dann aufwache, kann ich stundenlang nicht mehr einschlafen, weil ich tierischen Hunger habe. Jeder normale Mensch würde dann aufstehen und sich etwas zu essen holen. Ich nicht. Ich liege im Bett und überlege hin und her, frage mich, ob ich vielleicht doch aufstehen und etwas essen soll. Aber ich mache es nicht. Ich mache es nicht und ich kann es auch nicht. Es ist wie eine Sperre. Irgendetwas hält mich immer zurück. Ob es meine Disziplin ist? Eine meiner Stimmen? Die Angst vor einem folgenden schlechten Gewissen? Ich weiß es nicht genau. Jedenfalls bin ich meistens wach, wenn meine Mutter ins Zimmer kommt und an mir horcht oder einfach nur guckt. Meistens stelle ich mich dann schlafend und versuche, so laut wie möglich zu atmen. Als ich sie dann doch einmal frage, warum sie manchmal in mein Zimmer kommt, erzählt sie mir das vom Dehydrieren. Ich bin aber nicht immer nur wach, weil ich Hunger habe.

Manchmal kann ich auch einfach erst gar nicht einschlafen, weil ich irgendwie panische Angst habe vor dem nächsten Tag. Nicht vor dem Tag an sich, sondern vor den Mahlzeiten, die ich zusammen mit anderen einnehmen muss. Da wäre an erster Stelle einmal das Frühstück. Meine Mutter zwingt mich, zum Frühstück zu kommen. Und ich muss so lange am Tisch sitzen, bis ich mein Brot gegessen habe. Dann liege ich nachts wach und überlege stundenlang, wie ich es schaffe, nichts zu essen, ohne dass meine Mutter etwas merkt. Und obwohl ich das eigentlich gar nicht planen kann im Voraus, denke ich Nacht um Nacht wieder darüber nach. Der Morgen sieht eigentlich immer gleich aus: Ich stelle mir meinen Wecker sehr früh, auch wenn ich von der Zeit her eigentlich noch eine halbe Stunde länger schlafen könnte. Dann gehe ich auf die Toilette und stelle mich nackt auf meine Waage. Heute zeigt sie mir 39,8 kg an. Wieder ein bisschen abgenommen.

Während ich das mache, habe ich totale Panik, dass meine Mutter reinkommen und das sehen könnte, denn seit einigen Monaten zwingt sie mich dazu, mich von ihr wiegen zu lassen, also ziehe ich mich ganz schnell an, lege meinen Schmuck an und stecke mir noch irgendwas in meine Taschen, sodass, wenn sie mich wiegt, die Waage dann um einiges mehr anzeigt, so wie heute 42 kg. Dann rastet sie das erste Mal aus an dem Morgen: »Du hast ja schon wieder abgenommen. Willst du mich eigentlich verarschen? Lange mache ich das nicht mit. Und wenn du noch weiter abnimmst, schicke ich dich in die Klinik. Du bist magersüchtig, Hanna. Das kannst du nicht mehr leugnen. Wie oft habe ich dir schon gesagt, dass du wenigstens versuchen sollst, erst einmal dein Gewicht NUR zu halten. Aber du schaffst es nicht. Von Tag zu Tag nimmst du weiter ab. Und die Therapie hilft dir anscheinend auch nicht. WEIL DU NÄMLICH SÜCHTIG BIST! Du denkst, dass du die Kontrolle über dich hast. Aber in Wirklichkeit hast du die Kontrolle über dich längst verloren. Weil du nämlich schon gar nicht mehr richtig denken kannst. Dein Spiegelbild ist verzerrt in deinen Augen und selbst wenn du zunehmen möchtest, schaffst du das nicht.«

»Jetzt raste doch nicht sofort wieder aus. Das mit der Therapie geht auch nicht so von heute auf morgen. Und wenn ich mal 100 g

weniger wiege, ist das vollkommen normal. Gestern hatte ich nämlich einen anderen Gürtel um, als du mich gewogen hast, und der
war schwerer. Ich schaff das schon, es dauert halt nur ein bisschen«,
versuche ich, sie zu beruhigen.

»Gürtel hin oder her, wenn sich das nicht ändert, kommst du in
die Klinik, ich will doch nicht sehen, wie mein eigenes Kind neben
mir verhungert«, argumentiert sie.

»Ich verhungere doch auch nicht, Mann. Und jetzt ist doch auch
gut, ich möchte mich jetzt fertig machen.«

Dann geht sie Richtung Tür und guckt mich ganz ernst mit star-
rem Blick an und meint: »Du kommst gleich zum Frühstück und
sitzt da so lange, bis du was gegessen hast.«

Anschließend lasse ich mir beim Fertigmachen ganz lange Zeit
und gehe nicht zum Frühstück, sondern warte so lange in meinem
Zimmer, bis ich von meiner Mutter gerufen werde. Dann rufe ich:
»Ich komme ja gleich«, und lasse mir weitere Minuten Zeit, bis ich
langsam in die Küche gehe. Mittlerweile ist es 20 nach sieben und
ich weiß ganz genau, dass Mama immer gegen halb acht vom Tisch
aufstehen muss, um sich fertig zu machen. Also muss ich mir irgendetwas ausdenken, um diese zehn Minuten so zu überbrücken, dass
ich so wenig wie möglich essen muss. Ich suche mir die kleinste und
dünnste Scheibe Brot aus und stecke sie in den Toaster. Vorher mache
ich mir noch mal das Wasser heiß, um mir einen Kaffee zu kochen,
damit weitere Minuten vergehen. Das Brot beschmiere ich so langsam
wie möglich. Als ich gerade Magerquark darauf schmieren möchte,
meint meine Mutter: »Du machst gefälligst Margarine aufs Brot!«

Schon steigt die Panik in mir auf. Ich muss mich beherrschen,
denke ich bei mir, doch ich schaffe es nicht.

»Kannst du mal aufhören, mich ständig zu reglementieren? Ich
kann ja wohl selber entscheiden, wie ich mein Brot schmiere, das
hat mir keiner vorzuschreiben.«

»Du machst jetzt, was ich dir sage, sonst ist hier langsam mal
Schluss! Ich kann keine Nacht mehr ordentlich schlafen, weil ich

Angst um dich habe, und wenn du nicht langsam einsiehst, dass du krank bist und etwas ändern musst, dann stirbst du. Und ich lasse nicht zu, dass eines meiner Kinder stirbt oder krank ist. Denn wenn das der Fall ist, dann kann auch ich nicht mehr leben.«

Ich schaue auf meinen Teller und kratze mir ganz dünn Margarine auf mein mittlerweile bockelhartes Brot. Es tut mir weh, meine Mutter so zu sehen. Am liebsten würde ich sie einfach in den Arm nehmen und ihr sagen, dass alles gut wird. Doch das kann ich nicht, weil ich einerseits weiß, dass es wahrscheinlich gar nicht gut wird, andererseits weiß ich nicht mal, ob ich das überhaupt möchte. Ich möchte zwar, dass die Stimmung zu Hause wieder besser wird, ich nicht immer im Mittelpunkt stehe und ich nicht immer so panische Angst vor dem Essen habe, aber zunehmen möchte ich nicht. Ich beiße ganz langsam eine winzige Ecke von meinem Brot ab, als meine Mutter in Richtung Badezimmer geht. Blitzschnell stehe ich auf und lasse ein Stück von meinem kleinen, dünnen Brot tief im Mülleimer verschwinden. Sprinte zurück zu meinem Platz und setze mich gerade außer Atem wieder hin, als meine Mutter plötzlich wieder auftaucht. Ich bekomme einen totalen Schock, weil ich damit nicht gerechnet habe. Als ich in ihren Händen einen kleinen Spiegel und ihre Schminksachen entdecke, kann ich meinen Augen kaum trauen. Sie setzt sich an den Tisch, stellt ihren Spiegel auf und meint: »Ich bleibe jetzt so lange hier sitzen, bis du dein Brot aufgegessen hast, und wenn ich zu spät zur Arbeit komme, das ist mir scheißegal.«

Ich würde am liebsten anfangen zu heulen, weil ich wieder merke, wie die Panik in mir hochsteigt und mein Herz anfängt zu rasen. Was soll ich denn jetzt machen? Ich hab noch ein halbes Brot vor mir liegen und ich hasse das Frühstück. Wenn ich morgens etwas frühstücke, fällt mir das Essen den Tag über noch schwerer als überhaupt schon. Eben weil ich weiß, dass ich morgens bereits gefrühstückt habe. Also muss ich mir was überlegen.

Ich esse ganz langsam einen ganz kleinen Bissen, um Zeit zu schinden. Irgendwann muss sie ja mal kurz aufstehen. Als sie sich gerade zum Kühlschrank umdreht, um schon mal etwas vom Tisch zu räumen, nehme ich ein Stück Brot und werfe es vorsichtig hinter mich ins Katzenklo und kurz bevor meine Hand wieder ruhig am Teller liegt, dreht sie sich um. Sie hat nichts bemerkt. Ich bemerke allerdings das Adrenalin, welches bei solchen Aktionen immer in mir aufkommt. Meine Hände zittern, ich schwitze, mein Herz pocht wie verrückt. Jetzt habe ich nur noch die Brotkante auf meinem Teller liegen. Langsam stecke ich sie mir in den Mund und manövriere sie unter meine Zunge, warte noch ein bisschen und stehe dann auf.

»Fertig?«, fragt meine Mutter.

»Mhm«, maule ich genervt, räume meinen Teller weg und gehe aus der Küche, weiter ins Bad und lasse die Brotkante aus meinem Mund in der Toilette und anschließend in der Kanalisation verschwinden. Geschafft. Wie viel Zeit, Energie und Nerven dieses Manöver gekostet hat ist kaum zu beschreiben. Einerseits bin ich so froh, dass alles geklappt hat. Insgesamt hab ich jetzt einen Bissen Brot gehabt, was mich erleichtert. Andererseits könnte ich heulen, weil mir meine Mutter so unglaublich leidtut. Meine Mutter, meine Oma, die auch keine ruhige Minute mehr verbringt, weil sie das auch alles schon einmal mit ihrer Tochter, meiner Mutter, erlebt hat. Doch auch meine Geschwister tun mir leid, die jeden Tag aufs Neue die Auseinandersetzungen und die eisige Stimmung ertragen müssen.

Und auch Matthias tut mir leid, selbst wenn ich das selber kaum glauben kann. Aber immerhin ist er erst seit Kurzem wieder mit Mama zusammen. Er muss lernen, wie man mit vier Kindern umgeht. Ich mache immer Ärger beim Essen, mein großer Bruder Max hat wenig mit ihm zu tun, da er nicht mehr bei uns wohnt, meine Schwester ist schwer enttäuscht von ihm, weil er damals gegangen ist, und mein kleiner Bruder hat Ärger in der Schule. Na ja, und die Frau, die er liebt, schläft nachts nicht, weint mindestens ein Mal am Tag, rastet mindestens ein Mal am Tag aus und ist krank vor Sorge. Da ist allerdings eine Sache: Wenn ich daran denke, dass er und Mama in einigen Wochen heiraten wollen, tut er mir gar nicht mehr leid.

3. KAPITEL

»Einsicht ist der erste Schritt zur Besserung«

September bis Oktober 2008

Es ist der 27. September 2008. Es ist Mamas Geburtstag. Es ist Mamas und Matthias' Hochzeitstag. Nicht der erste. Auch nicht der zweite. Es ist der Tag der Hochzeit selbst. Seit Wochen denke ich über diesen Tag nach. Einerseits, weil ich es absolut komisch und unglaublich finde, meine Mutter heiraten zu sehen. Sie verliebt zu sehen mit Matthias war schon ungewohnt, aber die eigene Mutter heiraten zu sehen, erlebt man auch nicht alle Tage. Den Tag selber sehe ich jetzt relativ neutral. Ich hätte es mir schlimmer vorgestellt. Der Schock war eher da, als ich die Nachricht erfahren habe, dass sie heiraten wollen, weil es ziemlich plötzlich kam und uns Kindern eher »nebenher« berichtet wurde. Mittlerweile habe mich mit dem Gedanken abgefunden, sodass ich mich auch ein bisschen auf heute freue. Außerdem mag ich Anlässe, zu denen man sich schön anziehen und schick machen muss.

Das Problem bei der Sache ist nur, dass ich nichts mehr anzuziehen habe, was mir passt. Die Sachen, die ich anziehen könnte, weil sie noch aus meiner Kindheit sind und mir deswegen passen, darf ich aus Prinzip nicht anziehen, eben weil es meine Kindersachen sind, und meine Mutter meint, ich sähe darin so unterernährt aus, dass wahrscheinlich alle Hochzeitsgäste geschockt wären, wenn sie mich sehen und meine Mutter als grob fahrlässig bezeichnen würden. Nach Tausenden von Anproben bin ich dann bei einem ganz schlichten, schwarzen Kleid geblieben, das eher an mir hängt, als dass es sitzt. Aber es ist das Einzige, was übrig geblieben ist und ein bisschen kaschiert. Meine Mutter ist trotzdem ganz unsicher und würde das Kleid am liebsten mit Watte aufbauschen, damit ich nicht so dünn aussehe. Der genaue Wortlaut ist: »Du siehst schrecklich aus, Hanna!«

Und schon wieder weiß ich nicht, wie ich diese Aussage finden soll.

Einerseits macht mich dieser Satz unglaublich glücklich, weil er mich in meiner Sache und meinem Handeln bestätigt. Dieser Satz sagt für mich aus: Du hast etwas erreicht. Du bist dünn. Du bist anders als andere. Du hast die Aufmerksamkeit. Du wirst von allen angeschaut. Du wirst schockieren. Der Satz ist wie eine gute Note, die ich für eine vollbrachte Leistung bekomme.

Andererseits macht mich der Satz sehr traurig. Denn »du siehst schrecklich aus, Hanna« ist extrem direkt und passt nicht zu meinem früheren Leben. Bei allen Anlässen, Festen oder Treffen, die es gab, hieß es immer: »Hanna, dein Kleid steht dir unglaublich gut.«

»Hanna, mein Gott, hast du eine schöne Figur.«

So oder so ähnlich sahen die Komplimente immer aus. Aber nicht nur vonseiten meiner Mutter oder meiner Oma, sondern auch von Leuten, die man lange nicht gesehen hat oder einfach nur so kennt.

Heute auf der Hochzeit ist es das komplette Gegenteil: »Hanna, was ist denn los mit dir, du siehst schlimm aus.«

»Hanna, du musst was ändern, das ist doch nicht gesund.«

»Hanna, warum machst du das, du hattest doch so eine schöne Figur.«

»Hanna, das hast du doch gar nicht nötig, das macht alles kaputt.«

Und wieder ist es so, dass mich diese Sätze einerseits bestärken, mir aber auch andererseits ziemlich bewusst machen, dass mit mir wirklich etwas nicht stimmt.

Auch wenn ich mich vielleicht ein bisschen auf den Tag freue, macht er mir zugleich total Angst. Ich habe bereits Wochen vorher in Erfahrung gebracht, was es zu essen gibt und wie ich es schaffe, beim Essen so wenig wie möglich Aufmerksamkeit auf mich zu ziehen und dabei so wenig wie möglich zu essen. Doch das klappt nicht ganz, es gibt erst Kaffee und Kuchen und abends mehrere Gänge. Ich lasse fast immer etwas auf dem Teller liegen, doch am Ende des Abends bin ich trotzdem satt gegessen, was für mich so ungewohnt ist und so unangenehm, dass ich mich ganz mies fühle. Doch jetzt auf die Toilette zu gehen und mich zu übergeben wäre das Dümmste, was ich machen könnte, weil es sofort bemerkt werden würde.

Wir Kinder sollen heute Abend bei meiner Oma schlafen, damit Mama und Matthias ihre Ruhe haben. Als wir bei Oma ankommen, mache ich mich ganz schnell fertig fürs Bett und warte, bis alle schlafen. Dann gehe ich ins Bad und finde die perfekte Lösung überhaupt. Abführtropfen. Man sollte so um die 20 Tropfen nehmen. Ich nehme 30. Auch wenn ich eigentlich sogar noch weniger nehmen müsste als 20 Tropfen, weil ich einerseits noch »Kind« bin und andererseits unterernährt. Doch ich möchte auf Nummer sicher gehen, dass es auch wirklich klappt. Und es klappt. Die restliche Nacht verbringe ich fast ausschließlich auf der Toilette und habe das Gefühl, dass einfach alles rauskommt an Essen und Flüssigkeit, was überhaupt in meinem Körper sein kann. Als ich mich dann nach dieser ganzen nächtlichen Prozedur ins Bett lege, einschlafe und am nächsten Morgen aufwache, fühle ich mich wie eine Feder. Ich fühle mich einfach nur komplett leer. Wie eine Hülle. Jeder andere Mensch würde meinen, dass es schrecklich ist, sich leer zu fühlen. Doch ich finde es wunderbar.

Nach der Hochzeit ist eigentlich alles wie vorher. Mit dem Unterschied, dass Mama und Matthias eben verheiratet sind. Nur eines ist anders: Ich darf nicht mehr zum Training gehen. Meine Mutter verbietet es mir, weil es »viel zu gefährlich und verantwortungslos« ist.

Gut. Zum Training darf ich nicht mehr. Aber meine Sit-ups kann ich weiterhin machen in meinem Zimmer, denn das merkt ja keiner. Ich kann nicht damit aufhören. Die Sorgen meiner Familie und meiner Freunde lassen sich eigentlich nicht mehr als Sorgen bezeichnen. Sie haben eine Todesangst um mich. Es ist furchtbar, ständig hören zu müssen: »Warum machst du das mit dir?«

»Warum tust du uns das an?«

»Denk doch mal an uns. Wir können kein normales Leben mehr führen.«

»Die ganze Familie bricht kaputt, du musst das doch merken.«

»Warum schmeißt du dein Leben einfach so weg?«

»Hanna, du brauchst Hilfe.«

Jedes Mal, wenn ich so was höre, gebe ich genervte Antworten und wechsle das Thema oder ziehe mich zurück. Doch in Wirklichkeit tut es mir unglaublich leid, meine Umgebung so leiden zu sehen, während ich denke, dass es mir gut geht. Aber wie gesagt, ich denke nur, dass es mir gut geht. Mittlerweile ist mir auch klar, dass etwas nicht in Ordnung mit mir ist. Ich denke oft an früher, wie ich war, was meine Hobbys waren und wie meine Wochenenden aussahen. Und ja! Es ist anders. Ich bin anders. Jetzt könnte man meinen: He, Einsicht ist der erste Schritt zur Besserung. Wenn ich weiß, was das Problem ist, kann ich es ja angehen und es ändern. Doch so ist es nicht.

Ich kann nicht aufhören. ES kann nicht aufhören. Meine Stimme kann nicht aufhören. Mittlerweile existiert auch nur noch eine Stimme. Die andere Stimme, die mich manchmal noch vernünftig handeln ließ, ist verstummt. Jetzt ist nur noch eine Stimme da, die mich nicht mehr aufhören lässt. Mich nicht mehr ruhig schlafen lässt. Mir ständig ein schlechtes Gewissen macht. Mich ständig dazu bringt, Sport zu treiben. Mich dazu bringt, zu Hause bei Mama zu bleiben. Mir sagt, dass ich nicht zu dünn bin. Mir immer wieder sagt: »Je weniger, desto besser!« Und ich kann sie einfach nicht abstellen.

Der Satz »Ich kann nicht mehr aufhören« stimmt allerdings auch nur teilweise. Besser gesagt wäre »Ich kann nicht mehr anfangen«. Ich kann nicht mehr anfangen zu essen. Nach jedem Streit, nach jeder Auseinandersetzung, aber auch nach jedem tiefgründigen Gespräch, nach allen Tränen, die vergossen werden, nach allen Versprechen, endlich etwas zu ändern, nach jedem endlos langen Hungergefühl nehme ich mir vor, einfach anzufangen zu essen. Doch es klappt nicht. Ich kann nicht mehr damit anfangen. Und wenn ich dann mal essen MUSS, weil ich wieder dazu gedrängt werde oder es von mir verlangt wird, denke ich, dass das bestimmt für den restlichen Tag reicht an Nahrungszufuhr, selbst wenn es nur ein halber Apfel war. Alle reden immer von »Hilfe annehmen«, »sich helfen lassen«, »gesund werden«.

Sogar meine Lehrer sprechen mich schon darauf an: »Du musst nicht an die Schule denken, das wird schon. Werde erst mal gesund, das ist viel wichtiger als Schule. Außerdem verpasst man in der Elften nicht so viel, das ist hauptsächlich nur Wiederholung. Was bringt es dir, wenn du jetzt weiterhin zur Schule gehst. Wenn es so weitergeht, hast du zwar die Elfte gemacht. Aber das Abi kannst du dir dann so oder so abschminken. Weil du entweder tot bist oder deine Krankheit ist so fortgeschritten, dass du gar nicht mehr klar denken kannst.«

Klar denken? Zurzeit ist die Schule der einzige Ort, an dem ich es schaffe, klar zu denken. Mich einfach auf den Unterricht einzulassen. Mich zu melden und etwas zum Unterricht beizutragen und gute Klausuren zu schreiben lässt mich glücklich werden. Denn dann ist es so ähnlich, als wenn ich auf die Waage steige und dort wieder weniger angezeigt wird. Also ist die Schule der einzige Ort, wo ich mich ab und zu gut und wertvoll fühlen kann, ohne dass ich auf der Waage stehe. Ohne dass ich ans Essen denken muss. Ohne dass ich Sport mache. Ohne mich im Spiegel anzugucken, um meine Knochen zu bewundern und trotzdem zu denken, dass es nicht reicht. Um es auf den Punkt zu bringen: Schule ist meine Ersatzdroge.

Ohne sie wäre ich wahrscheinlich schon komplett in einer von der restlichen Welt abgeschnittenen eigenen Welt.

Das Wort »Ersatzdroge« passt perfekt. Es sagt nämlich, dass es eine andere Droge im Vergleich zu der ist, die ich zurzeit habe. Ich muss bewusst »haben« schreiben. Denn ich nehme ja keine Drogen. Trotzdem bin ich süchtig. Dies einzusehen macht mich sehr nachdenklich. Denn es ist unglaublich paradox. Ich bin süchtig nach etwas, das man nicht fassen und in irgendeinem Sinne auch eigentlich nicht sehen kann. Man kann vielleicht die Magerkeit sehen. Die Droge wäre in meinem Fall also die Magerkeit. Doch auch sie ist nicht sichtbar. Für die ganze restliche Welt vielleicht, aber nicht für mich. Ich sehe sie nicht. Ich sehe, dass ich schmal bin, vielleicht auch, dass ich dünn bin. Doch ich sehe keine Magerkeit.

Wie soll ich also beschreiben, wonach ich süchtig bin? Wie meine Droge aussieht? Wie man sie sich zuführt? Geschweige denn, wie man sie entziehen, sich davon befreien kann? Wie soll man von etwas loskommen, auf etwas verzichten, das man nicht sieht? Das man nicht einfach wegsperren kann, wie beispielsweise Alkohol? Es ist nämlich keine Droge, bei der man lernen muss, auf sie zu verzichten. Denn bei der Magersucht verzichtet man nur noch. Man verzichtet auf alles, was mit Essen und sogar mit Trinken zu tun hat. Wie also soll man davon wieder wegkommen? Wegkommen vom Verzichten? Ich weiß es nicht. Und auch wenn ich es jetzt einigermaßen eingesehen habe, dass ich krank bin, ist es nicht einfacher geworden. Denn gerade das macht einem Angst. Man weiß, dass etwas nicht stimmt mit einem, dass man eigentlich etwas ändern sollte, in manchen Momenten sogar möchte, und man kann es trotzdem nicht ändern. Man ist sieben Tage die Woche, von morgens bis abends, 24 Stunden, 1.440 Minuten, 86.400 Sekunden am Tag kontrolliert. Kontrolliert darin, nichts zu essen, nichts zu trinken, Sport zu machen. Doch wenn einem bewusst wird, dass das nicht normal ist, merkt man plötzlich: Eigentlich ist alles »Außer Kontrolle«!

Nur wenn man das merkt, ist es meistens schon zu spät.

Obwohl ich zu dieser Erkenntnis gekommen bin, kann ich es nicht wirklich zugeben. Ich habe trotzdem weiterhin versucht, meine Fassade aufrechtzuerhalten. Ich kann nicht plötzlich sagen: »Hey Leute, ihr hattet recht, ich bin nicht ganz dicht in der Birne, aber ändern kann und will ich es eigentlich auch nicht!«

Trotzdem versuche ich, nach und nach ein bisschen von meiner Maske abbröckeln zu lassen. Und einfach mal zuzugeben, dass es mir manchmal nicht gut geht. Bisher war meine Antwort schon wie in einem festen Drehbuch. Tag für Tag die gleiche Antwort auf die Frage: »Wie geht es dir?«

»Ja, gut, und dir?«

Und jedes Mal komme ich mir bescheuerter vor, weil ich mich meistens kurz vorher noch lauthals am Frühstückstisch mit meiner Mutter gestritten habe oder wir beide geheult haben. Mama vor Sorge, ich vor Verzweiflung. Also fange ich jetzt langsam an, einfach davon zu erzählen. Immerhin sind es nicht irgendwelche Leute, die mich fragen, wie es mir geht. Es sind meine Freundinnen. Und dafür stehen Freundinnen doch. Dass sie alles von einem wissen. Einem helfen wollen. Und auch das Recht darauf haben zu wissen, wie es der Freundin geht. Und selbst wenn ich sage, dass es mir prima geht, merke ich immer, dass sie wissen, dass ich nicht die Wahrheit sage. Dass sie wissen, wie es zurzeit zu Hause zugeht, und dass sie wahrscheinlich auch schon längst wissen, dass es mittlerweile auch mir klarer ist. Wenn ich jetzt gefragt werde, erzähle ich immer ein bisschen mehr von dem, wie es wirklich in mir aussieht. Ich habe immer Schiss vor der Reaktion, doch erstaunlicherweise bleibt es aus, dass sie sagen: »Na? Siehst du? Wir haben es ja gleich gesagt« oder »Da brauchst du dich auch nicht zu wundern« oder »Ja dann sieh mal zu, dass du dich entschuldigst«.

Mit solchen Sätzen rechne ich nämlich immer. Doch so etwas sagen sie nicht. Sie haben Verständnis, versuchen, mich aufzubauen und mir gut zuzureden. Richtig gute Freundinnen eben. Aber ich merke, dass die Wahrheit zu sagen noch viel anstrengender ist, als zu lügen und eine Maske zu tragen, um jemanden darzustellen, der man gar nicht ist. Denn wenn ich die Wahrheit sage, muss ich mich damit konfrontieren. Ich muss Dinge zugeben, die ich lange verdrängt habe, die ich nicht einsehen wollte. Und über diese Dinge zu reden ist furchtbar anstrengend, sodass ich immer noch versuche, es, wenn ich es tue, so kurz wie möglich zu machen. Allerdings merke ich auch, dass es mit Freunden einfacher ist als mit der Familie. Denn in der Familie ist ständig das Essen an sich Thema. Meistens kommt es während der Mahlzeiten zu solchen Gesprächen. Und dann bleibe ich lieber dabei zu sagen: »Ich habe schon gegessen« oder »Ich habe keinen Hunger«, als zu sagen: »Wenn ich das esse, fühle ich mich miserabel«, »Ich kann das nicht essen, weil ich es mir verbiete«, »Wenn ich das esse, nehme ich 5 kg zu«. Das während des Essens zu sagen ist mir auch mit meiner Einsicht nicht möglich.

Doch nicht nur die Nahrungsaufnahme ist das Problem. Inzwischen kommen noch so viele andere Dinge hinzu, die ich immer deutlicher merke, je kälter es wird.

Ich brauche morgens alleine schon die Hälfte der Zeit, nur um mich anzuziehen. Ich achte immer sehr darauf, was ich anziehe, denn wenn ich etwas anhabe, was mir nicht gefällt, dann ist der Tag schon für mich gelaufen. Ich muss mich wohlfühlen und das hat meistens damit zu tun, wie ich morgens aussehe und was ich anhabe. Doch das lässt sich in letzter Zeit mit meinem Körper nicht ganz so vereinbaren. Denn wenn andere noch eine schicke Bluse oder einfach nur eine Übergangsjacke tragen können, würde ich schon längst erfrieren. Wo ich gehe und stehe, egal welches Wetter es ist, egal ob Sonne, Regen oder Wind, egal ob Tag oder Nacht – ich friere. Ich weiß schon gar nicht mehr, wann ich das letzte Mal eine warme Nasenspitze hatte, und es ist gerade mal September. Doch auch im Juli und August habe ich schon gefroren.

Zu Hause ist es nicht so das Problem, da kann ich die Heizung auf Fünf stellen und mir alle halbe Stunde eine neue Wärmflasche machen oder mich in ganz dicke Decken einrollen. Aber wenn ich zur Schule oder allgemein raus muss, ist es schrecklich. Ich muss mir mindestens drei Pullover übereinanderziehen, eine dünne Thermo-Strumpfhose, eine dicke Wollstrumpfhose, darüber eine Jeans, dicke Socken und Fellschuhe. Und trotzdem möchte ich es immer vermeiden, jemandem die Hand zu geben, weil meine Finger immer eiskalt sind und die folgenden zehn Minuten dann immer meine kalten Hände Gesprächsthema sind.

Leute, die mich nicht so gut kennen, rufen: »Mein Gott, hast du kalte Hände. Frierst du etwa?«

Dann denke ich mir eine Ausrede aus, wie: »Nein, ich hatte gerade etwas Kaltes in der Hand«, »Nein, ich habe mir gerade die Hände gewaschen«, oder ich versuche einfach, es zu ignorieren.

Von Leuten allerdings, die mich kennen, und von meiner Mutter, die wissen, was mit mir los ist oder es sich einfach auch denken können, bekomme ich eine Erklärung zu meinen kalten Händen gratis dazu: »Mein Gott, hast du kalte Hände. Das kommt alles vom Untergewicht. Wenn du mehr auf den Rippen hättest, hättest du auch keine kalten Hände mehr. Dein Körper hat ja gar nichts mehr zuzusetzen, womit er dich wärmen könnte. Und weil das Blut zu Händen und Füßen so einen langen Weg hat, sind die als Erstes kalt.«

Das oder Ähnliches höre ich immer nach dem Händedruck. Und ich muss mich beherrschen, dass ich nicht irgendwann, wenn ich den Satz zum 9999999999. Mal höre, jemandem an die Gurgel springe. Auch wenn es vielleicht nur nett gemeint ist.

Einen einzigen Vorteil kann ich nennen, den meine »Kleider-Schichten« bringen, außer dass sie wärmen.

Sie machen mich schwerer. Genauso wie heute Morgen. Als ich heute Morgen vor meiner Mutter auf die Waage steigen muss, ist ihr endgültig klar, dass ich auch die 40 kg schon unterschritten habe. Die Waage zeigt zwar 39,8 an, was meiner Mutter allein schon fast einen Schock verursacht, doch dank meiner »Pullover-Schichten« erfährt sie nicht mein wirkliches Gewicht. Wenn sie das jetzt gesehen hätte, hätte sie wahrscheinlich nicht nur einen Schock, sondern wäre gleich tot umgefallen. Sehr viel bringt es aber heute auch nicht, weil sie trotzdem fassungslos ist und die gleiche Prozedur wie jeden Tag losgeht. Doch diesmal ist es etwas anders. Ich glaube, dass meine Mutter einfach nur noch verzweifelt ist. Sie meinte schon so oft zu mir, dass, wenn es so weitergeht, sie mich auf jeden Fall in die Klinik bringt. Allerdings weiß ich auch, dass sie alles versucht, um mir so zu helfen. Die Klinik ist für sie der allerletzte Ausweg und sie meinte auch schon oft, dass es nicht nur für mich, sondern auch für sie das Schrecklichste wäre, mich in die Klinik bringen zu müssen, auch wenn sie weiß, dass ich da in guten Händen bin aus medizinischer Sicht.

Die Vorstellung, seine eigene Tochter in die Psychiatrie zu bringen, zu sehen, wie sie weinend und bettelnd an der Tür steht, sie nur einmal die Woche zu sehen, macht sie verzweifelt. Und gerade heute Morgen merke ich wieder, wie verzweifelt sie eigentlich ist, weil sie nicht mehr weiß, was sie noch tun soll. Zuerst rastet sie wieder vollkommen aus, fragt mich, ob ich sie verarschen wolle, wie ich mir das eigentlich vorstelle, wie es weitergehen solle, dass sie mich in die Klinik bringen und dass sie ihren Job kündigen werde, um mich von morgens bis abends zu kontrollieren. Doch als sie dann am Frühstückstisch sitzt und mich essen beziehungsweise nicht essen sieht, weint sie nur noch. Und weint und weint und weint und fragt sich immer wieder, was sie nur tun soll. Und ich sitze nur da, sehe, wie verzweifelt sie ist, und würde sie am liebsten einfach in den Arm nehmen und ihr sagen: »Okay, Mama, es wird alles gut. Ich werde jetzt zunehmen und wieder die alte Hanna werden.« Dann würde ich mich wieder hinsetzen und fünf Brote essen, um sie glücklich und mich wieder gesund zu machen.

Doch es klappt nicht. Ich sitze vor meinem Brot, mittlerweile nur noch Knäckebrot mit daraufgekratzter Marmelade, und schaffe es nicht, davon abzubeißen. Ich schaffe es einfach nicht. Und das macht mich so wütend, so verzweifelt und so traurig. Als Mama mich dann geradezu anfleht, doch bitte wenigstens dieses eine Knäckebrot zu essen, fange auch ich an zu weinen. Ich schlage förmlich meine Hände vor das Gesicht und weine einfach so drauflos. Ich kann gar nicht mehr aufhören. Als meine Mutter dann sofort aufsteht und mich in den Arm nimmt, wird es noch schlimmer. Unter Tränen bringe ich krächzend hervor: »Vielleicht ist es doch besser, wenn ich in die Klinik gehe?«

»Ja, mein Schatz, das glaube ich auch. Du weißt nicht, wie sehr du mich damit erleichterst. Ich rufe sofort den Hausarzt an, dass er dich einweisen lässt.«

Anschließend fahren wir zu dem Doktor, der uns anhört und in der Uni-Klinik anruft. Weil wir aber aus Hamm kommen und daher keine Noteinweisung machen können, weil ich dann in Hamm in die Klinik kommen würde, müssen wir noch drei Tage warten, bis wir einen Termin haben. Auch das lässt meine Mutter wieder panisch reagieren, weil sie Angst hat, dass gerade in diesen drei Tagen etwas mit mir passieren könnte.

»Du gehst jetzt die nächsten drei Tage auf keinen Fall mehr in die Schule. Ich muss leider arbeiten, weil ich mir nicht frei nehmen kann, also bist du den ganzen Tag mit Oma zusammen, die auf dich aufpasst.«

In den ganzen drei Tagen schaffe ich es nicht mehr, etwas zu essen. Meine Oma schafft es gerade, dass ich etwas Wasser trinke.

4. KAPITEL

Ab auf die »Geschützte«

8. Oktober 2008

Es ist der 8. Oktober 2008. Meine Mutter, Matthias und ich sind auf dem Weg in die Uni-Klinik. In die Kinder- und Jugendpsychiatrie. Ich kann gar nicht beschreiben, wie es mir geht. Es liegt jetzt etwas vor mir, das ich weder beschreiben noch einschätzen kann. Ich habe panische Angst vor dem, was kommt. Dieses Gefühl überwiegt momentan und wird nur von einem ganz kleinen Anflug von Hoffnung geschnitten. Doch einfach nicht zu wissen, was jetzt mit einem passiert, ob man sich überhaupt darauf einlassen kann, ob es überhaupt jemals besser wird, ob ich nicht damit klarkomme zuzunehmen, ob ich es überhaupt schaffe, zu essen und zuzunehmen – ohne Sonde –, ist so beklemmend. Tausend Fragen schwirren in meinem Kopf umher und am liebsten würde ich mich in Luft auflösen oder einfach die Zeit zurückdrehen zu dem Punkt, als noch alles beim Alten war.

Je näher wir dem Büro der Ärztin kommen, desto größer wird dieses Verlangen. Das Gespräch mit der Ärztin ist schrecklich. Wir sitzen in einem kleinen Raum, draußen ist es herbstlich, es regnet und ich halte einfach nur die ganze Zeit die Hand meiner Mutter. Nach einiger Zeit nimmt mich die Ärztin mit, um mich zu wiegen und meine Körpergröße zu messen. Nachdem ich auf der Waage stand, bin ich stolz wie Oscar. Als meine Mutter jedoch erfährt, wie viel ich noch wiege, kann sie es kaum fassen.

37,7 kg.

Die Ärztin erklärt, dass ich auf eine Station komme für 12–17-Jährige. Ich bekomme sechs Mahlzeiten am Tag und eine ganz genaue Kalorienmenge wird mir zugeführt. Wenn ich etwas nicht aufesse oder verweigere, bekomme ich Zusatznahrung, in diesem Fall Fresubin. Sollte ich auch das verweigern, würde mir eine Magensonde gelegt. Ich werde jeden Morgen gewogen und muss vorher auf die Toilette gehen, auf die ich begleitet werde, damit ich kein Wasser trinke. Außerdem werde ich rückwärts gewogen, damit ich nicht sehen kann, was ich wiege. Therapien erfolgen erst nach erfolgreicher Gewichtszunahme. Nach jeder Mahlzeit muss ich eine Stunde ruhig auf der Couch im Gemeinschaftsraum sitzen und auch sonst darf ich nicht aufs Zimmer. Bei Toilettengängen werde ich anfänglich begleitet. Kurz darauf verschwindet sie auf dem Flur, um sich zu erkundigen, auf welche Station genau ich kommen soll. Von da an kann ich mich nicht mehr zurückhalten. Ich klappe auf dem Stuhl zusammen und weine nur noch. Meine Mutter nimmt mich in den Arm und versucht, mir gut zuzureden, indem sie sagt, dass jetzt alles nur noch besser werden kann. Doch ich denke bereits an den Skiurlaub, der an Weihnachten ansteht, und als ich mir vorstelle, Weihnachten, meinen Geburtstag und Silvester ohne meine Familie verbringen zu müssen, bricht die Welt völlig für mich zusammen, denn bis dahin sind es nur noch zehn Wochen. Während ich das Gefühl habe, dass mein Leben jetzt vorbei ist und ich am liebsten tot wäre, kommt die Ärztin zurück in den Raum.

»Also Ihre Tochter kommt auf die Station 3.«

»Was ist das für eine Station?«, fragt meine Mutter sofort.

»Die Geschützte!«

Das Wort »geschlossen« beziehungsweise »geschützt« bringt die Situation ziemlich korrekt auf den Punkt. Bevor man die Station betreten kann, muss man erst einmal klingeln. Anschließend geht man durch eine Sicherheitstür, die nur mit einer speziellen Karte zu öffnen ist. Dann steht man in einer Art Schleuse und geht anschließend durch eine zweite Sicherheitstür, die sich wieder nur mit einer Chipkarte und erst öffnen lässt, wenn die erste zu ist. Sollte eine der beiden Türen länger aufstehen als zehn Sekunden, geht sofort der Alarm los und alle Pfleger und Betreuer stürmen zur Tür.

Zufälligerweise komme ich mir jetzt schon vor wie in einem Knast. Dieser Eindruck bestätigt sich, als meine Tasche durchsucht wird und ich alles abgeben muss, was aus Glas, spitz, gefährlich oder so lang ist, dass man sich damit erhängen könnte. In meinem Fall sind das mein Make-up, mein Haarspray, mein Kamm, mein Deo und einige meiner Haarspangen. Als meine Tasche dann durchsucht und ausgeräumt ist, werde ich auf mein Zimmer gebracht.

Eigentlich ist es kein richtiges Zimmer, eher ein kleiner Flur. Darin stehen zwei Betten, zwischen denen nicht mehr Platz als ein Meter ist, ein Schrank und ein Waschbecken. Am Ende des Zimmers ist keine Wand, sondern ein großes Fenster, das man allerdings nur ganz oben unter der Decke von den Betreuern aus dem Dienstzimmer öffnen lassen kann. Ausbruchsicher. Aber zumindest ist das Zimmer schön hell. Als ich jedoch die Kamera unter der Decke erblicke, ist dieser einzige schöne Eindruck wieder zunichte gemacht. Auf dem Flur gibt es zwei kleine Bäder mit Toilette und Dusche und ein größeres Bad mit Toilette und Badewanne. Die Badewanne funktioniert nicht und die Duschen gehen alle zehn Sekunden aus.

Insgesamt sind auf der Station ungefähr 16 Jugendliche und ein neunjähriger Junge. Als ich meine Sachen abgestellt habe, soll ich mich in den Gemeinschaftsraum setzen, weil Mama und Matthias noch einige Gespräche zu führen haben mit den behandelnden Ärzten. Die anderen Jugendlichen, die zurzeit im Gemeinschaftsraum sitzen, sind alle sehr nett und die Mädchen stellen sich auch gleich vor. Kommen allerdings auch gleich zur Sache: »Hey, ich bin Kristina. Wie heißt du und weswegen bist du hier?«

»Ähm, hallo, ich bin Hanna. Ich bin wegen Magersucht hier. Und du?«

»Ich auch, aber mittlerweile, nachdem ich versucht habe, es tausendmal zu erklären, glauben auch die Ärzte, dass es doch was anderes ist. Ich bin jetzt schon seit über acht Wochen hier. Also mach dir nicht zu große Hoffnungen, die lassen einen hier vergammeln. Hast du auch Ausgang null? Na ja, ich denke schon. Alle Magersüchtigen haben Ausgang null.« – »Was ist denn Ausgang null?«

»Das heißt, dass du gar nicht raus darfst. Allerhöchstens in den Stationsgarten mit einem Betreuer, aber nur zum Sitzen. Wir dürfen uns nämlich nicht bewegen.«

Während sie mir vom Stationsgarten erzählt, nickt sie Richtung Fenster. Dort draußen sind eine kleine Rasenfläche und eine Bank. Allerhöchstens 20 m² groß und mit einem hohen Zaun umzäunt.

Nach und nach kommen einige Betreuer der Station und stellen sich vor, doch irgendwie wirken alle sehr gestresst oder durcheinander. Plötzlich springt der kleinste Junge neben mir auf der Couch herum und klärt mich lauthals über die Situation auf: »Sei froh, dass du heute erst gekommen bist. Gestern waren alle voll aggressiv, aber heute sind immer noch alle Betreuer so gestresst, weil Dorothee gestern beim Spaziergang abgehauen ist. Die ist zum Bahnhof gerannt und hat sich auf die Bahngleise gelegt. Aber die Polizei hat sie ganz schnell gefunden und eingefangen und jetzt ist sie wieder im Krisenraum. Da hat sie gestern Nacht die ganze Zeit herumgeschrien und hat versucht, sich umzubringen mit ihrer Schlafanzughose. Aber das hat sie schon öfter probiert. Dann bekommt sie immer Medikamente, genauso wie gestern, das heißt, sie ist jetzt erst mal stillgelegt für den Rest des Tages. Ich bin übrigens Tom. Ich bin jetzt seit sechs Wochen hier, aber ich bin erst neun, habe aber trotzdem schon eine Freundin, die war auch hier auf der Station, ist aber jetzt auf Station 2. Ich musste voll heulen, aber wir schreiben uns immer Briefe. Die ist auch magersüchtig, aber hinterher hat sie sogar Brötchen mit Schokoladencreme gegessen. Wir haben uns auch schon geküsst, aber ich hatte sowieso schon viele Freundinnen und ...«

»Ja Tom, ist ja gut jetzt, das interessiert sie, glaube ich, im Moment nicht sehr doll. Hallo. Ich bin Sarah.«

Bevor ich antworten kann, schreit Tom: »Leck mich mal am Arsch, ey, du dumme Hure, wetten, das interessiert die? Brauchst dich mal nicht einzumischen, ey.«

Da kommt ein Betreuer und meint: »Wenn du noch mal Hure oder etwas in der Richtung sagst, kommst du in den Time-out-Raum.«

»Sie können mich mal am Arsch lecken, ich geh nicht in den Time-out-Raum, ich war da heute schon. Ihr seid doch alle Ficker ey, Hurensöhne, ihr Behinderten ...«

Der Rest geht dann eigentlich sehr schnell. Zwei Betreuer kommen, schnappen sich Tom und bringen ihn nach nebenan, während er sich mit Händen und Füßen wehrt und das ganze Krankenhaus mit Schimpfwörtern zusammenschreit.

»Mach dir keine Sorgen, der ist nicht immer so. Aber er hat ADS und zwischendurch immer so Ausraster«, erklärt mir Sarah.

»Ach so, okay. Und wie lange beziehungsweise weswegen bist du hier?«

»Auch wegen Magersucht. Ich bin jetzt den neunten Monat hier.« – »DEN NEUNTEN MONAT?«, frage ich fassungslos.

»Ja, das ist jetzt meine dritte Klinik. Als ich hierherkam, wog ich noch 28 kg bei einer Größe von 1,73 m. Die ersten zwei Monate wurde ich nur sondiert. Aber ich habe gestern erfahren, dass ich chronisch magersüchtig bin.«

Chronisch magersüchtig, 28 kg bei einer Größe von 1,73 m? Ich bin gerade mal 1,62 groß. Nachdem ich das alles von ihr erfahren habe, fühle ich mich eigentlich wieder sehr gesund.

5. KAPITEL

Erster Versuch

Oktober bis Dezember 2008

Die Klinik ist schrecklich. Ich habe furchtbares Heimweh und auch die Mahlzeiten sind eine Qual. Nicht weil ich es nicht ertragen kann, sondern weil die äußeren Umstände so schrecklich sind. Es gibt pro Mahlzeit 20 Minuten Zeit, zum Mittagessen mit Nachtisch 30 Minuten. Ich bin immer die Letzte, die fertig ist mit dem Essen, und dann starren mich alle an und scharren mit den Hufen und verdrehen die Augen. Ich bekomme am Tag 2400 kcal, die sich so zusammenstellen:

- 7.00 Uhr Frühstück: 1 Brötchen mit dick Butter und Marmelade, 300 ml Kakao
- 10.00 Uhr Zwischenmahlzeit: Müsli mit Naturjoghurt (ich hasse diesen Joghurt)
- 12.30 Uhr Mittagessen: 1 vorgegebene Portion + Nachtisch
- 15.00 Uhr Teezeit: 1 Stück Kuchen, 1 Stück Obst
- 18.30 Uhr Abendbrot: 2 Vollkornbrote mit dick Butter und Käse/ Wurst
- 20.00 Uhr Spätmahlzeit: 1 Schokoriegel, 1 Stück Obst
- 22.00 Uhr Zusatznahrung: 300 ml Fresubin (=300 kcal) zusätzlich

Alle Mahlzeiten werden von den Betreuern zubereitet und mir vorgesetzt. Was ich nicht mag, muss ich entweder aufessen oder durch Fresubin ersetzen. Da meine Kalorienzufuhr genau berechnet ist am Tag und Essgestörte oft ihr Essen »zelebrieren«, darf ich nicht mal Salz oder Ketchup an mein Essen machen. Ich sitze mit Kristina an einem extra Tisch mit einem Betreuer, der uns kontrolliert.

Das größte Problem bei der Sache ist, dass Kristina sich das Essen geradezu hineinstopft, genauso wie mein Betreuer, der mindestens 120 kg wiegt, was zur Folge hat, dass die beiden meistens schon nach zehn Minuten fertig sind und mich ungeduldig anstarren oder mein Betreuer ungeduldig mit seinen Fingern auf den Tisch trommelt. Außerdem versucht er immer, mich zu erziehen, und ist auch sonst sehr unfreundlich zu mir. Manchmal würde ich ihm am liebsten an die Gurgel springen, doch ich hab auch schon überlegt, ob diese Provokation von ihm vielleicht zur Therapie gehört.

Heute Mittag kommt gegen 20 nach zwölf der Essenswagen in den Gemeinschaftsraum gerollt. Da ich aber portioniertes, anderes Essen bekomme als die Übrigen, interessiert mich natürlich, was die anderen zu essen bekommen, also frage ich: »Was gibt es denn heute?«, und versuche, einen Blick in den Essenswagen zu werfen. Da grinst mich mein Betreuer auf einmal kackfrech an und meckert: »Das hat dich doch gar nicht zu interessieren, du bekommst doch eh etwas anderes.«

Weil das eigentlich als eine ganz normale Frage von mir gemeint war und ich nicht mit so einer Antwort rechnete, weiß ich gar nicht, was ich darauf sagen soll, und stehe wie erstarrt da. Irgendwie habe ich sowieso das Gefühl, dass er ziemlich frustriert ist und gerne mal herummeckert, anstatt ordentlich mit mir zu reden.

Morgens und abends bekomme ich jeweils 50 mg Dogmatil. Ein Antidepressivum. Ich weiß nicht, ob es von dem Medikament kommt oder von der Unterernährung, aber auf jeden Fall verliere ich seit Kurzem meine Haare. Deswegen nehme ich das Medikament nur widerwillig, wobei der Haarausfall aber wahrscheinlich eher von der Unterernährung kommt. Nach dem Essen nehmen wir uns dann alle etwas Wasser, nehmen die Tablette und müssen anschließend zeigen, dass wir sie auch wirklich heruntergeschluckt haben.

Ich habe allerhöchstens 20 ml Wasser in meinem Glas, welches mir kurz vorher ein anderer Betreuer eingeschüttet hat, und schlucke gerade die Tablette runter, da meckert mich mein Betreuer an: »Warum nimmst du jetzt das gleiche Wasser wie die anderen? Du hast eine extra Flasche Wasser, aus der du gefälligst auch zu trinken hast, damit wir genau sehen können, was du trinkst. Das wurde dir aber jetzt auch schon oft genug gesagt!«

Ehrlich gesagt, höre ich es zum ersten Mal, aber das sage ich nicht, weil ich mir wieder total überrumpelt vorkomme. Das Einzige, was mich jetzt ein bisschen aufheitern kann, ist, dass es Abend ist, ich eine halbe Stunde mit meiner Mutter und meiner Oma telefonieren kann, die ich über alles vermisse, und der Tag dann endlich um ist. Mir graut aber noch vor dem widerlichsten Zeug auf der ganzen Welt: Fresubin.

Das muss ich immer kurz vorm Schlafengehen trinken und hoffe dann immer, dass ich so schnell wie möglich einschlafe und dass ich vielleicht am nächsten Tag aufwache und alles nur ein böser Albtraum ist. Heute bekomme ich auch noch eine Neue auf mein Zimmer.

Sie sieht ziemlich schräg aus und macht mir gleich ihren Unmut klar: »Die sind doch alle bescheuert hier. Was ich alles abgeben musste! Zu Hause schlafe ich normalerweise immer mit meinem Jagdmesser neben meinem Bett und jetzt wurde es mir abgenommen. Ohne mein Messer kann ich nicht schlafen!«

Ich denke mir dabei einfach nur, dass es mir überhaupt nicht leidtut, dass sie dieses Messer abgeben musste. Denn sonst hätte ich nicht schlafen können. Ich lasse sie erst mal allein, weil ich so oder so wieder in den Gemeinschaftsraum muss, und sehne eigentlich nur noch den Abend herbei.

Abends, wenn ich mit meiner Mutter oder Oma telefoniere, besteht das Telefonat fast nur aus Weinen und meinem Klagen, dass ich nach Hause will und dass alles so schrecklich hier ist. Doch so ist es auch. Heute ist es besonders schlimm. Ich flehe meine Mutter förmlich an, mich nach Hause zu holen an Weihnachten, mich nicht alleine hier zu lassen, doch auch sie weiß nicht, was sie machen soll: »Hanna, ich weiß ja, wie es dir geht, und Weihnachten nicht mit dir zu verbringen, kann ich mir im Traum nicht vorstellen, aber ich weiß doch auch nicht, was ich machen soll.«

»Aber Mama, mir geht es doch schon viel besser. Ich achte nicht mehr auf die Kalorien, die ich esse, und ich fühle mich wohl, wenn ich esse. Ich will das nicht mehr, wie es früher war, aber wenn ich über Weihnachten hier bin und nicht mit in den Urlaub kann, dann ... Mama! BITTE! Ich halte das nicht aus, BITTE, ich vermisse euch so sehr. Ich komme mir unglaublich einsam vor, auch wenn ganz viele in meinem Alter um mich herum sind, doch das macht die Sache auch nicht besser. Jeder Tag kommt mir vor wie eine Woche und das Herumsitzen den ganzen Tag macht mich mürbe. Dazu kommt, dass im Gemeinschaftsraum den ganzen Tag Musik laufen muss, damit nicht verstanden wird, was im Dienstzimmer besprochen wird. Und nach mittlerweile sieben Wochen Charts herauf und herunter könnte ich kotzen, wenn wieder eines der Lieder anläuft, die von morgens bis abends dudeln. Ich glaube, ich werde verrückt. MAMA, ich kann nicht mehr.«

»Ja, Hanna, ich verstehe dich ja und sein Kind so zu hören ist das Schlimmste für eine Mutter. Aber was soll ich denn machen deiner Meinung nach. Wenn ich dich da heraushole, gilt das als Therapieabbruch, und was ist, wenn dann alles wieder von vorne losgeht?«

»Mama, bitte …« Ich kann vor lauter Verzweiflung und Tränen nicht mehr reden, ich schluchze einfach nur noch ins Telefon und wünsche mir gerade einfach, nur tot zu sein, damit dieses Leiden vorbei ist, weil ich gar nicht mehr weiß, wie ich es aushalten kann.

»Bitte, Hanna, hör auf, so zu weinen, wir werden schon irgendeine Lösung finden …«

»Ich will nicht irgendeine Lösung! Ich will nach Hause. Ich kann nicht mehr und es wird auch nicht mehr wieder von vorne losgehen, bitte lasst mich nicht allein.«

»Wir haben doch bald dieses Familiengespräch mit dem Professor und dann schauen wir mal, ob sich da irgendetwas regeln lässt. Ich verspreche dir, ich werde Weihnachten nicht ohne dich verbringen.«

Als das Gespräch beendet ist, kann ich nicht mehr. Ich glaube, ich habe mehrere Stunden nur geheult. Zumindest sehe ich so aus.

Am nächsten Tag kommt meine Oma für zwei Stunden zu Besuch. Ich habe ihr gesagt, dass sie irgendwie versuchen soll, mir Schokolade mitzubringen, weil ich nichts nebenher essen darf. Ich muss mich genau an meinen Plan halten. Doch wenn ich Lust auf Schokolade habe und sowieso zunehmen muss, denke ich gar nicht daran, mir das verbieten zu lassen. Und was man nicht weiß, macht einen auch nicht heiß.

Kurz nach drei kommt dann meine Oma und wird durch die Schleusen gelassen. Die Schokolade wird nicht gefunden, als ihre Tasche durchsucht wird, weil meine Oma sich das fast gedacht hat, doch dafür muss sie ihre Hustenbonbons abgeben, ich könnte ja eines davon essen, um mich einfach nur aus der Klinik »zu futtern«, mit dem Unterschied, dass meine Oma schwere Hals- und Hustenprobleme hat und eigentlich stündlich eines dieser Bonbons lutschen muss, doch auch das interessiert den Betreuer herzlich wenig. Umso schadenfroher bin ich, als ich die Schokolade in den Händen halte und schnell in meinem Zimmer verstecke. Der Besuch ist wunderschön, auch wenn ich die ganze Zeit nur mit ihr im Gemeinschaftsraum sein darf mit den anderen Patienten und deren Besuch, mit schrecklichem Radio und schrecklich lauten Türen, die die ganze Zeit zuknallen, und ich eigentlich die ganze Zeit nur auf ihrem Schoß liege und weine. Ich habe schreckliches Heimweh und fühle mich einfach nur leer. Das Essen fällt mir mittlerweile vom Kopf her leichter, weil es eh alles kontrolliert wird und ich nichts daran ändern kann. Doch die Mahlzeiten werden so schnell durchgeführt, dass mir den ganzen Tag übel ist und ich furchtbare Bauchkrämpfe habe.

Außerdem rückt Weihnachten immer näher und wenn ich mir vorstelle, Weihnachten ohne meine Familie verbringen zu müssen, die im Urlaub ist, könnte ich sterben. Doch ich glaube, es ist noch lange kein Ende in Sicht. Wenn ich wenigstens wüsste, wie viel ich wiege, könnte ich ausrechnen, wie viel noch fehlt und wie lange es ungefähr noch dauert, denn ich glaube, ich muss 48 kg wiegen. Aber zumindest zeichnen sich schon kleine Fortschritte ab. Am Wochenende darf ich mit meiner Familie für ein paar Stunden die Klinik verlassen und ab Montag darf ich zur Schule gehen, zur Klinikschule. Bisher hatte ich hier in der Klinik nur Einzelunterricht bei Lehrern für Latein, Französisch, Mathe, Deutsch und Englisch.

Ich freue mich nicht so darüber, weil ich nicht wirklich scharf darauf bin, in diese komische Schule zu gehen. Doch es bedeutet Tapetenwechsel. Endlich mal etwas anderes sehen, und vor allem heißt es Fortschritt, denn je mehr ich darf, desto mehr wird mir vertraut, desto näher komme ich meinem Ziel, desto eher bin ich hier wieder raus.

An Therapien habe ich bis jetzt Kunst- und Körpertherapie. Außerdem habe ich ein, allerhöchstens zwei Gespräche in der Woche mit meinem Therapeuten, da geht es aber meistens um Organisatorisches, oder was ich darf beziehungsweise nicht darf. Von den Gesprächen her merke ich keinerlei Fortschritt. Aber ich merke, wie meine Kleidung immer enger wird, und ich weiß nicht, wie ich damit umgehen soll. Es wird mir nur gesagt, dass ich auf jeden Fall noch zunehmen muss, doch ich habe das Gefühl, dass ich schon 48 kg wiege. Das nicht zu wissen und nicht zu wissen, wie viel noch fehlt, macht mir immer wieder Angst. Morgen ist erst mal ein Familiengespräch, da werden wir dann hoffentlich erfahren, wie es mit mir aussieht und was aus Weihnachten wird. Bei dem Gespräch werden meine Mutter, Matthias, mein Therapeut, ein Betreuer, der Professor der Klinik und ich dabei sein. Ich habe furchtbare Angst und bin aufgeregt. Dann ist es so weit.

»Kommen Sie doch bitte herein. Nehmen Sie Platz.«

Der Professor zeigt auf einige freie Stühle, auf die wir uns setzen. Anschließend besprechen wir, was für Fortschritte ich gemacht habe und was für Veränderungen Mama und Matthias an mir wahrnehmen. Ich kann, ehrlich gesagt, kaum zuhören, weil ich nur an Weihnachten denken muss und daran, dass ich nach Hause möchte. Als der Professor dann meint: »Ihre Tochter hat zwar schon große Fortschritte gemacht, aber sie ist noch nicht über den Berg«, muss ich sofort wieder anfangen zu weinen und kann mich kaum zurückhalten.

»Wie sieht das denn mit Weihnachten aus? Wir sind ja jedes Jahr an Weihnachten im Urlaub. Ist es nicht möglich, dass sie für ein paar Tage über Weihnachten mit uns mit kann? Ich kann doch nicht Weihnachten ohne meine Tochter verbringen«, meint meine Mutter.

Doch der Professor guckt sie nur stur an und fragt, wie viele Menschen auf der Welt ohne ihre Familie Weihnachten verbringen müssen.

»Aber nicht mal für ein paar Tage? Ich meine, andere Kliniken haben ganz geschlossen über Weihnachten und da kann meine Tochter nicht mal für ein paar Tage zu ihrer Familie?«

»Nein. Wir sind doch hier kein Hotel!«

»Da gibt es auch noch einen Unterschied zu einem Hotel und dazu, Weihnachten bei der Familie sein zu wollen. Was passiert denn über diese Zeit mit meiner Tochter? Es sind doch über die Feiertage keinerlei Therapeuten da, die sie wenigstens psychologisch begleiten könnten über die Zeit. Das heißt, meine Tochter ist an Weihnachten hier, während fast alle anderen Patienten zu Hause sind, und sie hat nicht mal Therapien. Wer sagt mir denn, dass sie in dieser Zeit überhaupt gut betreut ist? Wer versichert mir denn, dass sie sich nichts antut in dieser Zeit oder depressiv wird?«

»Natürlich hat sie keine Therapien in dieser Zeit, aber wir haben genug Betreuer, die sich um sie kümmern werden und da wird sie sich auch nichts antun können. Wenn das so einfach wäre, wären wir keine geschützte Psychiatrie.«

»Pah, na toll, das beruhigt mich ja ungemein. Nein. Das kann ich nicht. Das kann ich nicht machen. Ich nehme meine Tochter mit.«

»Wenn Sie meinen, dass Sie das tun müssen, tun Sie es. Aber dann auf Ihre Verantwortung!«

»Das weiß ich. Dann mach ich es auf meine Verantwortung!«

Anschließend sitze ich mit Mama und Matthias alleine in einem Raum und merke, dass Mama sich ihrer Sache nicht sicher ist.

»Mama, lass mich hier. Ich werde das schon irgendwie schaffen.«

Ich kann kaum glauben, dass ich das sage, denn die Vorstellung, an Weihnachten, an meinem Geburtstag und an Silvester alleine sein zu müssen und das heißt wirklich alleine, weil die anderen Patienten alle zu Hause sind, macht mich fertig.

Doch meine Mutter nimmt mich in den Arm und meint: »Ich weiß, dass ich das auf meine Verantwortung mache. Aber ich höre jetzt auf mein Bauchgefühl und auf mein Herz und ich handele jetzt nicht richtig aus ärztlicher Sicht. Aber ich handele jetzt als Mutter. Und ich kann dich nicht hier alleine lassen.«

Anschließend unterschreibt sie einen Zettel, ich packe meine Sachen und sitze kurze Zeit später im Auto nach Hause.

Ich kann es kaum glauben.

6. KAPITEL

»Klinik? Never!«

*Dezember 2008
bis Februar 2009*

Als wir am 22. Dezember Richtung Österreich fahren, bin ich wahrscheinlich der glücklichste Mensch. An Weihnachten muss ich wieder anfangen zu weinen, weil ich einfach so froh bin, bei meiner Familie sein zu können.

Insgesamt ist der Urlaub einer der schönsten Urlaube überhaupt und dass ich auch an meinem Geburtstag und an Silvester mit meiner Familie zusammen bin, kann ich kaum fassen. Auch mit Matthias klappt es sehr gut und es ist alles sehr harmonisch.

Als ich heute Abend mit meiner Schwester ins Schwimmbad gehe, sehe ich wieder die Waage, die dort steht. Beim ersten Mal hab ich es gerade noch so geschafft, daran vorbeizugehen, doch bereits beim zweiten Mal kann ich nicht widerstehen. Es ist so, als müsste man ein Geschenk geschlossen lassen, von dem man unbedingt wissen möchte, was drin ist. Ich steige darauf und sie zeigt 43 kg an. Ich habe schon vermutet, dass ich so viel wiege, doch ich kann überhaupt nicht beschreiben, wie ich mich fühle. Ich bin nicht geschockt, ich bin nicht glücklich, es ist mir egal, dann aber wieder auch nicht, denn sonst wäre ich ja nicht draufgestiegen.

Das Essen klappt im Urlaub eigentlich ganz gut. Zum Frühstück esse ich immer sehr wenig und es macht mir ziemlich Stress, weil es so ein großes Angebot gibt und weil mir, wie gesagt, das Frühstück am schwersten fällt. Außerdem soll ich morgens immer Fresubin trinken, weil ich noch zunehmen soll, doch das schaffe ich nicht. Irgendwie versuche und schaffe ich es eigentlich auch immer, es nicht zu trinken. Am Anfang schon, da hab ich es mir hineingequält, doch mittlerweile schaffe ich das nicht mehr. Außerdem habe ich mir schon wieder angewöhnt, tagsüber nichts zu essen, weil ich weiß, dass es abends ein 5-Gänge-Menü gibt. Doch dieses Menü esse ich eigentlich immer auf. Gut, zwischendurch gebe ich etwas an meinen Bruder ab, wenn es für mich zu viel Fleisch ist oder so, doch sonst esse ich fast alles auf. Meistens sogar mit Nachtisch.

Wozu ich mich aber ziemlich zwingen muss, ist, Apfelschorle statt Cola light zu trinken. Allerdings habe ich zwischendurch sehr oft das Gefühl, zu dick zu sein. Und ich steige nun wieder jedes Mal, wenn ich zum Schwimmen gehe, auf die Waage. Doch ich habe nie Hunger. Dadurch, dass ich frühstücke und abends gut esse, habe ich auf keinen Fall so ein Hungergefühl wie vor der Klinik.

Heute merke ich aber, dass meine Oma ganz komisch ist, doch als ich sie abends frage, was mit ihr los sei, blockt sie ab und guckt aus dem Fenster. Aber ich lasse nicht locker, weil ich genau merke, dass es etwas mit mir zu tun hat.

»Oma, jetzt sag doch einfach, was los ist, und spiele nicht beleidigt, das ist doch auch doof. Also. Was hast du?«

»Ich merke einfach, dass du noch nicht gesund bist. Du bist immer noch magersüchtig.«

»Das ist doch klar, dass ich noch nicht gesund bin und ich mich kontrolliere, aber das ist doch ganz normal, dass das noch nicht ganz weg ist. Das ist aber auch bei ›geheilten‹ Magersüchtigen nicht sofort weg.«

»Rede doch nicht so was. Gib doch zu, dass du nicht zunehmen willst. Wir haben dir vorher klargemacht, dass, wenn wir dich aus der Klinik holen, du auf jeden Fall noch zunehmen musst, weil du dann immer noch Untergewicht hast: ABER DU WILLST NICHT ZUNEHMEN!«

Das macht mich sauer, weil sie auf einmal ganz anders ist als sonst. Sie ist richtig aggressiv und das macht mir fast Angst. Doch zugleich denke ich: Hat sie vielleicht sogar recht? Will ich überhaupt zunehmen? Wenn ich zunehmen wollen würde, warum frühstücke ich dann wenig und fühle mich dick? Doch diese Gedanken kann ich nicht preisgeben. Und schon gar nicht jetzt, also versuche ich, mich wieder herauszureden und sie einfach zu beruhigen.

»Das stimmt doch gar nicht, Oma, woher willst du das denn wissen? Nur weil ich deine doofen Spekulatius vorhin nicht essen wollte? Ich mag eben keine Spekulatius.«

»Spekulatius? Welchen Spekulatius? Nein, daran hab ich jetzt eigentlich gar nicht gedacht. Aber wenn du zunehmen wollen würdest, würdest du nicht jedes Mal diskutieren, wenn du das Fresubin trinken sollst. Warum trinkst du es nicht einfach?«

»Oma, weil ich Fresubin hasse. Es ist das zum Kotzendste, was es überhaupt gibt. Außerdem ist mir danach immer schlecht. Und statt Fresubin esse ich lieber etwas anderes, was mir schmeckt.«

»Das weiß ich auch. Das hast du ja nun schon oft genug erzählt. Das wäre ja auch gar kein Problem, wenn du es denn auch machen würdest. Selbst wenn Mama dir nur ein Stück Schokolade anbietet, gehen die Diskussionen schon wieder los, also erzähl mir nichts.«

»Jetzt hör doch mal auf, mich so fertigzumachen, das stimmt doch gar nicht, das kannst du doch gar nicht wissen.«

»Wenn es nicht stimmt und du zunehmen willst, dann trink doch jetzt ein Fresubin.«

»Nein, warum soll ich jetzt ein Fresubin trinken?«

»Wenn du zunehmen willst, dann kannst du doch jetzt auch so einen Drink nehmen, das sind nur 200 ml und wenn du denkst, dass du recht hast, müsstest du es ja jetzt schon alleine aus dem Grund trinken, um es mir zu beweisen.«

»Es geht doch hier nicht ums Beweisen.«

»Ach ja, worum denn dann?«, fragt sie.

Mittlerweile hab ich das Gefühl, dass das Gespräch eskaliert, weil meine Oma und ich immer lauter werden. Ich bin so wütend, dass ich schreie: »Mann, dann leck mich doch am Arsch, dann trink ich eben dein verficktes Fresubin, ey.«

Als ich es leer getrunken habe, vor lauter Wut in fast einem Zug, drehe ich mich in meinem Bett sofort herum, um zu schlafen. Ich will niemanden mehr sehen oder hören. Doch da merke ich, dass meine Oma sich zu mir ans Bett setzt und meint: »Es tut mir leid, aber ich mache mir einfach nur Sorgen um dich, Hanna, und du weißt nicht, wie froh du mich damit gemacht hast, dass du das Fresubin getrunken hast.«

Ich merke schon, dass es ihr wirklich leidtut. Mir tut es auch leid, dass ich sie so angeschnauzt habe, doch ich bin trotzdem noch zu sauer und zu frustriert, um ihr das zu sagen, also murre ich nur ein unfreundliches »Mhm« und versuche zu schlafen, auch wenn es mir sehr schwerfällt, weil ich einerseits tierische Bauchschmerzen habe und es mir andererseits unglaublich leidtut, wie ich mit meiner Oma umgegangen bin.

Der Rest des Urlaubes ist trotzdem sehr schön, auch wenn sich zwischendurch immer wieder die Sorgen meiner Familie bemerkbar machen.

Als es wieder nach Hause geht nach zwei Wochen, fängt für mich der Alltag in der Schule nicht sofort wieder an. Jetzt habe ich erst mal ein zweiwöchiges Praktikum in der Apotheke vor mir. Weil ich noch nie ein Praktikum gemacht habe, freue ich mich sehr darauf und bin ziemlich gespannt, was mich erwartet, doch nach und nach merke ich, dass ich wieder anfange, zu hungern und zu betrügen. Ich schmiere mir zwar immer Brote und nehme sie mit, aber ich schaffe es so gut wie nie, sie zu essen, allerhöchstens mal abzubeißen.

Auch als es am letzten Tag des Praktikums Kuchen gibt, schaffe ich es wie immer, drum herum zu kommen und nicht zu essen, indem ich das Stück Kuchen verschwinden lasse. Die Waage ist so oder so wieder zu meiner täglichen Gewohnheit geworden. Morgens, direkt nach dem Aufstehen, vor dem Toilettengang, nach dem Toilettengang, ohne Kleidung, mit Kleidung usw. und ich merke, wie mein Gewicht nach und nach wieder niedriger wird. Doch auch meine Mutter bemerkt das, weil sie sowieso jedes Gramm, das an mir fehlt, sieht.

Wieder gehen die Diskussionen ums Essen los, die Sorgen werden größer und größer, und das Gewicht niedriger und niedriger. Ich habe so ein furchtbar schlechtes Gewissen, weil meine Mutter mich aus der Klinik genommen hat und ich mit dem gleichen Scheiß wieder anfange. Doch ich denke mir immer: »Morgen fängst du wieder an, normal zu essen, Hanna. Du schaffst das schon, du bist schlank genug. Du musst doch jetzt nur dein Gewicht halten, das wird schon nicht so schwierig sein. AB MORGEN!«

Das Problem ist, dass ich mir diesen Satz jeden Tag sage, und es am nächsten Tag nicht mache, sondern es wieder auf den nächsten Tag verschiebe. Doch ich habe nicht nur ein schlechtes Gewissen, sondern auch panische Angst davor, dass ich wieder in die Klinik muss, weil das Thema seit Kurzem wieder auf dem Tisch ist. Doch jedes Mal, wenn meine Mutter wieder sagt: »Ich mach das nicht mehr mit, du kommst wieder in die Klinik«, denke ich, das macht sie sowieso nicht. Trotzdem sitzt sie immer öfter vor dem PC im Internet und sucht nach Kliniken für Essstörungen beziehungsweise Magersucht. Doch diesen Gedanken verdränge ich immer wieder, weil ich es mir einfach nicht vorstellen kann, noch mal in eine Klinik zu kommen. Dieser Gedanke ist so unvorstellbar für mich, obwohl er keineswegs abwegig ist. Er ist sogar mehr als real und trotzdem ist die Vorstellung ganz weit weg.

Die Abstände, zwischen denen das Thema Klinik aufkommt, werden immer kürzer, je mehr ich abnehme und je mehr meine Mutter merkt, dass mein Essverhalten sich nicht verändert hat.

»Hanna, ich gebe dir jetzt eine letzte Chance. Versuche, dich selbst zu kontrollieren. Nicht, indem du wenig isst, sondern, indem du dein Gewicht hältst. Nimm nicht weiter ab. Ich sag ja mittlerweile schon gar nicht mehr, dass du zunehmen sollst. Aber versuche wenigstens, dein Gewicht zu halten. Mehr verlange ich im Moment gar nicht. Ansonsten muss ich dich wieder in die Klinik bringen!«

»Ja, Mama, ich versuche es. Aber ich gehe nicht wieder in eine Klinik!«

Ich versuche es nicht. Vielleicht versuche ich es zwischendurch mal, indem ich ein halbes Stück Schokolade esse am Tag, doch dann habe ich bereits das Gefühl, dass das reicht und ich dadurch bestimmt wieder zunehmen werde. Doch wenn ich dann auf die Waage steige, steht wieder weniger da. Einerseits freue ich mich wieder darüber, wie ein kleines Mädchen über eine Barbie, andererseits könnte ich schreien vor Wut, dass ich es einfach nicht schaffe, normal zu essen wie jeder andere auch. Oder mich wenigstens so zu sehen, wie ich wirklich bin. Doch ich höre immer nur von morgens bis abends, wie dünn ich doch wieder bin, und ich selber kann nicht mal sagen: »Ja, stimmt, ihr habt recht«, weil ich es selber nicht so sehe.

Auch meine Mutter merkt ziemlich schnell, dass auch ihre Forderung, die letzte Chanche, meine böse Stimme oder den kleinen Teufel, der in meinem Kopf sitzt, nicht vergraulen konnte, und sagt plötzlich an einem Morgen zu mir: »Ich habe einen Termin in einer Klinik gemacht …«

»NEIN, VERDAMMT, ICH GEHE NICHT WIEDER IN SO EINE SCHEISS KLAPSE«, schreie ich dazwischen und kann mich kaum halten vor Wut.

»Das ist keine scheiß Klapse, Hanna, und außerdem sagt auch keiner, dass du da sofort hin sollst, ich möchte wenigstens, dass wir ein Gespräch mit dem Arzt führen und wir uns die Station und das Krankenhaus einmal angucken. Vielleicht kommt es ja gar nicht infrage. Vielleicht gefällt es dir aber sogar ganz gut da. Es wurde mir nämlich sehr empfohlen, weil dort alle sehr nett sind und du ganz viel Betreuung und Therapien bekommst. Schau es dir wenigstens einmal an.«

»Pf, mir doch scheißegal, von mir aus gucke ich es mir an, aber das wird trotzdem nichts daran ändern, dass ich nicht in die Klinik gehe, das könnt ihr mal schön knicken.«

Am nächsten Tag sitzen Mama, Matthias und ich im Auto und haben kurze Zeit später den Termin bei dem leitenden Psychologen der psychosomatischen Abteilung.

Ich rede die Autofahrt über und während des Gesprächs so gut wie gar nicht, weil ich extrem bockig bin und nichts an mich heranlasse. Von mir aus kann der Psychologe erzählen, was er möchte, er wird meine Meinung zu einer Klinik so oder so nicht ändern können. Natürlich versucht er uns nahezulegen, in die Klinik zu kommen, und ich habe das Gefühl, dass er versucht, es uns schönzureden.

Klar sagt er auch, dass ich einen Essensplan bekomme, gewogen werde und pro Woche 700 g zunehmen muss, doch er meint auch, dass es ungefähr fünf Wochen dauern wird, bis ich nach Hause darf, und auch ganz viele Therapien bekomme, doch das kann er mir nicht erzählen. Mir ist nämlich sehr bewusst, dass ich auch nur nach Hause darf, wenn das Gewicht passt und ich auch nur Therapien bekomme, wenn das Gewicht passt. Und als er von fünf Wochen redet, muss ich mich zurückhalten, nicht laut loszulachen, denn das ist vollkommen aus der Luft gegriffen.

Nach dem Gespräch bringt er uns auf die Station, auf die ich kommen würde, damit ich Eindrücke sammeln kann, wie die Station und das Pflegepersonal und die Zimmer so sind.

Nun, so muss ich zugeben, bin ich positiv überrascht, mit der geschützten Station in der Psychiatrie ist das hier kaum zu vergleichen. Es ist hell, überall stehen Blumen, das Personal beziehungsweise die Pfleger sind sehr nett und auch die Zimmer sind hell und sehr gut ausgestattet. Wenn ich mich für die Klinik entscheiden würde, bekäme ich ein Einzelzimmer, sogar mit Fernseher und Kühlschrank. Die Küche ist für alle Patienten offen und man darf jederzeit in die Badewanne gehen oder duschen, weil zu jedem Zimmer ein eigenes Bad gehört, das man sich gegebenenfalls mit seinem Zimmernachbarn teilen müsste, was bei mir aufgrund des Einzelzimmers aber auch nicht der Fall wäre.

Alles wird als selbstverständlich dargestellt, doch ich bin ziemlich geplättet, da ich eher mit einer weiteren Psychiatrie gerechnet hab. Doch anderseits kann man da auch keine Vergleiche ziehen, finde ich, weil die Station eine offene Station ist, die man auch verlassen darf. In der Psychiatrie durfte man nicht in die Küche und nur ab und zu ins Bad und nicht nach draußen, einfach aus Sicherheitsgründen, weil auf einer gesicherten Station Patienten sind, die starke Kontrolle brauchen, weil sie viel gefährdeter sind.

Insgesamt liegt der große Unterschied aber nicht nur in der Ausstattung der Station und der Freundlichkeit der Pfleger, sondern bei den Patienten, weil die Patienten auf dieser Station alle freiwillig und aus eigenen Stücken da sind, doch sie sind auch fast alle älter als ich, weil das Krankenhaus eigentlich für Erwachsene ist. Wenn ich mich für die Klinik entscheiden würde, wäre ich wahrscheinlich auf der Station, wenn nicht sogar im ganzen Krankenhaus, die Jüngste. In der Psychiatrie war ich ungefähr im gleichen Alter mit den anderen, weil ich in der Kinder- und Jugendpsychiatrie war. Ob das ein Vorteil oder Nachteil ist, kann ich nicht sagen, vielleicht ist es auch ganz gut, das Küken zu sein, beziehungsweise sich mal mit Älteren zu unterhalten und anspruchsvolle Gespräche mit den anderen Patienten und Patientinnen führen zu können. Die Gespräche in der Psychiatrie mit den anderen waren nämlich immer recht oberflächlich.

Allerdings konnte man sich auch sehr gut austauschen, z.B. mit den Mädchen in meinem Alter, was mir auch oft das Gefühl zurückgab, eine ganz normale Jugendliche zu sein. Doch während ich so darüber nachdenke und die Schwester uns die restliche Station zeigt, verdränge ich diese Gedanken, denn: Ich gehe nicht noch einmal in eine Klinik. Das schaffe ich nicht.

Meine Mutter jedoch ist ganz Feuer und Flamme und versucht irgendwie die ganze Zeit, alles schönzureden und mich davon zu überzeugen, freiwillig in die Klinik zu gehen. Doch ich stelle auf Durchzug und tue so, als würde ich sie nicht hören, oder gebe nur mürrische Antworten wie: »Ja toll!«, »Schön für dich, dann kannst du ja hierhin gehen, wenn es so toll ist«, »Mir doch egal, können wir jetzt fahren?«

Bald möchte ich so schnell wie möglich nach Hause, denn für mich ist die Sache klar. Schöne Station, nettes Personal und so weiter und so fort, doch einen Aufenthalt hier oder in einer anderen Klinik: NEVER!

7. KAPITEL

Zweiter Versuch

März bis Juni 2009

Die Besichtigung der Klinik ist nun fast zwei Wochen her und bei mir hat sich immer noch nichts geändert. Ich bin schon längst wieder bei 39 kg angelangt und das macht mich so wütend, weil ich mir jeden Tag aufs Neue vornehme, endlich zu versuchen, das Gewicht zu halten und wenigstens so viel zu essen, dass es nicht weiter sinkt, und trotzdem liege ich jede Nacht im Bett und hoffe, dass am nächsten Morgen wieder weniger auf der Waage steht, weil ich mich dann jedes Mal so supergut fühle.

Ich bin so krank im Kopf. Ich komme mir schon fast schizophren vor. Eine Hanna mit zwei Persönlichkeiten.

Ich stelle mich auf die Waage. Wird weniger angezeigt:
• Ich fühle mich im ersten Moment wie unter Stoff.
• Ich bin stolz auf mich.
• Ich fühle mich leistungsfähig.

Doch im nächsten Moment denke ich:
• Oh nein, du hast schon wieder abgenommen.
• Weil du abgenommen hast, kannst du dir ja jetzt ordentlich etwas erlauben.
• Morgen darf nicht weniger angezeigt werden auf der Waage, das muss jetzt so bleiben.

Wird allerdings dann mehr angezeigt, oder nur genauso viel am nächsten Tag:
• Ich versuche, mich zu beruhigen und nicht anzufangen zu heulen.
• Ich versuche, mich dahingehend zu loben, dass ich nicht abgenommen habe.
• Ich versuche, es als »Schritt zur Gesundheit« zu sehen.

Doch im nächsten Moment denke ich:
• Ich bin ein Schwächling.
• Ich bin dick und undiszipliniert.

• Ich esse noch weniger, damit am nächsten Tag doch wieder ein niedrigeres Gewicht angezeigt wird.

Während ich so über meine zwei Seiten nachdenke, habe ich das Gefühl, ich bin verrückt. Wie soll man das jemandem erklären. Jeder normale Mensch würde sagen: »Mädel, wenn du doch selber merkst, dass du so denkst, und auch merkst, dass das immer so weitergehen wird, weil du es gar nicht aushalten kannst zuzunehmen, musst du doch auch merken, dass dir nur noch die Klinik helfen kann oder ein Wunder, damit es endlich Klick macht in deinem Kopf.«

Genau so denke ich auch oft, doch ich werde niemals freiwillig in die Klinik gehen. Das Problem ist nur, dass, je dünner man wird, die kranke Hälfte umso stärker wird.

Seit einigen Tagen ist die Klinik »Nonstop-Thema« zu Hause. Meine Mutter meint, sie hätte mir jetzt so viele Chancen gegeben, und sie würde nicht zusehen, wie ich immer weiter abnehme. Gestern war es dann so weit: »Ich habe in der Klinik angerufen. Wir können dich übermorgen hinbringen.«

Darauf antworte ich allerdings nur mit: »Nö, ich gehe da nicht hin.«

Und mit diesem Bewusstsein, nicht in die Klinik zu gehen, gehe ich in die Schule. Doch nach und nach wird mir klar, dass meine Mutter es ernst meint, und sofort bekomme ich Panik. Ich esse und esse und esse, bis mir schlecht wird, weil ich denke, dass ich damit noch irgendetwas ändern kann. Ich gehe sogar in die Cafeteria und kaufe mir ein Teilchen, das ich total gerne mag und mir immer verboten habe. Ich kaufe es mir, obwohl ich nicht mal Lust darauf habe, doch die Angst treibt es mir rein.

Am Nachmittag zu Hause esse ich so viel zu Mittag, dass ich das Gefühl habe, dass jeden Moment alles wieder herauskommt. Doch meine Mutter meint nur: »Hanna, ich sehe ja, dass du dir Mühe gibst, aber das hält jetzt vielleicht zwei Tage und dann geht es wieder von vorne los. Du musst in die Klinik. Da gibt es kein Drumherum mehr.«

Ich könnte heulen. Heulen, schreien, fluchen. Doch das würde rein gar nichts bringen. Also versuche ich es mit Sturheit und hoffe, dass es funktioniert. Ich sage mir die ganze Zeit: »Hanna, du gehst nicht in die Klinik. Hanna, du gehst nicht in die Klinik. Hanna, du gehst nicht in die Klinik. Hanna, du gehst nicht in die Klinik.«

Als ich jedoch am nächsten Morgen geweckt werde und Mama meint, dass wir gleich los müssten und ich noch ein paar Sachen einpacken soll, schwindet auch die letzte Hoffnung und ich bin schon wieder an dem Punkt angelangt, dass ich denke, ich muss sterben vor Unglück. Um die Zeit in der Klinik wenigstens mental verkürzen zu können, versuche ich, so viel zu essen, wie ich kann, damit ich schnell zunehme und ganz, ganz schnell wieder zu Hause bin. Ich habe mich schon lange nicht mehr so mies gefühlt und wieder kommt mir alles nur so vor wie in einem schrecklichen Albtraum.

Die Autofahrt zur Klinik läuft so ab, dass ich die ganze Zeit weine, stur aus dem Fenster gucke und heimlich alte gammelige Bonbons futtere, die ich mir in meiner Handtasche zusammensuche. Ich bin gar nicht mehr Herr meiner Selbst und verfluche mich dafür, was ich bin und wie ich seit eineinhalb Jahren handele.

Am liebsten würde ich mir selbst gegenüberstehen und mich anschreien: »Warum hast du nicht einfach normal gegessen!!! Du hättest nicht mal zunehmen müssen! Du blöde, dumme Kuh!!! Du hättest dein verdammtes Gewicht, das nicht mal Gewicht, sondern sogar Untergewicht ist, halten müssen!!! Was ist denn daran so schwer, du verdammt dämliche Kuh!!!«

Doch auch das hilft jetzt nicht mehr. Ich bin das zweite Mal in einer Klinik. Und ich kann nichts daran ändern. Ich bin 17 Jahre alt und meine Eltern haben das Recht, über mich zu entscheiden. Meine kranke Seite denkt: »Scheiße, wärst du mal 18.«

Meine gesunde Seite jedoch sagt: »Hanna, vielleicht rettet dir das sogar dein Leben, dass deine Eltern jetzt für dich entscheiden.«

Natürlich werde ich auch in dieser Klinik gewogen. 40,8 kg. Ich hab mir in den paar Tagen zu Hause also fast 2 kg angefressen.

Wenn mir das vor ein paar Tagen jemand erzählt hätte, hätte ich, glaube ich, einen Lachkrampf bekommen und ihm einen Vogel gezeigt.

Gleich am ersten Tag mache ich einen Vertrag mit meiner Therapeutin, der besagt, dass ich 700 g in der Woche zunehmen muss und wie folgt aussieht: Wenn man das Ziel erreicht, wird einem immer mehr erlaubt und man darf am Wochenende nach Hause. Für das Wochenende wird wiederum ein anderer Vertrag aufgesetzt, der besagt, dass man das Gewicht mindestens halten muss, denn wenn man wieder abgenommen hat zu Hause, muss man in der darauf folgenden Woche alles wieder aufholen inklusive der 700 g, die man so oder so zunehmen muss.

Es gibt verschiedene Maßnahmen, um die Patientin im Zunehmen zu »unterstützen«, wie es hier genannt wird. Das hört sich immer so nett an und so hilfreich, doch eigentlich ist es ja so, dass der Patient gar keine Unterstützung will und nur versucht, gegen die Zunahme zu arbeiten, indem er schummelt, Essen verschwinden lässt, sich erbricht, Abführmittel nimmt oder heimlich Sport macht auf dem Zimmer.

Wenn man nicht zunimmt, wird der Essensplan aufgestockt, es gibt Zusatznahrung, also Fresubin und die allerletzte Konsequenz wäre eine Magensonde. Die Magensonde ist das, was mich am meisten abschreckt. Also versuche ich auch in dieser Klinik, von Anfang an mitzuarbeiten, und ich esse so gut, dass ich gleich bei den anderen Patienten und Patientinnen im Speisesaal mitessen darf und nicht eins zu eins von einem Pfleger betreut werde.

Allerdings muss ich jedes Mal meinen Teller vorzeigen, um nachzuweisen, dass ich auch wirklich eine ganze Portion genommen habe. Und wieder ist es so, dass ich sogar eher zu viel esse, bis mir schlecht wird, weil ich einfach nur nach Hause will. Ich möchte mich sozusagen »nach Hause fressen«.

Als ich dann am ersten Freitag gewogen werde, an dem ich die besagten 700 g zugenommen haben sollte, ist mein Wunsch, am Wochenende nach Hause zu können, so groß, dass ich vor dem Wiegen sogar noch Wasser trinke. Als ich jedoch dann auf die Waage steige, kommt der Schock, denn das Wasser hätte ich mir auch sparen können.

42 kg. Am liebsten würde ich in Ohnmacht fallen. Doch weil ich weiß, dass das meiste davon nur Wasser ist, ist es nicht ganz so schlimm. Und das Beste ist: Ich darf nach Hause. Ich freue mich total darüber. Allerdings geht mir diese Zahl nicht mehr aus dem Kopf, sodass ich, als ich abgeholt werde von meiner Mutter, extrem schlechte Laune habe und nicht weiß, was ich am Wochenende machen soll. Gewicht halten? Gewicht zunehmen? Gewicht abnehmen? Ich weiß es nicht. Doch egal, wie viel davon Wasser ist, die Zahl kommt mir so hoch vor, dass ich mich fürs Abnehmen entscheide. Eigentlich entscheide ich mich nicht direkt dafür, abzunehmen, doch mir ist bereits jetzt klar, dass mir das Essen schwerfallen wird.

Als meine Oma mich am Sonntag zurück in die Klinik bringt, ist es wie der Gang nach Canossa. Ich würde am liebsten zu Hause bleiben und als sie wieder fährt, geht es mir richtig beschissen. Außerdem habe ich mal wieder Angst vor dem nächsten Tag, denn ich habe das dumme Gefühl, dass die Anzeige auf der Waage am nächsten Morgen zumindest für die Ärzte nicht zufriedenstellend sein wird. Und so ist es auch. Ich bin fast wieder am Anfangsgewicht, als ich in die Klinik kam, angelangt, und mir graut es vor dem Montag, der am nächsten Morgen ist. Denn das Schlimmste ist montags: die große Visite.

Da werden die Patienten nach und nach aufgerufen und müssen ins Klinikwohnzimmer kommen, sich auf das freie Sofa setzen und um einen herum sitzen zehn Personen.

20 Augen, die einen anstarren. Die Augen des Chefarztes, des leitenden Psychologen, der drei Therapeuten, der Sozialarbeiterin,

der Ergotherapeutin, des Pflegers, beziehungsweise der Pflegerin und die der Praktikanten. Als ich an der Reihe bin, fragt mich der Psychologe, wie es mir geht, und es wird die kommende Woche besprochen. Die Visite an sich ist schon der Horror, doch wenn man in diesen Raum geht und die Ärzte und man selber weiß, dass man abgenommen hat über das Wochenende, ist es das Schrecklichste, was man sich vorstellen kann.

Denn besagter Psychologe sitzt vor mir und fragt: »Was war los, Frau Blumroth? Haben ja alles wieder abgenommen.«

Ich kann ihn kaum angucken, zucke mit den Schultern und sage nur: »Keine Ahnung, hat halt nicht geklappt.«

»Ja, dann gibt es jetzt Fresubin«, sagt er, grinst mich dabei so kackfrech an und fragt so in die Runde: »Mhm, drei oder vier Mal am Tag?« Ich kann es kaum fassen. Drei oder vier Mal am Tag? Will der mich denn verarschen? Das schaffe ich doch nie im Leben, zusätzlich noch zu meinem riesigen Essensplan. Ich bin so geschockt, dass ich kaum sprechen kann, und sage mit zittriger Stimme: »Doch nicht so oft. Bitte, ich möchte kein Fresubin.«

Zu allem Überfluss fange ich jetzt auch noch vor allen an zu heulen. Und wieder grinst er mich an und erklärt: »Ja, Sie können natürlich auch eine Sonde bekommen, wenn Sie das lieber wollen. Es muss ja jetzt langsam mal was passieren. Alleine vom Wassertrinken nimmt man nicht zu.«

Als er das sagt, werde ich sauer, denn lustig finde ich das ganz und gar nicht: »Sehr witzig, das hätte ich jetzt gar nicht gedacht, danke für Ihre Hilfe.«

»Also drei Mal Fresubin am Tag und Aufstockung des Essensplans. Frau Blumroth, schönen Tag noch und viel Erfolg.«

»Jo, danke«, sage ich, gehe raus und laufe heulend an allen Patienten und Patientinnen vorbei in mein Zimmer.

Meine Fresse, ey, kotzt mich alles an!

Und so trinke ich drei Mal am Tag zusätzlich zum Essensplan Fresubin. Ich weiß nicht, wie ich das Gefühl beschreiben soll, aber man muss sich das einfach so vorstellen: Zum Ersten hat dieses Zeug, je nachdem, welche Sorte man trinkt (Erdbeere, Waldfrucht, Karamell, Vanille, Schokolade, Cappuccino, Pfirsich usw.), zwischen 200 und 300 Kalorien. Das heißt, ich nehme allein nur durch ein Getränk, welches ich zum Kotzen finde, weil es einfach nicht schmeckt, zwischen 600 und 900 Kalorien zu mir. Da sagt mir meine kranke Seite, wie heftig das ist, so viele Kalorien zu sich zu nehmen mit etwas, was man nur trinkt. Außerdem denke ich den ganzen Tag, wie viele geile Dinge ich stattdessen essen könnte, die mir so gut schmecken und auf die ich all die Monate verzichtet habe. Darüber denke ich eigentlich die ganze Zeit nach: Hanna, du trinkst gerade 300 Kalorien. Überlege mal, was du stattdessen alles essen könntest. Kuchen, Eis, Schokolade, Pizza, Pommes, Hamburger ... All diese Dinge, die ich seit Monaten nicht gegessen habe, weil ich sie mir verboten habe und regelrechte Panik davor hatte. Und jetzt? Jetzt werden meinem Körper Kalorien durch so etwas Abscheuliches zugeführt und ich kann nichts dagegen tun.

Ich habe ein schlechtes Gewissen und habe dabei nicht mal einen schönen Geschmack im Mund. Doch das ist gar nicht mal das Schlimmste. Das Schlimme ist das körperliche Gefühl. Zu Hause habe ich fast gar nichts mehr gegessen und jetzt bekomme ich sechs Mahlzeiten, plus drei Mal am Tag Fresubin. ICH BIN VOLL. Und selbst das ist untertrieben. Ich habe das Gefühl, dass mir das Essen und das Fresubin im wahrsten Sinne des Wortes zum Hals heraushängen. Ich bin so was von satt. Satter geht es gar nicht. Und das meistens schon nach dem ersten Fresubin morgens um zehn Uhr. Und obwohl sich der Bauch anfühlt, als würde er gleich platzen, kommt dann schon wieder das Mittagessen. Ich habe unerträgliche Bauchschmerzen und mir ist so übel, dass ich ganz oft das Gefühl habe, ich müsste mich übergeben. Aber das ist auch verständlich.

Monatelang war mein Magen nicht voll. Wahrscheinlich wurden die Magenwände nicht mal gestreift vom Essen und jetzt ist er bereits nach dem Frühstück gefüllt. Sozusagen von null auf hundert.

Manchmal geht es mir körperlich vom Magen her so schlecht, dass ich denke, ich muss sterben. Jedes Mal, wenn ich kurz vorm Übergeben stehe, kommt schon was Neues oben drauf. Wenn ich dann von jemandem höre: »Du musst doch nur essen«, könnte ich zum Mörder werden.

Das Fresubin darf ich mittlerweile ersetzen durch andere Dinge wie zum Beispiel durch einen Schokoriegel, Kekse oder sonst etwas, worauf ich Lust habe, solange es genauso viele Kalorien hat wie ein Fresubin. Um das Fresubin zu ersetzen durch Süßigkeiten oder auch Joghurts und Desserts aus dem Kühlregal, fahre ich zum Supermarkt, um mir ganz viele Sachen auszusuchen, die mir schmecken.

Dieser Tag ist teilweise genial, teilweise aber auch extrem anstrengend. Wenn ich sonst im Supermarkt war, hab ich auf alle Lebensmittel geguckt, um herauszufinden, welche am wenigstens Kalorien haben. Jetzt schaue ich durch die Reihen und rechne und rechne, wie viel ich wovon essen muss oder kann, damit es ein Fresubin ersetzt, und bin erstaunt, wie viele Joghurts es gibt, die 200 Kalorien haben.

Wenn mir jemand vor einiger Zeit gesagt hätte, ich müsste einen Joghurt mit 200 Kalorien essen, wäre ich in schallendes Gelächter ausgebrochen.

Okay, vielleicht nicht vor der Person, aber innerlich bestimmt. Und ich hätte mir gedacht, dass dieser Joghurt alleine so viele Kalorien besitzt, die ich sonst nicht mal an einem ganzen Tag zu mir genommen habe.

Als ich mich jetzt so durch die Regale schlendern sehe, denke ich, ich bin im falschen Film. Ich SUCHE nach Joghurts mit viel Kalorien und das nicht mal, weil ich Appetit darauf habe, sondern weil ich es muss, und trotzdem macht es mir unglaublich viel Spaß. Einkaufen zu gehen, ohne darauf zu achten, dass in den ausgesuchten Dingen SO WENIG WIE MÖGLICH Kalorien enthalten sind. Und eh ich mich versehe, komme ich mir vor wie im Paradies. Und trotzdem bin ich komplett überfordert, weil ich vor dem Schokoladenregal stehe und mich einfach nicht entscheiden kann. Sonst war es mir egal, auf was ich gerade Lust hatte. Am Schokoladenregal bin ich so oder so schon einfach vorbeigegangen, weil es gar nicht infrage gekommen ist.

Und heute hab ich die Auswahl. Das überfordert mich so sehr, dass ich über eine Stunde lang nur in der Süßwarenabteilung verbringe, weil ich mich einfach nicht entscheiden kann.

Ich gucke und gucke und weiß einfach nicht, was ich nehmen soll. Manchmal strecke ich dann die Hand aus und nehme mir etwas, bin heilfroh, dass ich mir was ausgesucht habe, und gehe kurze Zeit später wieder zurück, lege es zurück ins Regal, weil ich denke, dass ich vielleicht doch noch etwas finde, was noch leckerer ist oder worauf ich noch mehr Appetit haben könnte. Letztendlich verbringe ich über zwei Stunden in dem Laden, für fünf Joghurts, eine Packung Kekse und eine Packung Müsli, und bei den Keksen habe ich bereits ausgerechnet, wie viele ich essen muss, um das Fresubin ersetzen zu können. Dieser Einkauf von sieben Dingen hat mich so viel Energie und Zeit gekostet wie ein Großeinkauf für eine ganze Fußballmannschaft. Und trotzdem war es seit Langem das Herrlichste, was ich gemacht habe. Mir etwas zu essen zu kaufen, WEIL ICH ES MAG und nicht WEIL ES WENIG KALORIEN HAT, auch wenn ich die ganze Zeit von allen Leuten angegafft wurde, weil ich ständig von Regal zu Regal gelaufen bin, etwas herausgenommen habe, es mir fünf Minuten angeguckt habe und es entweder direkt zurückstellte oder erst ein paar Schritte damit ging, um mich dann zu entscheiden, es doch zurückzustellen und lieber noch ein bisschen weiter zu gucken. Bestimmt wurde ich am Anfang für eine Ladendiebin gehalten, weil ich mich ständig umgeschaut habe, ob ich eventuell auffalle mit meiner »Kalorienkunde«.

Doch nach einiger Zeit war es mir egal. Ich brauche eben Zeit.

Die Therapie geht mittlerweile eigentlich ganz gut voran.

Mit meiner Therapeutin verstehe ich mich sowieso richtig gut und das ist schon die halbe Miete. Außerdem darf ich fast jedes

Wochenende nach Hause. WENN ich 700 g zugenommen habe. Doch es kommt ganz oft vor, dass ich vor dem Wiegen Wasser trinke, damit ich schwerer bin, weil ich unbedingt nach Hause will. So wie dieses Wochenende. Als ich heute Morgen auf der Waage stehe, zeigt sie 42,9 kg an, aber ich habe vorher etwas getrunken.

Da ich das ausgemachte Gewicht für diese Woche erreicht habe, darf ich also nach Hause.

Meine Mutter holt mich am nächsten Samstag ab und wir fahren zum Golfplatz, um mal wieder ein bisschen Golf zu spielen. Zum Golfspielen habe ich fast immer meine weiße, 7/8-Röhrenhose in Größe 25 an. Früher auch immer, weil es die einzige Hose war, die auch in meiner dünnsten Zeit noch einigermaßen gepasst hat. Sie hat zwar auch geschlabbert, aber da sie aus Stretch ist, saß sie trotzdem immer noch enger als eine normale Jeans. Jetzt allerdings habe ich einige Kilos zugenommen und habe heute seit Längerem wieder diese weiße Hose an.

Ich fühle mich wie eine Presswurst. Ich treffe keinen einzigen Ball ordentlich, weil in meinem Kopf nur herumkreist, dass diese weiße Hose so eng ist. Natürlich merkt meine Mutter sofort wieder, dass irgendetwas mit mir nicht stimmt, und fragt, was mit mir los sei.

Zuerst pflaume ich sie an, dass nichts sei, doch dann fange ich mal wieder an zu weinen und meine: »Die Hose sitzt auf einmal so eng. Das ist so komisch, ich glaube, so eng saß sie noch nie. Ich glaube, ich halt das nicht aus.«

Da nimmt sie mich in den Arm und erklärt mir, dass die Hose für mich zwar eng sitzt, aber es immer noch eine Kinderhose ist und ich trotzdem noch viel zu dünn sei. Ich müsse anfangen, mir andere Maßstäbe zu setzen, was Kleidung und Größen anginge.

»Hanna, du bist eine junge Frau und kein kleines Mädchen, das Kindergrößen braucht. Aber ich glaub dir, dass das unglaublich schwer für dich ist.«

Ja, es ist unglaublich schwer. Am liebsten würde ich mich jetzt in mein Zimmer einschließen und erst mal nichts essen. Doch die

Klinik sitzt mir im Nacken und ich weiß, dass ich die Flüssigkeit, die ich vor dem Wiegen getrunken habe, gewichtsmäßig wieder aufholen muss.

Sonst wird die kommende Klinikwoche noch schrecklicher.

Über das Wochenende schaffe ich es aber meistens, das Getrunkene wieder aufzuholen, sodass ich jetzt ca. 45 kg wiege, nach ungefähr zwei Monaten. Mein Zielgewicht beziehungsweise Normalgewicht, welches nach dem BMI berechnet wurde, liegt bei 48 kg. Dass ich 45 kg wiege und wahrscheinlich noch bis zu 48 kg muss, erschreckt mich, denn vor einigen Monaten habe ich mir eigentlich vorgenommen, immer im 30er-Bereich zu bleiben mit meinem Gewicht, und jetzt wiege ich bereits 45 kg. Ich kann allerdings nicht sagen, ob es mich erschreckt, weil mir die Zahl so hoch vorkommt, oder ob es einfach nur eine Gewohnheitssache ist, weil sonst immer etwas Niedrigeres auf der Waage angezeigt wurde.

Auf jeden Fall denke ich mit jedem Gramm, das ich zugenommen habe: Das ist ein weiterer Schritt nach Hause!

Die ganzen Wochen, die ich hier bin, darf ich keinen Sport machen und soll mich so wenig wie möglich bewegen. Als ich dann 46 kg wiege, meint meine Therapeutin zu mir: »Wenn Sie die nächsten 700 g zugenommen haben, dürfen Sie ganz langsam anfangen, wieder etwas Sport zu machen, sozusagen als Übung, ob Sie es schaffen, trotz Sports Ihr Essverhalten so abzustimmen, dass Sie auf keinen Fall abnehmen. Denn wenn Sie wieder zu Hause sind, werden Sie sich auf jeden Fall mehr bewegen als hier, das heißt, Sie müssen lernen, dass Sie, wenn Sie mehr verbrauchen, auch mehr zusetzen müssen.«

»Ja, ich möchte, wenn ich entlassen bin, auf jeden Fall wieder mit Sport anfangen.«

»Das meine ich nicht. Sie sollten eigentlich die nächsten zwei Jahre keinen Sport machen, denn durch Sport kann die Krankheit sofort wieder ausbrechen und in dem Kreislauf aus Sport und Abnehmen sind Sie dann ganz schnell wieder drin. Deswegen dürfen

Sie auch hier keinen Sport machen. Das mit meinem Angebot ist eine Aufgabe an Sie beziehungsweise ein Test, wie sich mehr Bewegung in Ihrem Verhalten und Ihrem Gewicht äußert.«

»Ich soll die nächsten zwei Jahre keinen Sport machen? Das können Sie doch nicht von mir verlangen? Ich mache bereits mein ganzes Leben lang Sport. Sport ist eines meiner größten Hobbys. Darauf kann ich doch nicht zwei Jahre lang verzichten«, jammere ich, denn ich kann es kaum fassen.

»Zwingen kann Sie auch keiner, aber ich appelliere da an Ihren Verstand, denn Ihr Essverhalten wird zu Hause wieder auf eine harte Probe gestellt und Sie werden wahrscheinlich zu Hause wieder etwas abnehmen, weil Sie auf sich alleine gestellt sind und das Essen alleine erst wieder lernen müssen. Deswegen entlassen wir Sie auch nicht mit 46 kg, sondern mit mehr, weil zu Hause davon sofort wieder etwas runtergeht. Und wenn Sie dann zusätzlich noch Sport machen, sind Sie sofort wieder im Bereich des Untergewichts angelangt.«

Ich höre ihr gespannt zu und ich kann auch nachvollziehen, was sie sagt, doch darauf einlassen kann ich mich nicht. Ich habe nämlich schon die ganze Zeit überlegt, mit welcher Sportart ich wohl wieder anfangen könnte. Und zwei Jahre lang keinen Sport zu machen wäre, als würde ich zu einem Pinguin sagen, er dürfte nur noch an Land bleiben. Komischer Vergleich, aber ungefähr so ist es. Als das Gespräch vorbei ist, rufe ich die ganze Zeit herum: »Noch 700 g, dann darf ich Sport machen. La, la, la, la … Noch 700 g, dann darf ich wieder Sport machen. La, la, la …«

Eine Woche darauf stehe ich auf der Waage: 46,8 kg.

Den Gedanken an diese riesige Zahl versuche ich zu verdrängen und denke nur: Jetzt darfst du dich wieder ein bisschen sportlich betätigen.

Im Einzelgespräch mit meiner Therapeutin am gleichen Tag bin ich so glücklich, dass ich es kaum beschreiben kann. Dagegen war die Nachricht, dass ich mich wieder mehr bewegen darf, ein Klacks. Denn heute geht es um das Thema Entlassung!!!

Ich kann es kaum glauben, denn dieses Wort war für mich so unmöglich und unerreichbar wie für andere der Mond.

»Frau Blumroth, Sie wiegen jetzt 46,8 kg und sind im normalgewichtigen Bereich, was so viel heißt, dass wir langsam über Ihre Entlassung reden können. Ich habe bereits mit den Ärzten darüber gesprochen und wir haben uns auf den 21. Juni geeinigt. Das wäre ungefähr in drei Wochen. Was halten Sie davon?«

»Was ich davon halte? Ich habe das Thema extra nicht angesprochen, weil es mir so unwirklich vorkam, einfach, weil es das Tollste ist, was ich mir vorstellen kann, und dass Sie das jetzt ansprechen, kann ich kaum glauben. Ich halte es für super. Muss ich denn noch zunehmen?«, frage ich, weil ich eigentlich dachte, dass das Thema Entlassung erst bei mindestens 47 kg auf den Tisch kommt.

»Es empfiehlt sich, noch zuzunehmen«, erklärt sie und fährt fort, »denn wir werden mit Ihnen einen Vertrag schließen mit einem Gewichtskorridor. Dieser Korridor geht von 46 kg bis 50 kg. Haben Sie sich schon mit einem Arzt in der Nähe in Verbindung gesetzt, der Sie wiegen wird einmal in der Woche?«

»Ja, meine Mutter hat bereits einen Arzt angerufen, zu dem wir auch manchmal zum Impfen gegangen sind, also den kenne ich auch schon ein bisschen. Nach der Entlassung macht meine Mutter dann einen Termin bei ihm.«

»Gut«, entgegnet sie, »der Vertrag besagt dann, dass Sie einmal pro Woche zum Wiegen müssen. Sollten Sie den Korridor unterschreiten, haben Sie Zeit bis zum nächsten Wiegetermin, das verlorene Gewicht wieder zuzunehmen. Sollte das nicht der Fall sein, wird die Wiederaufnahme hier in die Klinik wieder eingeleitet. Allerdings müssen Sie sich so an den Vertrag halten, dass Sie die Klinik auch davon unterrichten, wenn Sie unter dem Gewichtskorridor liegen, meinen Sie, das würden Sie schaffen?«

Darüber denke ich schon die ganze Zeit nach. Würde ich das wirklich machen? Würde ich in der Klinik anrufen und sagen, dass ich abgenommen habe?

»Das ist eine gute Frage. Ich weiß es nicht. Ich kann es Ihnen wirklich nicht sagen.«

»Dann machen wir es so, dass entweder Sie hier wieder anrufen, oder, wenn der Arzt merkt, dass nichts passiert, er sich mit der Klinik in Verbindung setzt. Das ist sicherer.«

Anschließend schreibt sie den Vertrag mit den verschiedenen Verpflichtungen und Aufgaben für zu Hause und unterschreibt ihn. Ich sitze dabei und darf genau verfolgen, was sie schreibt, sodass ich den Vertrag nicht noch einmal durchlesen muss, und unterschreibe ihn auch. Als ich kurze Zeit später wieder auf meinem Zimmer bin, kann ich es kaum fassen.

Noch drei Wochen. Dann bin ich endlich wieder in meinem Leben zurück.

Da ich 46,8 kg wiege, finde ich, dass das reicht. Es müssen nicht unbedingt 48 kg sein. Das ist sowieso zu viel, denn ich bin ja von Natur aus auch ein schlanker Mensch und 48 kg finde ich für meine Größe sowieso zu viel.

Also werde ich jetzt das Gewicht halten. Solange ich im Korridor bleibe, ist doch alles in Ordnung und zur Not kann ich auch Wasser trinken, es sind ja nur noch drei Wochen. Meinen Essensplan halte ich grob ein, weil ich ja jetzt nicht mehr unbedingt zunehmen muss.

Seit ungefähr zwei Wochen habe ich jetzt auch Spiegelkonfrontation als Therapie, in der ich mich im Bikini vor den Spiegel stellen muss und mich vom Haaransatz bis zu den Füßen beschreiben muss. Allerdings darf in meine Beschreibung keinerlei Wertung eingehen. Ich darf zum Beispiel nicht sagen, dass meine Haare zu dünn und meine Hüften zu breit sind, sondern: Meine Haare sind sehr dünn und meine Hüfte ist sehr breit. Das zeigt einerseits meiner Therapeutin, ob und wie stark meine Wahrnehmung gestört ist, und ich soll mich daran gewöhnen, mich selber nicht schlechtzureden. Denn Magersüchtige haben generell etwas an sich auszusetzen und würden immer irgendetwas Schlechtes sehen und sofort sagen: »Mein Bauch ist zu dick.«

Bei der Spiegelkonfrontation soll ich aber absichtlich nur beschreiben, was ich sehe, und nicht, wie ich das finde. Das hört sich jetzt vielleicht ganz leicht an, aber nach der ersten Spiegelkonfrontation komme ich mir vor wie nach einem Marathon, denn sie ist kurz nach dem Essen, was heißt, dass mein Bauch voll ist und ich mich deswegen sehr unwohl fühle. Sich als Magersüchtige nach dem Essen fast nackt vor einen Spiegel stellen zu müssen ist im wahrsten Sinne des Wortes eine Konfrontation. Vor der ersten Konfrontation soll ich meinen einzelnen Körperteilen Punkte geben, je nach Unzufriedenheitsgrad. Bei mir sind es besonders der Bauch, dann die Oberschenkel, die Hüfte und der Po, mit denen ich unzufrieden bin.

Doch auch den Hals- und Schulterbereich betrachte ich immer kritisch, weil ich es als schön empfinde, an dieser Stelle die Knochen zu sehen, was für andere mehr als hässlich ist.

Als es dann darum geht, diese Stellen zu beschreiben, muss ich mich ganz oft wiederholen, weil ich mich dabei erwische, wie ich sofort Kritik ausüben will, weil ich beispielsweise sage, dass mein Bauch zu dick ist. Dann fange ich mir einen scharfen Blick meiner Therapeutin ein und muss mich verbessern: »Mein Bauch ist jetzt nach dem Mittagessen sehr dick.« Und so geht es weiter. Bei den Haaren angefangen, über Gesicht, Arme, Brust, Hände, Bauch, Hüften, Po, Oberschenkel und Unterschenkel bis hin zu den Füßen. Als ich fertig bin, nachdem ich gerade gesagt habe, dass meine Füße sehr adrig aussehen, meint meine Therapeutin zu mir: »Durch diese Konfrontation konnte man sehr gut feststellen, dass Ihre Wahrnehmung schon sehr gestört ist. Sie beschreiben sich anders, als ich Sie zum Beispiel sehe, weil Sie einfach viel kritischer und uneinsichtiger mit Ihrem eigenen Körper umgehen und obwohl er perfekt ist, Sie nicht zufrieden sein können.«

Dieser Satz macht mich traurig, denn ich arbeite immer so hart an mir, verzichte ständig auf viele Dinge, vor allem, was das Essen angeht, und sogar meine eigene Therapeutin sagt mir, ich hätte einen perfekten Körper. Ich aber arbeite und arbeite daran, endlich den perfekten Körper zu erreichen, weil ich es einfach nicht so sehe, obwohl mir ständig gesagt wird, dass ich ihn schon habe beziehungsweise schon hatte, bevor ich krank geworden bin.

Als ich heute Morgen wieder auf die Waage steigen muss, zeigt sie nicht wie sonst genauso viel und mehr an, sondern weniger.

46,2 kg.

Woran das wohl liegt? Ich weiß, woran es liegt. Seit ich weiß, dass ich bald entlassen werde, halte ich meinen Essensplan nicht mehr ganz genau ein und sonst hab ich auch immer zwischendurch etwas Süßes gegessen, damit ich zunehme und nach Hause kann am Wochenende. Das mache ich jetzt nicht mehr, weil ich ja nicht mehr zunehmen muss. Also ist es völlig normal, dass ich etwas abgenommen habe. Das Gewicht muss sich ja jetzt erst mal ganz ruhig einpendeln.

Doch ich versuche, genau herauszufinden, was ich jetzt fühle nach dem Gang auf die Waage, und ich bemerke meine kranke Seite wieder. Bin ich erschrocken? Bin ich überrascht? Bin ich glücklich darüber, oder sehe ich es als Rückschritt? Also erschrocken bin ich auf gar keinen Fall, ich bin eher glücklich darüber, dass ich etwas abgenommen habe, denn immerhin hab ich ja keine Süßigkeiten mehr gegessen und dann wäre ich eher überrascht und enttäuscht gewesen, wenn nichts passiert wäre mit meinem Gewicht.

Und eigentlich habe ich ja sogar selber dafür gesorgt, dass ich wieder abnehme, weil ich zwar auch zwischendurch wieder Hunger hatte und trotzdem nicht etwas gegessen habe, einfach, weil ich dachte, Zusätzliches muss jetzt nicht mehr sein. Aber selbst wenn ich jetzt noch etwas mehr abnehme, fällt es ja nicht auf, weil ich ja Wasser trinken kann und in zwei Wochen schon entlassen werde. Und bis ich zu meinem Arzt zum Wiegen gehe, ist das bestimmt wieder drauf.

Doch ich will nicht die ganze Zeit vom Gewicht sprechen. Ist denn gar nichts bei mir angekommen, was die Therapie betrifft? Warum denke ich nicht mal darüber nach, was die Gründe für meine Magersucht sind. Ganz ehrlich. Ich kann es nicht sagen. Ich glaube, dass einfach viel zu viel auf einmal kam. Svens Tod, Matthias, der schlechte Kontakt zu Papa. Aber das sind auch nur Spekulationen, ganz sicher kann ich das auch nicht sagen. Aber ich sollte auch über andere Dinge nachdenken. Wie denke ich über Liebe, über Freundschaft, über Schönheit? Hat sich da denn nichts geändert? Also einen Freund hätte ich schon gern wieder, aber würde ich es überhaupt aushalten, mich anfassen zu lassen? Wahrscheinlich nicht. Und Freundschaft? Am liebsten würde ich alle meine Freundinnen in den Arm nehmen und mich bei ihnen entschuldigen und sagen, dass ich wieder die Alte bin. Aber bin ich wieder die Alte? Ich denke immer noch viel über das Gewicht und Essen nach, wo wir wieder beim Thema wären.

Einige Tage später, einen Tag vor dem dritten Wiegetermin (Freitag), gehe ich an der Kammer vorbei, in der die Waage steht, und bemerke, dass die Tür offen ist. Normalerweise ist sie immer verschlossen.

Sofort fängt mein Herz tierisch an zu klopfen und das Adrenalin steigt. Wenn ich mich jetzt heimlich schnell wiegen könnte, wüsste ich genau, ob ich am nächsten Morgen Wasser trinken muss, beziehungsweise wie viel. Wenn ich aber erwischt werde, wie ich heimlich in diesem Raum auf der Waage stehe, wäre es erstens tierisch unangenehm und zweitens wüsste ich nicht, was ich sagen sollte. Die Pfleger sind grade alle im Dienstzimmer, das schräg gegenüber ist.

Soll ich es wagen? Ich merke richtig, wie mein Herz bis zum Hals schlägt, doch ich kann nicht widerstehen. Ich flitze blitzschnell in die Kammer und schließe die Tür genauso schnell wieder. In rasendem Tempo ziehe ich meine Kleidung aus, damit ich genauso viel trage wie beim morgendlichen Wiegen auch, also nur Unterwäsche. Ich kann kaum beschreiben, wie ich zittere am ganzen Körper. Meine Hände zittern so stark, dass ich kaum die Waage einstellen kann, denn es ist so eine Waage, bei der man die Kilogramm-Zahl einstellen muss und die Waage sich dann einpendelt und bei dem richtigen Gewicht ins Lot kommt. Also stelle ich sie erst mal auf mein letztes Gewicht: 46,2 kg.

Doch die Waage schlägt total aus. Ich stelle sie auf 46 kg. Immer noch nichts. Je tiefer ich sie stelle, desto mehr pendelt sie sich ein. Als ich dann bei 45,5 kg angelangt bin, hat sie sich eingependelt. Aber das kann doch nicht sein, 45,5 kg? Dann hab ich ja schon wieder abgenommen. Aber ich hatte auch die letzten Tage wieder ziemlich oft ein Hungergefühl, was heißt, dass ich zu wenig gegessen habe. UND ES WAR MIR BEWUSST!!

Und was macht das mit mir? Es geht mir gut damit und ich fühle wieder Erfolg. Während ich noch überlege, ziehe ich mich wieder in rasendem Tempo an, stelle die Waage auf 0 und gucke aus der Tür. Keiner da. Ich flitze heraus, gehe in mein Zimmer und muss mich erst mal beruhigen.

Ich stehe so unter Adrenalin, als hätte ich grade einen Fallschirmsprung hinter mir.

45,5 kg.

Das heißt, ich muss am nächsten Morgen mindestens einen halben Liter trinken. Das geht ja noch. Dann muss ich mir nur den Wecker etwas früher stellen.

Und genauso mache ich es. Ich trinke eine Flasche Wasser (0,75 Liter) am nächsten Morgen, und als ich gewogen werde, wiege ich genau 46 kg. Glück gehabt. Ich bin noch im Gewichtskorridor. Doch mein Essverhalten bleibt. Ich hole das abgenommene Gewicht nicht wieder auf. Ich werde ja eh bald entlassen.

Jetzt muss ich mir nur jedes Mal vorm Wiegen den Wecker stellen und Wasser trinken. Da ich noch mehr abgenommen habe, stehe ich mittlerweile um vier Uhr morgens auf, weil ich mittlerweile zwei Flaschen Wasser trinken muss, das heißt 1,5 kg, die ich mir antrinken muss. Und da ich selten so viel getrunken habe auf einmal, muss ich mir den Wecker so früh stellen, damit ich es zeitlich schaffe, diese zwei Flaschen Wasser zu trinken.

Bin ich denn bescheuert? Das heißt, ich wiege jetzt eigentlich nur noch 44,5 kg. Warum mache ich das denn jetzt? Wieso halte ich nicht einfach die 46 kg? So hab ich jetzt jedes Mal den Stress vor dem Wiegen. Gut, auch wenn ich in einer Woche entlassen werde, hört das Wiegen ja nicht auf. Dann muss ich ja jedes Mal, bevor ich zum Arzt fahre, so viel Wasser trinken. Dann muss ich ja jedes Mal nach der Schule so viel trinken, weil das zu Hause bestimmt auffällt. Obwohl, eigentlich ist es gut, dass ich abgenommen habe, denn kurz nach der Entlassung habe ich noch zehn Tage Schule und dann geht es ja in den Sommerurlaub mit der Familie. An den Bodensee. Und wenn ich dann jetzt abnehme, kann ich den Urlaub richtig genießen, weil ich weiß, dass ich sowieso wieder ein bisschen zunehmen muss.

Dann fällt mir das Essen im Urlaub bestimmt leichter. Dann halte ich jetzt einfach das Gewicht bis zum Urlaub und ich nehme sicherlich sowieso zu, weil wir dort bestimmt auch abends essen gehen. Das heißt, ich muss mich jetzt noch einmal zwei Stunden mit Trinken quälen, dann geht es nach Hause und dann sehen wir weiter.

Wie gesagt, im Urlaub nehme ich bestimmt so oder so wieder zu. Im Vertrag steht ja auch, dass ich in den Ferien im Oktober zum Intervall für zwei Wochen in die Klinik wiederkommen soll und bis dahin muss ich ja wieder 46 kg wiegen. Aber bis dahin ist ja noch ein bisschen Zeit. Ich regele das schon irgendwie.

8. KAPITEL

Vertrag gebrochen

Juni bis September 2009

Alles Gute, Frau Blumroth, ich hoffe, dass wir uns erst im Oktober zum Intervall wiedersehen und bei Ihnen alles gut geht«, sagen meine Therapeutin, die Ärzte und das Pflegepersonal.

Wenn die wüssten, dass ich eigentlich nur noch 44,5 kg wiege, müssten die mich ja eigentlich gleich hier behalten. Doch daran denke ich nur kurz, denn ich bin einfach nur so glücklich, dass ich endlich nach Hause kann. Nie wieder Klinik. Nie wieder. Auf dieses Intervall habe ich eigentlich auch gar keine Lust. Eigentlich möchte ich nie wieder auch nur in die Nähe einer Klinik kommen, deswegen hoffe ich, dass beim Wiegen bei meinem Arzt nichts auffällt. Doch dazu später. Jetzt verabschiede ich mich erst mal und trotz der guten und netten Behandlung denke ich: Bis hoffentlich nie wieder.

Jetzt geht es nach Hause. Endlich. Nach fast vier Monaten Klinikaufenthalt kann ich es kaum glauben, dass ich im Auto sitze und weiß, dass ich am nächsten Tag nicht wieder zurück muss. Doch ich merke auch, wie glücklich meine Mutter ist. Endlich hat sie wieder ein gesundes Kind. Endlich muss sie sich nicht mehr so große Sorgen um mich machen, endlich ist mein Körpergewicht wieder stabil. Endlich können wir wieder ein einigermaßen normales Leben führen. Endlich, endlich, endlich …

Doch ist das wirklich so?

Eine Woche nach meiner Entlassung habe ich den Termin bei meinem Arzt, um die weitere Vorgehensweise zu besprechen. Meine Mutter möchte ich gerne dabeihaben. Sicherheitshalber trinke ich vorher 0,5 Liter Wasser, obwohl ich heute noch nicht gewogen werden soll, aber man kann ja nie wissen. Eigentlich mag ich den Arzt nicht so gerne, weil ich finde, dass er kalte Augen hat, doch weil er ganz gut zu erreichen ist, gehe ich trotzdem zu ihm zum Wiegen. Da geht es mir mehr um die Gemütlichkeit. Und ich meine, Wiegen ist kein Staatsakt, ich gehe da ein Mal in der Woche hin und damit hat sich die Sache. Das besprechen wir gerade an seinem Schreibtisch, als er plötzlich sagt: »Dann würde ich Sie gerne jetzt wiegen, damit wir sozusagen das Startgewicht haben und …«

»NEIN! Ich lasse mich jetzt nicht wiegen. Heute sollte erst mal nur besprochen werden, wie es weitergeht«, unterbreche ich ihn sofort und bekomme gleich Panik. Wer weiß, wie viel ich wiege gerade?

»Aber das ist doch keine große Sache. Sie steigen auf die Waage und fertig und dann können Sie auch schon gehen. Worin liegt denn das Problem?«

»Weil ich keinen Bock habe, ich wurde gerade erst aus der Klinik entlassen und bin froh, dass ich mal ein bisschen Ruhe habe vor der Waage, da möchte ich nicht gleich sofort wieder auf die nächste«, versuche ich, mich herauszureden.

»Ja, das verstehe ich schon, aber sehen Sie es mal so, Sie sind gerade erst aus der Klinik entlassen worden mit 46 kg, dann können wir, wenn Sie jetzt hier auf die Waage steigen, sehen, ob das einen Unterschied macht, vielleicht wiegen Sie auf der Waage hier ja etwas mehr oder etwas weniger und dann können wir sozusagen das Gewicht, das Sie heute haben, als Ausgangsgewicht sehen, das in der Klinik bei 46 kg lag«, erklärt er.

»Mhm, wenn es sein muss. Aber du guckst nicht hin, Mama!«

Sofort dreht sie sich um und meint: »Nein, nein, ich gucke nicht, ich lasse das den Arzt machen.«

Ich stehe auf und möchte mich gerade ausziehen, da sagt der Arzt schon: »Ziehen Sie einfach nur Ihre Jacke und vielleicht Ihre große Kette aus, wir wollen es ja nicht päpstlicher machen als der Papst.«

Nicht päpstlicher machen als der Papst? Wiegen in Kleidung? Wie genial ist das denn? Wenn ich das gewusst hätte, hätte ich mir ja nicht so einen Stress machen müssen mit dem Wassertrinken. Das ist so genial, denn wenn ich jetzt weniger wiege beziehungsweise abnehme, muss ich einfach nur viel anziehen vorher, oder irgendwo meine Gewichte verstecken. Das merkt doch dann kein Mensch. Also steige ich komplett relaxt und glücklich über diese Wendung auf die Waage.

44,8 kg. Mit 0,5 Liter Wasser und mit Kleidung. Das heißt, dass ich wahrscheinlich schon eigentlich bei der 43-kg-Marke angelangt bin. Wie geil ist das denn. Und keiner weiß es und keiner wird es merken. Ist doch alles ganz easy. Wer hätte das gedacht! Der Arzt schaut auf die Waage und sagt: »Alles klar. Das Gewicht notieren wir jetzt und dann sehen wir uns in einer Woche wieder, in Ordnung?«

»In Ordnung?« Sicher ist das in Ordnung. Mehr als in Ordnung sogar, ich hab ja nichts zu verlieren. Außer an Gewicht. Und solange es nicht zu viel wird, ist es ja auch völlig legitim und die paar Kilos werden ja sowieso nicht bemerkt. Mit völliger Anspannung und Aufregung bin ich gekommen und mit absoluter Gelöstheit und guter Laune gehe ich wieder nach Hause. Das hätte ich nicht gedacht, dass sich dieser Arztbesuch doch so zum Guten wendet. Aber umso besser. Jetzt kann ich das alles ein bisschen lockerer angehen.

Heute geht es in den Urlaub. Die letzten zwei Wochen war ich noch zweimal beim Wiegen und habe alles gut überstanden. Ich habe einfach Wasser getrunken und mir mein 0,5-kg-Gewicht vorne in die Hose gesteckt. Obwohl ich extrem aufgeregt war und Panik hatte, hat die Arzthelferin, die mich jetzt immer wiegt, nichts bemerkt. Jetzt kann ich erst mal den Urlaub genießen, denn da muss ich ja nicht zum Wiegen. Momentan wiege ich ungefähr 43,2 kg. Dann kann ich ja theoretisch ganz beruhigt in den Urlaub fahren, weil ich weiß, dass ich, sollte ich zunehmen, es nicht so schlimm finden muss, weil ich ja sowieso nicht mehr im Korridor bin.

Trotzdem hab ich auch Schiss vor dem Urlaub, weil ich da unter ständiger Kontrolle bin. Wenn man alleine ist, ist niemand da, der sieht, ob man jetzt etwas isst oder nicht. Aber im Urlaub hab ich den ganzen Tag die Familie um mich herum. Das wird bestimmt anstrengend, denn wenn ich dann weniger oder nicht essen möchte, fällt es sofort auf und dann gibt es sofort wieder Auseinandersetzungen, auf die ich überhaupt keine Lust habe.

Aber umso besser, dass ich vorher sozusagen schon dafür gesorgt habe, dass ich abgenommen habe, dadurch hab ich eine Art

Puffer in der Gewichtsskala, denn ich möchte auf keinen Fall wieder 46 kg wiegen. Auf keinen Fall mehr als 44 kg. Es sollte höchstens die Drei vorne stehen. Hoffentlich klappt das im Urlaub. Da nehme ich bestimmt zu, wenn wir abends essen gehen. Dann muss ich das so regeln, dass ich tagsüber so wenig esse wie möglich, damit ich abends nicht so ein schlechtes Gewissen habe. Aber Moment mal? Was geht hier eigentlich schon wieder in meinem Kopf ab? Eigentlich müsste ich 3 kg mehr wiegen, also warum rede ich schon wieder von meinem schlechten Gewissen?

Na ja, egal, das ist bestimmt ganz normal, immerhin bin ich gerade erst aus der Klinik herausgekommen. Die Ärzte meinten ja auch, dass es am Anfang recht schwierig wird. Also denke ich mal, dass ich mir keine Sorgen machen muss. Jetzt wird erst mal Urlaub gemacht. Und wie gesagt, ich wette, da nehme ich total viel zu. Dass ich seit der Entlassung aus der Klinik und eigentlich auch schon vorher wieder über diese Gewichtskacke und das Diäthalten nachdenke, geht mir ziemlich auf die Nerven. Ich dachte eigentlich, dass das besser wird. Dafür hab ich ja die Therapie gemacht. Vielleicht muss ich erst wieder im normalen Leben ankommen, dann legt sich das bestimmt wieder oder pendelt sich ein. Da muss ich halt mal abwarten. Jetzt wird Urlaub gemacht. Auch wenn ich ziemlich Panik davor habe. Denn noch ein bisschen abzunehmen, hab ich eigentlich auch nichts gegen. Aber wie wird das dann mit dem Wiegen? Oh Mann. Was will ich eigentlich? Ich weiß es schon wieder nicht. Meine zwei Seiten ringen miteinander.

Und jetzt wird auch noch das Wetter immer schlechter, je näher wir unserem Urlaubsort kommen. Das kann ja was werden. Ich brauche Sonne, wenn ich im Sommerurlaub bin. Toll. Eigentlich habe ich mich gefreut und jetzt wird meine Laune durch diesen blöden Gewichtsmist wieder kaputt gemacht und wenn es jetzt auch noch so viel regnet, dann lenkt mich ja gar nichts ab und dann bewege ich mich bestimmt kaum und nehme noch mehr zu. UND SCHON WIEDER DENKE ICH AN MEIN GEWICHT! Mann ey, kann das nicht mal aufhören? Egal. Jetzt erst ankommen und die Koffer auspacken. Die Wohnung ist eigentlich ganz schön, aber das Wetter …

Beim Abendessen geht schon das erste Gezanke los. Zu Hause hat das eigentlich vor einigen Wochen wieder angefangen. Heute Abend hat meine Mutter Spaghetti bolognese und Salat gemacht und als wir alle am Tisch sitzen, häufen sich alle ihren Teller voll, weil sie so einen Riesenhunger haben. Ehrlich gesagt, hab ich auch einen Bärenhunger, weil ich nur eine halbe Scheibe Brot gefrühstückt und die Fahrt über nichts gegessen habe. Meine Mutter hat mir zwar ständig was angedreht und erst habe ich es abgelehnt, doch als sie dann wieder fast ausgerastet ist, hab ich das Essen einfach angenommen und in meiner Tasche verschwinden lassen. Mittlerweile ist es sogar schon neun Uhr abends und ich könnte ein gefülltes Pferd essen, doch ich bringe es einfach nicht über mich. Also nehme ich mir viel Salat, damit mein Teller voller aussieht, und anschließend einen Löffel Nudeln und ein bisschen Soße oben drauf. Mein Teller sieht wirklich voll aus, nur dass 90 Prozent davon nur Salat sind. Und eben das bemerkt auch meine Mutter und starrt auf meinen Teller.

»Sag mal, willst du mich eigentlich veräppeln? Ist das, was du da auf deinem Teller hast, etwa dein Ernst? Du willst mir doch wohl nicht erzählen, dass das dein Abendbrot sein soll, nach einem Brot zum Frühstück und ein bisschen was auf der Autofahrt.«

Wenn sie wüsste, dass ich nur eine halbe Scheibe Brot zum Frühstück und auf der Autofahrt gar nichts gegessen habe, würde sie mir wahrscheinlich an die Kehle springen. Doch irgendwie muss ich die Situation jetzt entschärfen. Gleich zu Beginn des Urlaubs wieder einen Essensstreit zu haben ist nicht sehr vorteilhaft. Also erwidere ich: »Oh Mama, ich hab beim Kochen gerade schon total viel probiert vom Essen, sodass ich jetzt grade ziemlich satt bin. Außerdem esse ich bestimmt nachher noch was vor dem Fernseher. Jetzt fange bitte nicht gleich schon wieder an.«

»Ich fange nicht gleich schon wieder an. Ich mache mir nur Sorgen, Hanna, noch mal mache ich das Ganze nicht mit. Und das, was du am Tag isst, ist viel weniger als in der Klinik, damit wirst du dein Gewicht kaum halten können. Ich würde sogar sagen, dass du schon wieder abgenommen hast, ich sehe das sofort. Und jetzt nimmst du dir gefälligst noch was vom Essen, sonst knallt es. Vor dem Fernseher gleich kannst du von mir aus gerne dann noch mal was essen.«

Während sie das sagt, gerät sie immer mehr in Rage und man merkt, dass sie sich extrem beherrscht, um nicht auszurasten. Am liebsten würde ich jetzt herumschreien und auf den Tisch hauen, weil ich mir nicht noch Nudeln nehmen will, auch wenn ich Hunger hab. Aber abends so viel zu essen ist überhaupt nicht gut, da nimmt man sofort zu, weil das über Nacht alles ansetzt. Aber wenn ich jetzt diskutiere, weiß ich nicht, was passiert. Deswegen maule ich nur laut und nehme mir noch einen ganz kleinen Löffel Nudeln nach. Obwohl ich eigentlich weiß, dass das nicht mal eine Drittel Portion ist, habe ich das Gefühl, dass mein Teller vor Nahrung zerbricht, doch als ich dann fertig bin, habe ich fast noch mehr Hunger als vorher, weil das wahrscheinlich gerade mal ein Tropfen auf den heißen Stein war.

Abends, bevor ich ins Bett gehen möchte, hab ich so einen tierischen Hunger, dass ich erst mal Cola light trinke. Doch das hält auch nur kurz, sodass ich in der Nacht wieder aufwache, nicht mehr schlafen kann und viel Wasser trinke. Cola light wäre mit dem vielen Koffein jetzt genau das Falsche. Am nächsten Morgen bin ich dann so fertig und Hunger hab ich trotzdem wieder. Oder noch. Aber es ist auch schon halb elf und meine Mutter hat mich gerade zum Frühstück geweckt. Einerseits denke ich wieder, Gott sei Dank gibt es was zu essen, ich hab Hunger, doch eigentlich möchte ich gar nicht essen. Möchte vielleicht doch, aber ich kann nicht.

Ich überlege jetzt schon, seit ich geweckt wurde, wie ich am besten so wenig wie möglich essen kann und Mama auf keinen Fall etwas davon bemerkt. Eigentlich weiß ich, dass es überhaupt nichts bringt, darüber nachzudenken, weil jede Situation morgens anders ist und alles Mögliche passieren kann. Aber zumindest kann ich mir einige Pläne zurechtlegen und sie ausprobieren. Jetzt zieh ich mich an und versuche, ruhiger zu werden. Das kann doch nicht sein, dass ich so eine Panik habe, jetzt zu frühstücken. Ich dachte, das soll besser werden. Warum können diese blöden Gedanken nicht einfach aufhören?

Und jetzt kann ich nicht mal mein schönes neues Kleid anziehen, weil es draußen total kalt und regnerisch ist. Da muss ich wohl meine Jeans anziehen, die ich mir vor ein paar Wochen mit Mama gekauft habe, als ich noch in der Klinik war. Da bin ich mal gespannt, wie sie sitzt, immerhin hatte ich da noch mindestens 3 kg mehr. Als ich die Jeans anziehe, bin ich komplett erstaunt. Die Jeans hängt an mir. Sie schlabbert am Po und an den Oberschenkeln. Die kann ich eigentlich unmöglich anziehen, da merkt Mama sofort etwas, immerhin saß die Jeans hauteng, als wir sie gekauft haben.

Da ruft Mama auch schon: »Hanna!!! Kommst du bitte endlich zum Frühstück. Wir warten schon alle.« Was mache ich denn jetzt? Alle Hosen, die ich mithabe, schlabbern wahrscheinlich an mir. Ich lasse sie jetzt einfach an und stehe einfach beim Frühstück nicht auf, weil es dann sofort auffällt.

»Guten Morgen.«

»Guten Morgen, Hanna, da bist du ja endlich. Jetzt haben wir schon elf Uhr, da müssen wir uns sputen, sonst ist der ganze Tag schon um. Was wollt ihr denn heute gerne machen?«, fragt Mama fröhlich in die Runde.

Ich höre gar nicht zu, weil ich ganz andere Dinge im Kopf habe. Nämlich wie ich zum Toaster gehe. Denn dann sieht Mama bestimmt sofort, wie die Hose sitzt. Als mir Matthias ein Brötchen reichen möchte, sage ich gleich: »Nein danke, ich möchte lieber ein Brot essen«, und suche mir aus dem Brotkorb das kleinste und dünnste Brot heraus und gehe zum Toaster. Ich habe das Gefühl, dass der Blick meiner Mutter auf meiner locker sitzenden Hose brennt, doch ich kann es nicht sehen, weil ich leider keine Augen am Hinterkopf hab, und denke nur die ganze Zeit: Bitte nichts merken, bitte nichts merken. Und Gott sei Dank kommt keine Bemerkung von ihr. Zurück an meinem Platz greife ich direkt nach der Marmelade, als ich bereits den »Todesblick« einfange, mit dem ich eigentlich sogar schon gerechnet habe.

»Machst du dir gefälligst Margarine oder zumindest Quark auf das Brot, so wie jeder andere normale Mensch auch? Du glaubst doch wohl nicht, dass das ein ordentliches Frühstück ist. Ein dünnes, bockelhart getoastetes Brot mit dünn Marmelade drauf gekratzt? Wir haben gleich halb zwölf. In der Klinik müsstest du jetzt gleich schon zu Mittag essen und hättest bereits zwei Mahlzeiten hinter dir. Hanna, ich guck mir das nicht lange an. Dein Verhalten ist schon wieder genauso wie vorher. Wenn sich das nicht ändert, bist du wieder in der Klinik. Ich muss da nur einmal anrufen.«

»Lass mich doch mal in Ruhe und warte erst mal ab«, schreie ich. »Du weißt doch gar nicht, was ich noch esse. Du meckerst schon, bevor ich angefangen habe. Ich esse doch noch einen Joghurt danach.«

»Weil ich mir Sorgen mache, Hanna. Die letzten Wochen hast du genauso wie vorher kaum was gegessen und du sparst schon wieder, wo du kannst. Wenn du einen von den Joghurts essen würdest, die ich gekauft habe, müsste ich ja auch nichts sagen, aber du hast dir ja schon wieder diese 0,1-Prozent-Fett-Joghurts gekauft. Da sind doch überhaupt keine Kalorien drin.«

»Haha, Mama, schön wäre es. Natürlich sind da Kalorien drin.«

Dem Himmel sei Dank, dass sie nicht weiß, dass ich die Hälfte des Joghurts weggeschüttet und mit Erdbeerstückchen aufgefüllt habe, denn dadurch hat er wirklich fast keine Kalorien. Ich stehe auf und gehe zum Kühlschrank, um mir den Joghurt zu holen, den ich auch noch eingefroren habe, damit es länger dauert, ihn zu essen, da ruft meine Mutter auch schon: »Ich glaube es nicht, Hanna. Guck dich doch mal an. Es geht schon wieder los, ich fasse es nicht. Als wir die Hose gekauft haben, hast du gerade 46 kg gewogen, und da saß sie noch ein bisschen locker, weil ich dachte, du nimmst noch zu, und jetzt hängt die Hose schon wieder an dir. Nein, jetzt reicht es. Ich hab mich die letzten Wochen wirklich zurückgehalten, aber du wiegst nie im Leben noch 46 kg. Ich rufe den Doktor der Klinik an und dann kommst du wieder hin.«

Ich kann mich kaum halten und schreie wieder los: »Willst du mich eigentlich verarschen? Tu mal nicht so, als hättest du Röntgenaugen und würdest jedes Gramm an mir sehen, das ...«

»Du bist meine Tochter, Hanna, ich sehe jedes Gramm, das an dir fehlt, und bei dir geht es nicht um Gramm, wahrscheinlich geht es bei dir schon um Kilos. Dafür braucht man keine Röntgenaugen, dafür reicht gesunder Menschenverstand. Und ich warte nicht, bis es wieder zu spät ist.«

»Ich gehe da nicht wieder hin. Nur weil meine scheiß Hose ein bisschen schlabbert. Das ist ganz normal, weil ich die jetzt schon ein paar Mal anhatte und im Geschäft war die noch ganz neu, ist doch klar, dass die dann enger sitzt.« Während ich mich um Kopf und Kragen rede, um irgendwie die Situation beziehungsweise meinen Arsch zu retten, guckt meine Mutter mich misstrauisch an und fängt an zu lächeln.

»Hanna, jetzt fange doch nicht mit der Leier wieder an. Es ist immer das Gleiche, was dann erzählt wird. Ich rufe da jetzt an und dann sehen wir weiter.«

»Nein, Mann ey! Jetzt chill mal 'ne Runde und hör mal auf, immer sofort auszurasten! Was soll die Scheiße denn jetzt!«

Doch es ist nichts zu machen. Meine Mutter steht auf und geht raus zum Telefonieren. Nach zehn Minuten ist sie wieder da und meint: »Ich habe mit dem leitenden Arzt gesprochen. Du könntest fast jederzeit wieder aufgenommen werden. Also ich mache dir ein letztes Angebot. Ich möchte, dass du gleich in eine Apotheke gehst und dich wiegst. Dann wirst du ja sehen, ob du abgenommen hast, und ich möchte, dass du mir ehrlich sagst, was du wiegst, und du dich selber kontrollierst, dass du wieder auf die 46 kg kommst, sonst geht es spätestens nach dem Urlaub wieder in die Klinik. Wenn du aber schon unter 45 kg wiegst, bringe ich dich sofort wieder hin. Und sei dir bewusst, aufgeschoben ist nicht aufgehoben. Wenn du mir nicht die Wahrheit sagst, bist du eben nach dem Urlaub wieder in der Klinik, weil du da ja wieder zum Wiegen zum Arzt gehst, und den kannst du nicht anlügen. Ist das klar?«

»Boah ja, Mann«, maule ich zurück. Meine Güte, geht mir das alles auf die Nerven. Ich dachte, das wird besser nach der Klinik. Aber nein. Es ist schon wieder alles genauso wie vorher. Was soll das denn? Kann mein Kopf nicht einfach mal normal sein? Ich versteh das nicht. Was hab ich denn falsch gemacht in der Therapie? Ich weiß es nicht. Vielleicht ist das ja normal, dass es erst mal schlecht läuft direkt nach der Entlassung. Ging ja auch recht schnell.

Zwei Stunden später, als wir gerade in Meersburg sind, kommen wir an einer Apotheke vorbei. Hoffentlich kommt Mama nicht doch mit rein, denn ich wog ja eigentlich schon in der Klinik unter 45 kg. Irgendwie ist es mir auch unangenehm, jetzt einfach in die Apotheke zu marschieren und mich zu wiegen, aber egal, ich möchte nämlich auch selber unbedingt wissen, wie viel ich wiege. Ich drücke meiner Mutter meine Handtasche in die Hände und betrete die Apotheke.

»Guten Tag. Wäre es in Ordnung, wenn ich mich einmal nur kurz eben wiege?«

»Aber sicher. Einfach draufsteigen, dann wird das Gewicht gezeigt.« Ich ziehe meine Schuhe und meine Jacke aus und steige auf die Waage. Mit Kleidung und mitten am Tag: 43,2 kg. Das heißt, dass ich morgens ohne Kleidung ungefähr 42 kg wiegen müsste. Mann oh Mann, das hätte ich jetzt nicht gedacht. Wie geil ist das denn. In vier Wochen vier Kilogramm abgenommen. Ja gut, was heißt geil. Eigentlich müsste ich dann schon längst wieder in der Klinik sein. Aber auf keinen Fall. Da geh ich nicht noch mal hin. Und wie gesagt: Ich wette, im Urlaub nehme ich total viel zu, sodass, wenn ich wieder zum Arzt muss, das bestimmt wieder aufgeholt ist. Und wenn nicht, trinke ich eben Wasser oder verstecke meine Gewichte irgendwo, das ist ja für mich kein Problem.

Obwohl ich eigentlich weiß, dass ich wieder total in die falsche Richtung arbeite, macht sich ein Gefühl von Stolz breit. Stolz über die verlorenen Kilos in der kurzen Zeit. Stolz über die Disziplin. Und einfach dieses unglaubliche Körpergefühl, weniger zu wiegen. Doch jetzt erst einmal beiseite mit diesen Gefühlsausbrüchen, denn auch Panik macht sich breit. Was sag ich denn jetzt Mama? Wenn ich ihr sage, ich wiege 46 kg, weiß sie, dass ich lüge. Wenn ich ihr sage, dass ich nur noch 43 kg wiege, bringt sie mich höchstpersönlich wieder in die Klinik. Wenn ich ihr sage, dass ich 45 kg wiege, wäre das zu zufällig. Es muss also ein bisschen ungerade sein. 45,3 kg hört sich gut an. Doch dann weiß sie, dass ich zunehmen muss, und ich wette, dann kommt sie am Tag fünftausend Mal an und will mir was zu essen andrehen, damit ich zunehme. Aber wie gesagt: 46 kg kauft sie mir nicht ab.

»Und? Komm, wir gehen eben um die Ecke, dann kannst du es mir ins Ohr sagen«, sagt sie sofort, als ich aus der Apotheke komme.

»45,3 kg«, flüstere ich in ihr Ohr.

»Alles klar, Hanna. Ich glaube dir. Dann liegt es jetzt an dir, was du daraus machst und dass du bis zum nächsten Wiegetermin wieder bei deinen 46 kg bist, denn dann kann ich auch nichts mehr machen. Und jetzt ruf bitte in der Klinik an und sag den Aufnahmetermin ab und dass du erst mal nicht kommst.«

Ich nehme ihr Handy und rufe direkt den leitenden Arzt an. Eigentlich ist er die letzte Person, mit der ich jetzt telefonieren möchte.

»Hallo, Herr Doktor, hier ist Hanna-Charlotte Blumroth, ich wollte nur erst mal den Termin absagen, den meine Mutter gemacht hat. Ich hab nur ein bisschen abgenommen, soll das dann aber jetzt wieder zunehmen bis zum nächsten Wiegetermin beim Arzt.«

»Alles klar, Frau Blumroth, dann mal viel Erfolg«, erwidert er kurz angebunden.

Die nächsten zwei Tage versuche ich, so zu essen, dass es so aus-sieht, als würde ich zunehmen wollen, aber ich schaffe es einfach nicht. Ich esse trotzdem weiter so, dass es zu wenig ist, um mein Gewicht überhaupt zu halten, was ich bemerke, als ich mich wieder heimlich in einer Apotheke wiege. Als der Urlaub vorbei ist, freue ich mich auf die Schule, bin aber auch sehr aufgeregt, was mich so in der zwölften Klasse erwarten wird. Außerdem gehe ich wie vorher einmal wöchentlich zu meiner Therapeutin und zum Wiegen. Doch als ich heute wieder zum Wiegen gehe, erlebe ich den größten Adre-nalinkick seit Langem. Mein Herz rast so schnell, dass ich denke, dass es jeden Moment platzen könnte. Aber langsam. Als ich heute das erste Mal nach dem Urlaub zum Wiegen muss, weiß ich genau, dass ich auf jeden Fall abgenommen hab.

Theoretisch müsste ich 3 Liter trinken, doch das würde mein Ma-gen niemals schaffen. Also ziehe ich mir meine enge Jeans an und einen weiten Pulli und stecke mir vorne in die Hose mein 2-kg-Ge-wicht hinein. Dann fehlt zwar noch 1 kg, aber ich hab ja auch noch Anziehsachen und Schmuck an, dann passt das schon. Während ich mit dem Fahrrad zum Arzt fahre, klappt es mit dem Gewicht in der Hose, doch beim Laufen in die Arztpraxis halte ich meine Hände vor meinen Schritt, um das Gewicht ein bisschen abzustützen. Als ich in die Praxis komme, schreit eine Arzthelferin bereits mit ihrer quieksigen Stimme: »Die Patientin zum Wiegen ist da!«

Kurz darauf kommt eine andere Arzthelferin, eine junge blonde Frau, die dafür zuständig ist, mich zu wiegen. Wir gehen wie immer in den gleichen Raum, mit der immer gleichen Waage. Ich möchte mich gerade auf die Waage stellen, als sie meint: »Könnten Sie sich bitte entkleiden? Der Arzt hat angeordnet, Sie doch in Unterwäsche zu wiegen, weil er immer nicht weiß, wie viel Gewicht er für die Kleidung abziehen soll.«

Oh mein Gott! Was mache ich denn jetzt? Ich kann mich unmög-lich hier jetzt ausziehen, immerhin habe ich ein Gewicht vorne in der Hose stecken. Aber wie rede ich mich jetzt raus?

»Nein. Das finde ich aber nicht in Ordnung. Ich lasse mich heute nicht nur in Unterwäsche wiegen, weil ich finde, das hätte man mir ruhig sagen können beim letzten Mal.«

»Ja, das stimmt schon, aber es ist ja nichts dabei und ich lese das auch jetzt gerade zum ersten Mal, weil der Doktor das hier in den Computer eingetragen hat. Aber das geht doch ganz schnell.«

»Nein, das möchte ich aber nicht. Nächste Woche von mir aus, aber diese Woche noch nicht.«

Na toll, was rede ich eigentlich?

»Mhm, aber was ist denn daran so schlimm? Haben Sie ihre Periode? Ich kann das dann schon verstehen, aber Sie müssen sich nur ausziehen und ich guck auch nicht hin. Sie ziehen sich aus und ich gucke einfach nur auf die Anzeige und dann können Sie sich auch schon wieder anziehen, weil wie gesagt, der Arzt hat das so angeordnet«, versucht sie mich zu überzeugen.

»Nein, wirklich nicht. Ich möchte das heute nicht. Machen Sie es heute noch einmal so und dann ab nächster Woche.«

»Ja, gut, ich kann Sie ja nicht zwingen, aber ich bin ja diejenige, die jetzt für das Wiegen zuständig ist, und ich bekomme dann einen auf den Deckel. Wie gesagt, zwingen kann ich Sie nicht. Dann steigen Sie drauf und ab nächster Woche bitte in Unterwäsche.«

»Alles klar, okay.«

Ich würde mal sagen, da hab ich mehr als Glück gehabt. Gott sei Dank hat sie nicht den Arzt persönlich geholt. Was hätte ich denn dann machen sollen? Die Waageanzeige zeigt jedenfalls 44,2 kg. Das heißt, dass ich die 41-kg-Marke schon erreicht habe. Sofort verabschiede ich mich und laufe im Eilschritt aus der Arztpraxis und begegne auch noch dem Doktor, der gerade aus seinem Zimmer kommt. Vor lauter Panik grüße ich ihn nicht mal, sondern gucke ihn nur starr an und laufe schnell an ihm vorbei, sofort raus zum Fahrrad und nach Hause.

Zu Hause angekommen, habe ich das Gefühl, mein Herz hätte gerade mehrere Elektroschocks hinter sich. Jetzt sitze ich ziemlich tief in der Scheiße. Denn erstens würde ich es niemals schaffen, in einer Woche 2 kg zuzunehmen, geschweige denn 200 g, zweitens will ich auch gar nicht zunehmen und drittens wird es so oder so herauskommen, weil ich nie im Leben über 2 Liter trinken kann. Doch eigentlich bleibt mir nichts anderes übrig.

Eine Woche hab ich ja noch Zeit. Mist. Hätte ich mal ordentlich gegessen. Jetzt kommt bestimmt alles raus. Obwohl. Heute hat die Arzthelferin ja auch gesehen, dass ich abgenommen habe, und sie hat nichts gesagt. Vielleicht ruft der Arzt ja gar nicht die Klinik an. Denn beim letzten Wiegen hatte ich auch schon weniger und es wurde nichts zu mir gesagt. Von wegen, dass die Klinik angerufen wird oder ich zunehmen soll bis zur nächsten Woche. Wenn das der Fall sein würde, hätte ich das größte Glück überhaupt. Eine Woche später an besagtem Arzttermin wache ich morgens bereits schweißgebadet auf. Die Nacht über hab ich sowieso kaum geschlafen, weil ich die ganze Zeit überlegt habe, wie ich mich beim Wiegen noch schwerer machen kann, abgesehen vom Wassertrinken. Meine Gewichte kann ich mir ja schlecht unter die Haut transplantieren. Einen Tag vorher hab ich sogar eine meiner ehemaligen Mitpatientinnen angerufen, die seit zehn Jahren magersüchtig ist, und sie gefragt, ob sie mir nicht helfen kann, oder ob sie irgendwelche Ideen hat, um sich schwerer zu machen, doch sie meinte, das könne sie nicht machen, weil sie mich damit in meiner Krankheit unterstützen würde. Hat sie ja auch recht, ich hätte es, ehrlich gesagt, andersherum auch nicht getan, doch ich hab einfach so Schiss vor heute.

Immerhin bin ich jetzt schon mindestens 3 kg unter dem Erstgewicht. Der Vertrag mit der Klinik ist sowieso schon längst gebrochen, was so viel heißt, dass die Verantwortung wieder voll und ganz bei meinen Eltern liegt, weil ich noch nicht 18 bin. Doch zum Wiegen muss ich ja trotzdem, hinterher ruft der Arzt wirklich meine Mutter an und wenn sie das erfährt, weiß ich nicht, was dann mit mir passiert. Da kommt sie auch schon zwitschernd in mein Zimmer, um mich zu wecken: »Guten Morgen, Schatzi-Mausiiiiieeeee, es ist schon halb elf, jetzt aber mal raus aus den Federn. Musst du heute nicht auch zum Wiegen?«

»Ja, muss ich. Ich dusche mich erst und dann fahr ich hin.«

»Alles klar, aber frühstücken tust du vorher noch und ich setze mich dazu.«

»Oh ja, Mann.«

Langsam stehe ich auf und gehe Richtung Küche. Hab ich schon gesagt, dass ich das Frühstücken meistens am schlimmsten finde? Weil man da noch nicht so einen großen Hunger hat. Ich zumindest. Doch ich kann es ja kaum ändern, wenn meine Mutter dabeisitzt. Jetzt muss ich sehen, was ich mache, und jedes Mal, wenn sie gerade mal nicht guckt oder ans Telefon gehen muss, lasse ich ein bisschen was von meinem Brot im Katzenklo hinter mir verschwinden und der letzte Bissen bleibt unter der Zunge versteckt und wird gleich ins Klo gespült.

»So, fertig. Ich gehe jetzt duschen und fahre dann zum Arzt.«

Ziemlich hastig stehe ich auf, schnappe mir eine leere 0,5-Liter-Wasserflasche und gehe ins Bad. Ich ziehe mich aus, steige unter die Dusche und ziehe den Vorhang so weit wie möglich zu, damit mich keiner sieht mit der Wasserflasche am Mund, wenn jemand reinkommt ins Bad, denn abschließen kann man dummerweise nicht.

Duschen wollte ich zwar so oder so, aber der Hauptgrund ist eher, dass ich so genug Zeit habe, Wasser zu trinken. Denn für eine solche Menge braucht man Zeit. Eigentlich braucht eher der Magen Zeit, um diese Mengen an Wasser zu verkraften. Meine Freundin Sarah aus der ersten Klinik erzählte mir mal, dass sie vorm Wiegen 7 Liter getrunken hatte. Das war so viel, dass ihr Blut so dermaßen verdünnt war, dass sie einen Wasserschock bekam und ins Koma gefallen ist. Aber 7 Liter sind schon heftig. Das würde niemals in meinen Magen passen, der würde platzen, bevor ich überhaupt ins Koma fallen würde. Erst mal fülle ich jetzt die 0,5-Liter-Flasche mit Leitungswasser, denn Leitungswasser ist schwerer als Sprudel und lässt sich einfacher trinken. Ein Liter ist ungefähr ein Kilo.

Theoretisch müsste ich sechs von diesen Flaschen trinken, doch das schaffe ich nie im Leben.

Als ich die dritte leer getrunken habe, also 1,5 Liter, fange ich schon an zu zittern. Mir ist total übel und ich könnte mich jeden Moment übergeben. Doch ich muss weitertrinken. Ich muss einfach. Als ich dann mit der vierten Flasche anfange, zittern meine Hände auf einmal so heftig, dass die Flasche richtig wackelt in meiner Hand. Plötzlich wird mir schwarz vor Augen und schwindelig und ich kann kaum noch stehen in der Dusche und dann muss ich mich übergeben. Nicht viel. Ich erbreche ungefähr eine halbe Flasche Wasser, doch danach ist mir noch viel schlechter als vorher und das Zittern hört gar nicht mehr auf. Jetzt muss ich auch noch das wieder trinken, was ich gerade erbrochen habe.

Was mache ich hier eigentlich? Ich stehe unter der Dusche. Doch das Duschen selber ist nur Nebensache. Ich trinke Wasser, bis ich kotzen muss, und ignoriere, dass mir schwarz wird vor Augen. Wenn ich jetzt in der Dusche umkippe, könnte ich sterben. Dieser Gedanke ist zwar da in meinem Kopf, doch erschrecken tut er mich keinesfalls. Es ist halt so, wie es ist. Also trinke ich tapfer weiter, doch ab der fünften Flasche kann ich einfach nicht mehr. Ich habe das Gefühl, dass ich jeden Moment entweder platzen oder alles wieder erbrechen würde. Das Risiko möchte ich nicht eingehen, mir kommt nämlich jetzt schon ständig fast was hoch. Ich ziehe mich schnell an, föhne mir meine Haare nur halb trocken und stürme fast aus der Wohnung.

»Bin eben beim Arzt. Tschüss.«

Auf dem Fahrrad ist mir so elendig schlecht und hinzu kommt noch die extreme Aufregung, denn ich werde heute viel weniger wiegen als beim letzten Mal. Und wenn dann plötzlich doch die Klinik angerufen wird? Lieber würde ich sterben, als noch mal in die Klinik zu müssen, das ist einfach das Schrecklichste. Ich will doch nicht meine ganze Jugend in der Klapse verbringen. Das kann doch nicht sein. Warum mache ich das eigentlich alles? Nur, um dünn zu sein? Wenn ich wenigstens sehen würde, dass ich dünn bin. Aber nein. Ich faste und faste und ich sehe nicht mal das Resultat, und alle machen sich Sorgen, dass ich jeden Moment umkippen könnte, und ich fühle mich einfach ganz normalgewichtig. Ich kann es nicht nachvollziehen, weil ich denke, dass ich aussehe wie alle anderen auch. Wie alle meine Freundinnen. Das kann doch nicht sein.

Jetzt muss ich erst mal diesen Horrortermin hinter mich bringen. Heute wiegt mich auf einmal eine andere Arzthelferin, die total streng aussieht. Auch das noch. Als ich auf der Waage stehe, schwankt sie zwischen 41,9 und 42 kg. Also atme ich tief ein, sodass sie schließlich Gott sei Dank bei 42 kg stehen bleibt.

»Sie haben schon wieder abgenommen, Frau Blumroth.«

»Mhm, ja«, sage ich nur, ziehe mich an und verlasse die Praxis. Einfach nur weg hier. Einfach nur alles vorbei. 42 kg also. Minus 2,2 kg Wasser. Dann bin ich also schon wieder im 30er-Bereich. Ganz kurz denke ich, dass es eigentlich unverantwortlich von mir ist. Gerade erst aus der Klinik raus und schon wieder starkes Untergewicht. Doch hauptsächlich bin ich einfach wieder nur stolz auf mich. Ich fühle mich wundervoll, endlich wieder unter den 40 kg zu sein. Ich könnte zerbersten vor Stolz, doch erst mal könnte ich jetzt zerbersten vor Fülle. Ich muss so was von stark auf die Toilette, immerhin schleppe ich immer noch über zwei Liter in meiner Blase mit mir herum. Doch wenn ich zu Hause direkt auf die Toilette renne, fällt das bestimmt auf. Also noch ein bisschen aushalten, Hanna.

Dafür, dass ich mich stolz und gut fühle, könnte ich mich jetzt selber schlagen. Meine Familie tut einfach alles dafür, dass ich wieder gesund werde, macht sich von morgens bis abends keine anderen Gedanken als um mich. Meine Oma wälzt seit Monaten nur noch Bücher über Magersucht, um vielleicht in irgendeinem Buch den Knackpunkt zu finden oder irgendeine Lösung, um mir zu helfen, und was mache ich? Ich arbeite einfach nur dagegen. Ich verarsche sie von vorne bis hinten. Ich verarsche den Arzt. Doch am meisten verarsche ich mich selbst. Denn kann es so weitergehen?

Wenn ich jetzt sagen würde: Okay, Hanna, es reicht jetzt. Aber so ist es nicht. Spätestens nächste Woche habe ich wieder 1 kg weniger. Nicht weil ich es plane, unbedingt 1 kg abzunehmen, sondern weil ich einfach Panik vorm Essen habe.

Ich habe Hunger und Appetit und es schmeckt mir immer alles gut, wenn ich etwas essen muss, doch wieso denke ich, dass ich von einem Apfel zunehme? Wieso denke ich das, wenn ich zugleich genau weiß, dass das physisch vollkommen unmöglich ist? Ich weiß es nicht. Ich weiß nichts. Aber eines weiß ich ganz genau. NIE WIEDER KLINIK.

Jeder würde mich jetzt fragen, wenn du doch nie wieder in eine Klinik möchtest, warum tust du dann alles dafür, dass du bald wieder hin musst? An alle, die das denken: Fragt mich was Einfacheres. Fragt mich nach der Relativitätstheorie, fragt mich nach Freuds Persönlichkeitstheorien, fragt mich nach Schillers Werken. All das könnte ich wahrscheinlich besser erklären als diese dumme Krankheit, die schlecht für mich ist und mich trotzdem immer so glücklich macht. Immer diese Gedanken ums Essen. Ich sollte mal lieber nach den Gründen forschen für meine Krankheit oder wie ich mir meine Zukunft vorstelle. So kann doch mein Leben nicht weitergehen.

Wenn ich an die Zukunft denke, denke ich nur an Gewicht. An Abnehmen, Abnehmen, Abnehmen. Dabei denke ich nicht daran, dass ich mir schade. Meine Periode habe ich schon lange nicht mehr. Meine Haare werden immer weniger. Ich friere von morgens bis abends. Meine Haut ist elendig trocken und so weiter. Aber das stört mich alles nicht.

Ein paar Tage später denke ich schon wieder daran, wie ich das mit dem Wiegen regeln kann. Ich kann nie im Leben noch mehr trinken als beim letzten Mal. Also was mache ich? Das überlege ich jetzt schon seit zwei Stunden. Immer wieder nehme ich das Telefon in die Hand und möchte in der Praxis anrufen, doch ich traue mich einfach nicht. Immer wieder übe ich den Text, den ich sagen möchte, denn ich muss so überzeugend wie möglich klingen. Es darf niemand Verdacht schöpfen. Einfach so anrufen, als wollte ich einfach nur mit der Auskunft telefonieren. Also los. Es tutet.

»Praxis Dr. Kleimer, Wecke am Apparat?«

»Ja, hallo, Guten Tag. Hanna-Charlotte Blumroth am Apparat. Ich komme normalerweise einmal wöchentlich zum Wiegen. Ich wollte nur sagen, dass ich nicht mehr zum Wiegen vorbeikommen soll, weil meine Mutter das wieder übernehmen möchte. Wäre nett, wenn Sie dass dem Arzt ausrichten könnten.«

Kurzes Zögern am Ende. Bitte frag nicht nach. Bitte frag nicht nach. Bitte.

»Mhm, ja, okay. Ich weiß nicht. Ja, okay. Ich werde es hier ausrichten.«

»Alles klar, vielen Dank. Tschüss, schönen Tag noch.«

Oh mein Gott. Ich kann es kaum glauben. Sie hat es mir wirklich abgekauft. Jetzt muss ich nur noch hoffen, dass der Arzt nicht auf die Idee kommt, meine Mutter anzurufen.

Wenigstens kann ich bei meiner Therapeutin offen zugeben, dass ich immer noch so große Schwierigkeiten habe mit dem Essen, doch wirklich weiterhelfen tut mir das auch nicht. Seit Kurzem arbeiten wir daran, dass ich wieder ein bisschen besseren Kontakt zu Papa bekomme.

Mit der Therapeutin möchte ich jetzt versuchen, mit ihm zusammen ein vernünftiges Gespräch zu führen und so die Beziehung zumindest ein bisschen zu verbessern. Möchte ich das denn?

Auch irgendwie komisch. Aber vielleicht ist das Gespräch ja auch so, dass ich danach eine klare Meinung habe. Kontakt oder nicht. Ich weiß es nicht.

Als ich dann heute in die besagte Therapiestunde komme, sitzt er bereits auf dem Stuhl. Meine Therapeutin meinte vorher, dass ich offen in das Gespräch gehen soll, ohne direkte Themen, Probleme oder Vorwürfe anzusprechen, sondern, dass jeder dem anderen sagt, was er erwartet und sich vom anderen wünscht. Da ich nicht anfangen möchte, fängt er an und holt einen Brief aus seiner Tasche, in dem er seine Wünsche an mich aufgeschrieben hat.

»Erst mal möchte ich sagen, dass ich mich sehr auf dieses Gespräch gefreut habe und hoffe, dass wir am Ende das Resultat haben, dass wir einen guten Kontakt führen, uns treffen und eine gute Vater-Tochter-Beziehung führen können. Und es ist mir egal, wie viele Sitzungen wir dafür brauchen, ich werde mir immer die Zeit nehmen.«

Während er so seinen Brief vorliest, beziehungsweise die Stichpunkte darauf, finde ich es eigentlich sehr nett, was er sagt, doch es ist so ungewohnt und eigentlich kann ich es kaum aushalten.

Doch ich möchte jetzt versuchen, dieses Gefühl mal beiseitezuschieben und das Gespräch ganz objektiv zu führen: »Mhm, ja okay. Ich denke aber auch, dass man es langsam angehen sollte, weil ich manchmal auch einfach keine Lust auf den Kontakt habe, aber vielleicht ändert sich das ja jetzt. Das Hauptproblem liegt halt darin, dass ich einfach nicht mehr möchte, dass du ständig in meiner Gegenwart über Mama und Oma sprichst. Wenn du mit ihnen ein Problem hast, kann ich das nicht ändern, aber ich möchte das nicht hören.«

Das Gespräch dauert ungefähr eine Stunde und verläuft sehr friedlich und verständnisvoll. Jeder äußert seine Wünsche an den anderen und was ihn stört, und was man von dem anderen wissen möchte. Ich würde schon sagen, dass ich das Gespräch gut fand. Eigentlich habe ich ihn schon sehr lieb. Wahrscheinlich kann ich einfach nur nicht ertragen, wie er und Mama sich immer streiten. Letztendlich schadet das ja nur den Kindern.

Meine Mutter versucht, die Probleme und Konflikte mit meinem Vater so gut wie möglich zu verheimlichen, doch es ist einfach so, dass ich es wissen muss und will. Das macht mich wütend.

Wenn ich jedoch mit dieser Wut in eine Therapiestunde gehe und sage, wie sehr ich mich über diese Streitereien ärgere, heißt es eigentlich immer: »Ja, Hanna, das mag ja alles sein, aber eigentlich dürftest du das gar nicht wissen. Das ist eine Sache zwischen deiner Mutter und deinem Vater. Da müssen die Kinder vollkommen herausgehalten werden und dürfen nichts damit zu tun haben, sodass ihr vorbehaltlos Kontakt zu ihm und ihn lieb haben könnt, denn du bist nicht deine Mutter.«

Na super! Dass ich nicht meine Mutter bin, ist mir schon klar. Doch letztendlich betrifft es in 75 Prozent der Fälle die Kinder und da ich nun mal eines seiner Kinder bin, möchte ich auch wissen, was abgeht. Ist doch verständlich oder nicht? Meine Therapeutin hat zwar eigentlich recht mit dem, was sie sagt, doch in dieser Sache fühle ich mich einfach zu sehr involviert und bin in dieser Hinsicht zu neugierig und dickköpfig.

Fakt ist, dass es womöglich das Beste wäre, gar nichts über den Streit und die Finanzregelungen zu wissen, um einen besseren Kontakt zu pflegen, doch das ist mir in diesem Fall egal, da ich finde, dass ich mit fast 18 Jahren ein Recht darauf habe, zu erfahren, was für Regelungen getroffen werden. Aber macht gerade das den Kontakt mit Papa so schwierig?

Ich weiß einfach nicht, was ich möchte, brauche und fühle.

Was die Therapie angeht, lässt sich sagen, dass sie mir, was meinen Gesprächsbedarf angeht, im Moment schon hilft, doch es ist auch so, dass das Gewicht immer weiter sinkt und somit das Essen wieder zum Hauptproblem geworden ist, und was das angeht, kann sie mir nicht helfen. Ich kann hier zwar mein Herz ausschütten, dass es so gut wie gar nicht funktioniert, doch ändern tut das rein gar nichts. Das Fasten bleibt. Das Schummeln bleibt. Das schlechte Gefühl bleibt. Die Auseinandersetzungen zu Hause über mein Verhalten und meine Figur bleiben. Und die Einzige, die das ändern kann, bin ich selber.

Und trotzdem meldet sich immer wieder meine Magersuchtsstimme zu Wort, die mir sagt: »Hanna, dir geht es gut, wenn du abnimmst. Mach weiter so und es wird dir immer besser gehen. Du wirst die Dünnste sein, am meisten Anerkennung bekommen und du kannst stolz auf dich sein. Warum solltest du daran etwas ändern wollen?«

Auch wenn mir meine gesunde Stimme immer wieder sagt: »Hanna, du musst etwas ändern, sonst landest du wieder in der Klinik. Versuche doch wenigstens, dein Gewicht zu halten, dann muss sich auch deine Familie keine Sorgen mehr machen und kann endlich mal ein normales Leben führen. Das Leben deiner Familie wird doch nur noch von Angst um dich bestimmt. Willst du das? Nein! Das willst du nicht. Guck dich doch mal an. Niemand findet dich noch attraktiv außer dir selbst. Und eine normale Jugendliche bist du schon lange nicht mehr.

Wann warst du denn das letzte Mal richtig feiern? Du kannst doch gar nicht mehr so feiern wie früher. Das Buffet starrst du immer nur an vor Hunger, aber essen tust du trotzdem nichts und die Cola light, an der du auf den Partys nuckelst, macht dich auch nicht satter, geschweige denn lustiger. Früher warst du jedes Wochenende unterwegs und jetzt? Jetzt sitzt du alleine zu Hause und denkst nur an Essen oder Nichtessen. Tolles Leben. Versuche einfach, bei der nächsten Mahlzeit mal normal zu essen, und es beizubehalten. Halte es bei und halte dein Gewicht.«

So oft höre ich diese Stimmen. Das Blöde ist nur, dass meine gesunde Stimme zwar da ist, doch sobald die nächste Mahlzeit ansteht, ist sie plötzlich weg. Und wieder wird diese Mahlzeit zur Quälerei, aus Panik vorm Zunehmen, schlechtem Gewissen, dem Bedürfnis zu schummeln und Essen verschwinden zu lassen und den Streitereien, die durch die Sorge der Familie entstehen. Es macht mich jedes Mal fertig und am liebsten würde ich mich nur entschuldigen, nachdem ich wieder alle angeschrien habe, sie sollten mich in Ruhe lassen. Doch ändern tu ich trotzdem nichts. Weil ich es einfach nicht kann.

Es ist gut, dass ich dafür meine Therapeutin habe, dass ich ihr sagen kann, wie miserabel es läuft. Das hilft einem wenigstens für diese 50 Minuten Therapiezeit. Heute ist wieder so ein Tag. Es ist

Freitag, ich habe erst um 14 Uhr Schule und um zwölf eine Therapiestunde. Ich erzähle mal wieder, dass es so viel Streit zu Hause gibt
wegen mir, weil meine Mutter merkt, dass ich abnehme und wieder
dem alten Muster verfallen bin. Doch diesmal ist es anders als sonst.
Sie stimmt mir zu und meint: »Man sieht auch ganz deutlich, dass
Sie wieder abgenommen haben. Sie wiegen doch nie im Leben noch
über 40 kg. Sagen Sie ehrlich, wie viel wiegen Sie noch?«

»39,5 kg«, sage ich. Und selbst das ist gelogen, denn die 38-kg-
Marke hab ich schon erreicht. Plötzlich schüttelt meine Therapeutin
fassungslos den Kopf, steht auf und meint in kaltem Ton: »Tut mir
leid, aber ich möchte Sie bitten, dass Sie sofort meine Praxis verlassen. Wenn ich das gewusst hätte. Warum hat mich denn der Arzt
nicht längst angerufen? Wenn Ihnen jetzt etwas passiert, bin ich
meine Lizenz los. Ich darf Sie schon lange nicht mehr therapieren.
Bitte gehen Sie jetzt.«

Ich sitze einfach nur erstarrt auf der Couch und weiß gar nicht,
was ich sagen soll. Dann stehe ich langsam auf, nehme meine Sachen und schüttele meiner Therapeutin die Hand, während sie mir
sagt: »Hanna, Sie müssen auf jeden Fall wieder in die Klinik. Ich
werde sofort Ihre Mutter anrufen und ihr sagen, dass ich die Therapie beenden musste. Weiß sie von Ihrem momentanen Gewicht?«

»Ähm, ich glaube schon. Aber ich kann ihr auch selbst sagen,
dass die Therapie beendet wurde.«

Als ich draußen auf der Straße stehe und mein Fahrrad aufschließe, würde ich am liebsten heulen. Ich bin gerade mal zwei Monate
raus aus der Klinik und mein Leben ist schon wieder total im Arsch.
Der Vertrag mit der Klinik ist gebrochen, ich gehe nicht mehr zum
Wiegen, meine Mutter droht mir immer wieder, mich einzuweisen,
und meine Therapeutin beendet die Therapie aufgrund eines zu
niedrigen BMIs. Ich kann es kaum glauben. Was soll ich denn jetzt
machen? Einfach in die Schule fahren und so tun, als wäre nichts
gewesen? Erst mal fahre ich jetzt nach Hause und rufe meine Mutter
an, bevor meine Therapeutin es tut. Eigentlich möchte ich versu-

chen, ernst zu klingen, doch am Telefon muss ich sofort anfangen zu weinen: »Mama, es ist was passiert. Frau Heide hat die Therapie heute beendet, weil mein BMI zu niedrig ist.«

»Ja, ich weiß, sie hat mich gerade angerufen. Versuch jetzt erst mal, ruhig zu bleiben. Ich bin ja heute Gott sei Dank schon gegen drei zu Hause, dann reden wir darüber.«

Oh mein Gott, denke ich nur. Sie darf mich auf keinen Fall in die Klinik bringen. Das überlebe ich nicht. Was soll ich jetzt machen? In die Schule fahren? Ehrlich gesagt, bleibt mir nichts anderes übrig. Zu Hause ist noch niemand. Also fahre ich zur Schule und versuche, klar zu denken. Doch ich hab solche Panik vor der Reaktion meiner Mutter, dass das gar nicht möglich ist.

Zu Hause angekommen, ist Mama bereits da. Als ich zur Tür hereinkomme, habe ich schon Tränen in den Augen und falle ihr in die Arme. Doch sie ist nicht sauer auf mich. Eher ist sie total sauer auf den Arzt, dass er sie nicht schon längst angerufen hat oder wenigstens meine Therapeutin. Doch von dem Arzt kam noch nichts. Obwohl meine Mutter, wie ich gerade erfahre, schon mehrmals in der Praxis angerufen und um Rückruf gebeten hat.

»Hanna, so kann das doch nicht weitergehen. Du müsstest schon längst wieder in der Klinik sein, aber der Vertrag ist schon gebrochen, das heißt, die Verantwortung liegt jetzt wieder bei mir und ich kann diese Verantwortung nicht auf mich nehmen. Ich hab jetzt erst mal einen Termin bei einem Hausarzt gemacht. Der soll dich am Montag untersuchen und dir Blut abnehmen, um zu schauen, ob wenigstens organisch beziehungsweise physisch noch alles in Ordnung ist. Anschließend möchte er auch noch ein Gespräch mit dir führen und dann schauen wir weiter. Aber so kann es nicht weitergehen, Hanna. Und das weißt du auch ganz genau.«

Ein paar Tage später sitze ich mit meiner Mutter im Auto, um in eine andere Arztpraxis zu fahren. Mittlerweile hasse ich Ärzte. Ich kann sie nicht mehr sehen. Auch wenn sie mir nur helfen wollen, bin ich es einfach leid, immer in diesen blöden Praxen zu sitzen und mich ständig untersuchen zu lassen. Es sagen eh alle das Gleiche. Viel zu dünn. Lebensgefährlich. Klinik. Und heute ist es fast nichts anderes, nur dass der Arzt es mir nicht direkt sagt. Ich erfahre es hinterher von meiner Mutter: »Hanna. Auch der Doktor sagt, dass du sofort in die Klinik musst. Deine Organe und deine Blutwerte sind zwar NOCH in Ordnung, aber dein Gewicht ist nicht zu verantworten.«

»Der weiß doch überhaupt nicht, wie viel ich wiege, also kann er das doch überhaupt nicht wissen.«

»Er meinte, es hat ihm gereicht, dich zu sehen. Außerdem hat er dich ja auch untersucht. Du hast keinerlei Muskelmasse mehr, von Fettdepots ganz zu schweigen.«

»Ich gehe nicht wieder in eine Klinik. Das ist klar. PUNKT.«

»Ja aber Hanna! Du schaffst es nicht alleine. Im Sommerurlaub hab ich dir schon die Chance gegeben, selber zuzunehmen. Danach hab ich sogar gesagt, dass du wenigstens versuchen sollst, dein Gewicht zu halten. Und jetzt wiegst du schon wieder nur noch 38 kg, wenn überhaupt. Als du das erste Mal in die Klinik gekommen bist, waren es 37,7 kg. Das heißt, dass du wieder genau dort stehst wie beim ersten Mal, und da hatte ich schon Todesängste um dich. Was sollte ich denn deiner Meinung nach tun? Zusehen, wie mein Kind neben mir verhungert? Wenn eines meiner Kinder stirbt, ist mein Leben auch vorbei. Und das Leben von Oma gleich dazu, denn die kann noch einen Tod von einem Kind beziehungsweise Enkelkind nicht verkraften. Hanna. Warum tust du dir das an? Warum nur? Hab ich irgendetwas falsch gemacht? Du kannst mir das immer sagen. Du darfst mich anschreien, wenn dich was an mir stört. Du darfst mir alles an den Kopf werfen, was du willst. Ich erfülle dir jeden Wunsch, du musst es mir doch sagen. Wenn ich dir zu anhänglich bin, dann lass ich das. Oder wenn du mehr mit mir machen willst, machen wir das auch. Ich fahr mit dir zusammen in den Urlaub, wann du willst und wohin du willst. Ich tue alles für dich, aber bitte, bitte werde endlich wieder gesund. Ich möchte meine alte Hanna wiederhaben. Ich kann verstehen, dass du nicht wieder in die Klinik möchtest. Mein Herz möchte das auch nicht. Es ist das Schlimmste für eine Mutter, von ihrem Kind getrennt zu sein. Aber mein Kopf weiß, dass du das sonst nicht schaffen kannst. Und sieh es doch mal so, wenn du jetzt wieder in die Klinik kommst, kannst du dort weiterarbeiten, wo du bei deinem letzten Aufenthalt aufgehört hast.«

»NEIN, MANN!!! ICH GEH NICHT WIEDER IN EINE VERFICKTE KLINIK!«

9. KAPITEL

Lieber tot als Klinik

September bis Oktober 2009

Am Dienstag der darauf folgenden Woche kommt meine Mutter morgens ins Zimmer und sagt: »Ich bin es. Du kannst noch ein bisschen liegen bleiben. Gegen halb elf möchte ich losfahren zur Klinik.«

»Nö, ich geh in die Schule.«

»Du gehst ganz bestimmt nicht in die Schule. Hanna, jetzt lass es doch sein, es bringt doch nichts, was du machst. Ich bringe dich dorthin und fertig. Denkst du, ich mache das gerne? Ich würde auch lieber zur Arbeit fahren, als meine eigene Tochter ins Krankenhaus zu bringen.«

»Das ist mir doch scheißegal, was du lieber machen würdest. Ich geh jetzt in die Schule. Und wenn ich nur die ersten zwei Stunden gehe. Aber ich gehe.«

»Hanna, das bringt doch nichts. Du wirst so oder so den Stoff verpassen, da musst du jetzt ganz bestimmt nicht für zwei Stunden in die Schule gehen.«

»Und wenn ich nur für fünf Minuten in die Schule fahre. Was ich muss und was nicht, das kann ich ja wohl noch selber entscheiden.«

»Nein, Hanna, gerade das kannst du nämlich nicht mehr. Du weißt nicht, was du musst. Weil du krank bist.«

Und plötzlich platzt ihr der Kragen und sie flippt aus mit einer Mischung aus Trauer, Enttäuschung und Wut.

»Du bist krank. Verdammt noch mal! Und du bleibst jetzt gefälligst hier, bis wir losfahren. Schämst du dich eigentlich gar nicht, mir das anzutun? Ich setze sogar meinen Job aufs Spiel, damit ich dich wenigstens persönlich hinbringen kann, und du willst in die Schule gehen? Willst du mich eigentlich komplett verarschen???

Und ich diskutier jetzt auch nicht weiter. Wir fahren gleich los und fertig. Ich mach das hier nicht mehr mit, sonst schmeiße ich mich noch vor den Zug. Verdammte Scheiße noch mal!«

Ich kann es kaum mit ansehen, wie verzweifelt sie ist, doch einfach in den Arm nehmen kann ich sie nicht. Dafür bin ich viel zu erstarrt. Der Gedanke an die Klinik macht mich einfach immer zu einem komplett anderen Menschen. Sofort steigt die Panik in mir hoch und jeder, der mir zu nahe tritt, ist schuld an allem und wird angeschrien.

Ob ich mich schäme? Natürlich schäme ich mich. Ich fühle fast den ganzen Tag nichts anderes als Scham. Scham und ein schlechtes Gewissen, darüber, wie ich die Chancen und Hilfen meiner Familie immer wieder mit Füßen trete. Das schlechte Gewissen ist so oder so mein ständiger Begleiter. Es ist mein zweites Ich. Wenn ich esse, hab ich es, weil ich denke, dass es unnötig war und ich nicht essen darf. Doch wenn ich nicht esse, ist es genauso da, weil ich dann wieder an die Sorgen meiner Familie und Freunde denke, für die es immer wieder wie ein Geschenk ist, mich mal essen zu sehen. Also frage ich mich immer wieder, was meine Gedanken um alles eigentlich bringen. Egal was ich mache. Ich fühle mich schlecht. Entweder es ist ein schlechtes Gefühl im Herzen oder ein schlechtes Gefühl im Kopf. Und am liebsten würde ich jetzt einfach zu meiner Mutter sagen: »Doch, Mama! Ich schäme mich. Und du kannst dir gar nicht vorstellen, wie sehr ich mich schäme.«

Doch feige, wie ich bin, sage ich gar nichts, sondern diskutiere und meckere weiter, dass sie machen kann, was sie will. Sie bekommt mich in keine Klinik mehr. Dass sie dann anfängt zu weinen und Oma anruft, dass sie ihr doch bitte helfen soll, macht die Sache noch um einiges beschämender. Doch auch zu Oma bin ich nicht anders, bis sie so was von ausflippt, wie ich es noch nie erlebt habe: »Wenn du wüsstest, was du uns allen antust, würdest du dir wünschen, sofort wieder gesund zu sein! Aber du willlst nicht gesund sein! Du bist kränker als vorher!

Du weißt nicht mehr, was du tust. Mit uns und mit dir. Du stehst neben dir. Vielleicht bist du sogar schizophren, denn das ist nicht die Hanna, die ich kenne. Das bist du nicht!«

So hab ich meine Oma noch nie erlebt. Das erschreckt mich sehr, doch obwohl ich Tränen in den Augen habe, kann ich meine wahren Gefühle trotzdem nicht zeigen. Meine Mutter hat sich inzwischen heulend ins Bad zurückgezogen und meine Oma sitzt kopfschüttelnd und wutentbrannt vor mir. Ich habe mich mittlerweile angezogen und geschminkt und würde am liebsten nur schreien und heulen und um mich schlagen. Als meine Oma dann aufsteht, um in die Küche zu gehen, kommt auch meine Mutter wieder zu mir, um mir zu sagen, dass sie in zehn Minuten gerne losfahren möchte und dass es ihr auch unendlich leidtut.

In ihren Augen kann ich die pure Verzweiflung und Traurigkeit sehen, doch mein Entschluss steht fest. Ich gehe nicht in die Klinik. Egal wie.

»Zieh dich bitte schon mal an. Ich gehe noch mal auf die Toilette und dann fahren wir langsam los.«

»Mhm.«

Ich nehme meine Tasche und packe mein Handy ein, mein Ladegerät, 500 Euro und verabschiede mich so schnell wie möglich bei meiner Oma, die mir für meine Entscheidung, doch zu gehen, dankt und sich schon wieder überschwänglich für ihr Verhalten vor zehn Minuten entschuldigt, auch wenn sie eigentlich völlig recht damit hatte.

Doch trotzdem bleibe ich hart und unfreundlich zu ihr und umarme sie nur kurz, was mir so leidtut, dass es mir fast das Herz zerreißt. Doch es geht gerade nicht anders.

»Ich setze mich schon mal ins Auto«, sage ich und gehe raus mit meiner Tasche. Doch ich setze mich nicht ins Auto. Sobald ich aus der Haustür bin, fange ich an zu rennen. Ich renne einfach nur los, ohne einen blassen Schimmer zu haben, wohin ich eigentlich rennen soll. Doch ehrlich gesagt, ist es mir egal. Hauptsache weg. Weit weg von der Klinik. Weit weg vom Auto. Weit weg von Mama und Oma.

Ich komme mir vor wie in einem ganz schlechten Film. Was mache ich hier eigentlich? Das Einzige, was ich habe, ist das, was ich trage, mein Handy und mein Geld. Wir haben halb elf. Den Tag kann ich wohl so verbringen. Aber soll ich auf der Straße schlafen?

Auch das ist mir egal. Ich würde sogar in der Kanalisation schlafen, wenn mich das vor der Klinik bewahren würde. Eigentlich müsste ich mein Handy ausschalten, denn wenn meine Mutter die Polizei ruft, kann man mich sofort orten. Doch das kann ich nicht machen. Auch wenn ich weggelaufen bin, was schon schlimm genug ist, mein Handy auszuschalten und somit komplett unerreichbar zu sein, kann ich meiner Mutter nicht auch noch antun.

Ich renne und renne durch meine halbe Stadt und weiß nach einiger Zeit nicht mehr, wo ich mich überhaupt befinde. Ich bin in einer ganz komischen Gegend gelandet, in der ich eigentlich nicht sein sollte, doch das ist immer noch besser als die Klinik.

Da klingelt auch schon mein Handy und die panische Stimme meiner Mutter fragt: »Hanna, mein Kind, wo bist du?«

»Weg!«

»Wo weg? Sag mir, wo du bist, verdammt noch mal! Hanna, das kannst du doch nicht machen. Bitte. Bitte, Hanna. Komm nach Hause. Bitte, Hanna. Tu mir das nicht an. Sag mir, wo du bist.«

»Nein!!! Ich komm nicht nach Hause und ich sag dir auch nicht, wo ich bin. Ich bleib weg. Und ich gehe auch in keine verpisste Klinik mehr. Nie mehr. Eher sterbe ich.«

Sofort lege ich wieder auf und fange vor lauter Scham an zu weinen. Hab ich das gerade wirklich gesagt zu meiner Mutter? Was tu ich ihr bloß an? Das ist nie wieder gutzumachen. Ihre Tochter läuft weg, keiner weiß, wo sie ist, und am Telefon schreit sie, lieber sterben zu wollen, als wieder in eine Klinik zu gehen. Was ich hier tue, ist meiner Familie gegenüber unverantwortlich und nie wieder in meinem ganzen Leben zu entschuldigen. Doch ich handele aus Panik, denn wieder von meiner Familie getrennt zu werden, ist der schrecklichste Gedanke, den ich kenne. Da klingelt schon wieder mein Telefon. Wieder ist meine Mutter dran und weil sie so stark weint, kann ich sie kaum verstehen: »Hanna, ich sitze jetzt im Auto. Bitte, tu dir nichts an. Sag mir, wo du bist. Bitte. Du musst nicht wieder in die Klinik. Bitte. Ich hol dich jetzt da ab, wo du bist und dann setzen wir uns zusammen und suchen nach einer Lösung. Bitte, tu mir das nicht an. Und bitte tu dir nichts an.«

»Ich sag dir bestimmt nicht, wo ich bin. Das sagst du nämlich jetzt nur so, damit ich nach Hause komme, aber darauf falle ich bestimmt nicht rein.«

Wieder lege ich auf. Ich überlege die ganze Zeit, mein Handy auszuschalten, damit man mich nicht orten kann oder so, doch trotzdem lasse ich es an, weil ich in irgendeiner Weise noch erreichbar sein möchte. Und wieder blinkt mein Handy auf, doch diesmal sind Katharina, Dagmar, Jennifer und Anka am Telefon. Ich hör nur Dagmar schreien: »HANNA. WO BIST DU? Bitte, sag uns, wo du bist, wir kommen dann zu dir. Wir hatten gerade Sport, sind aber jetzt losgefahren, um dich zu suchen, deine Mutter hat uns angerufen, ob du bei uns bist. Hanna, was machst du denn bloß? Erzähl, wir kommen vorbei, wir bringen dich auch nicht nach Hause oder verraten es, wir wollen nur mit dir reden.«

»Ich kann es euch nicht sagen«, heule ich ins Telefon.

»Ich will nicht wieder in die Klinik. Meine Mutter will mich in die Klinik bringen. Aber das kann ich nicht. Das will ich nicht.«

»Ja, Hanna, das wissen wir, du musst auch nicht in die Klinik. Wir wollen nur wissen, wo du bist, wir machen uns alle Sorgen. Bitte.«

»Ich bin am Autohaus in der Nähe vom Bahnhof auf so einem Spielplatz. Ich weiß es nicht genau.«

Kurze Zeit später höre ich die Stimmen meiner Freundinnen. Sie kommen angerannt und nehmen mich in die Arme und fragen, warum ich so einen Blödsinn mache. Ich schaffe es gar nicht, normale Sätze zustande zu bringen, ich heule einfach nur die ganze Zeit und zwischendurch ruft immer wieder meine Mutter an. Mittlerweile bin ich so fertig, dass ich eigentlich nur noch in ihre Arme möchte.

»Hanna. Bitte komm nach Hause. Ich sterbe vor Sorge. Ich bring dich nicht in die Klinik. Aber bitte komm nach Hause. Bring deine Freundinnen mit und dann suchen wir gemeinsam nach einer Lösung.«

Ich gehe mit zu Jennifers Auto und wir quetschen uns zu fünft in ihren »Smart For Four«. Als wir dann an einer Ampel sogar noch hinter einem Polizeiauto stehen und Anka versucht, sich hinter dem Sitz zu verstecken, kann ich schon wieder ein bisschen lächeln.

Zu Hause angekommen, falle ich Mama erst mal in die Arme und wir beide weinen nur, ohne etwas zu sagen. Danach sitzen die Mädels, die mich abgeholt haben, inklusive Janine und Evelin mit meiner Mutter und meiner Oma auf dem Sofa und überlegen, was zu tun ist. Am Ende muss ich allen versprechen, etwas zu verändern und zuzunehmen, damit ich nicht in die Klinik komme. Außerdem soll ich ein- bis zweimal am Tag Fresubin trinken. Anschließend fährt meine Oma los und besorgt für alle Hähnchen, das wir zusammen am Tisch verspeisen.

Als wir fertig sind, fahren einige wieder in die Schule, weil sie noch Unterricht haben.

Hätte ich eigentlich auch, doch ich sehe so verheult aus, dass ich heute lieber nicht mehr auf die Straße gehen sollte. Doch ich bin glücklich. Glücklich und gewillt, endlich etwas zu verändern.

Zwei Tage später habe ich wieder einen Termin bei meinem neuen Hausarzt, weil er gerne mein Gewicht regelmäßig überprüfen und danach kurze Gespräche mit mir führen möchte. Als der erste Wiegetermin naht, bekomme ich schon wieder Panik, denn was ist, wenn er sagt, das Gewicht ist so niedrig, dass er mich zwangseinweisen muss? Dann können ich, meine Mutter und meine Freundinnen noch so viel sagen. Der Arzt hat die letzte Autorität. Also trinke ich vor lauter Angst einfach, um mich wenigstens ein bisschen zu beruhigen, einen halben Liter Wasser. Als ich dann bei ihm auf der Waage stehe, zeigt sie 37 kg an. Anschließend druckt er mir einen Essensplan mit einer Kalorienmenge von 1200 Kalorien aus.

»Du musst dich nicht strikt an diesen Plan halten, aber er soll dir eine Hilfe sein, damit du ungefähr weißt, wie viel du zu dir nehmen musst am Tag. Ich habe auch mit dem Arzt der Klinik gesprochen, der hat mir gesagt, dass du dort 700 bis 1000 g pro Woche zunehmen müsstest. Das halte ich persönlich für dich alleine zu Hause zu viel. Deswegen kommst du ein Mal in der Woche zum Wiegen und zu einem anschließenden Gespräch zu mir und wir machen jetzt einen Vertrag, dass du in der Woche 300 g zunimmst, ohne Wenn und Aber. Okay?«

»Jap, alles klar, das ist okay«, sage ich und rechne bereits aus, wie viel Kilo das wären bis zu meinem 18. Geburtstag, nach dem ich dann selber entscheiden kann, ob ich zum Arzt gehe oder nicht.

Als ich in der Woche darauf wieder zum Wiegen komme, trinke ich den halben Liter von der Woche davor, plus noch mal einen halben Liter, denn 300 ml würden nicht ausreichen, da ich schon wieder ein bisschen abgenommen habe. Ich könnte mich in Grund und Boden schämen, dafür, dass ich die größte Chance meines Lebens bekommen habe und es schon wieder nicht hinbekomme.

Beim Arzt erfahre ich dann, dass ich in der nächsten Woche nicht zum Wiegen kommen muss, weil er auf einer Fortbildung ist. Man kann sich gar nicht vorstellen, wie sehr ich mich darüber freue. Das hat letztendlich zur Folge, dass ich das Fresubin, das ich eigentlich trinken soll, wegschütte und noch weniger esse als vorher. Nicht aus dem Grund, weil ich abnehmen möchte, sondern weil ich ernsthaft denke, dass das Abendbrot für meinen täglichen Bedarf vollkommen ausreicht und ich dadurch bestimmt sofort zunehme.

Wenn ich dann allerdings auf die Waage steige, zeigt sie immer weniger an. Einerseits bin ich dann verwundert, weil ich denke, dass ich doch so dermaßen viel gegessen habe (sagt zumindest meine kranke Seite), dass ich eigentlich zunehmen müsste. Trotzdem bin ich nicht nur verwundert, sondern auch wieder extrem stolz auf mich.

Allerdings versucht dann meine gesunde Seite, mich davon zu überzeugen, dass ich endlich mal anfangen muss, WIRKLICH zu essen. Und zwar so viel, dass es reicht, um wenigstens 300 g zuzunehmen und nicht 300 g abzunehmen. Jedes Mal, wenn ich dann am Tisch sitze, sage ich mir: Hanna, du darfst dir jetzt was erlauben.

Denk daran, du MUSST zunehmen. Und wenn du nur dein Gewicht erst mal hältst, das würde schon mal reichen fürs Erste.

So sitze ich dann am Abendbrottisch und weiß, dass ich jetzt eigentlich den ganzen Tisch leer putzen dürfte, weil ich erstens den ganzen Tag noch nichts gegessen habe und zweitens sowieso noch 1 kg zunehmen muss, um das Wasser wieder aufzuholen. Doch dann esse ich einen Esslöffel Müsli mit gefrorenen Himbeeren und Wasser. Keine Milch. Und denke, dass das an Essen für den ganzen Tag ausreicht und ich damit bestimmt auch die 300 g zunehme.

Die Waage am nächsten Tag zeigt dann allerdings wieder etwas anderes. Und so geht das jeden Tag aufs Neue los. Und jeden Tag kommt die Panik hinzu, dass ich womöglich zu viel esse und sogar noch mehr als 300 g zunehme. Hinterher ist es aber so, dass ich einen Tag vorm nächsten Wiegetermin auf der Waage stehe und 34,7 kg wiege am Morgen und 35 kg am Abend. Da ich nie im Leben wieder so viel trinken möchte, denke ich die ganze Zeit über eine neue Strategie nach, was ich jetzt am besten tun kann. Und mir kommt da auch schon eine Idee. Ich muss nur ein bisschen mein schauspielerisches Talent einsetzen.

Also erzähle ich, als ich am üblichen Montagabend vor dem Arzt sitze, Folgendes: »Ja also, es tut mir leid, aber es war so, dass ich beim letzten Mal, als ich zum Wiegen hier war, Angst hatte, dass Sie mich sofort einweisen würden, wenn Sie mein wahres Gewicht erfahren. Deshalb habe ich beim ersten Mal Wiegen Wasser getrunken, um mich schwerer zu machen, weil ich dachte, dass Sie das Gewicht dann nicht ganz so doll erschreckt. Aber als wir dann den Vertrag geschrieben haben, mit den 300 g pro Woche ohne Wenn und Aber, kam ich mir dann auch irgendwie total schlecht vor. Deswegen wollte ich heut auch vorm Wiegen erst mit Ihnen darüber sprechen, beziehungsweise Ihnen beichten, dass ich geschummelt habe, und Sie sozusagen nach einem Neustart fragen. Dass sie mich heute wiegen, mein echtes Gewicht haben und ich ohne Wenn und Aber 300 g zunehme in der Woche.«

Ich habe niemals im Leben vor, diese 300 g zuzunehmen in der Woche. Ich habe es so geplant, dass ich einfach jede Woche so viel trinke, dass es genau 300 g sind. Bis zu meinem 18. Geburtstag in zehn Wochen wären das also 3 kg beziehungsweise 3 Liter. Und sobald ich 18 bin, werde ich gar nicht mehr zum Arzt gehen. Denn dann darf ich nämlich endlich selber entscheiden. Die Frage ist nur, ob er sich überhaupt darauf einlässt. Denn 35 kg sind für einen Arzt mehr als zu wenig bei einer Größe von 1,62 m. Ich fühle mich so mies, weil ich meinen Arzt sehr mag.

»Ja also, Hanna, was soll ich denn jetzt dazu sagen. Ich bin sehr enttäuscht und ehrlich gesagt, kann ich das auch nicht durchgehen lassen. Das ist jetzt drei Wochen her und in diesen drei Wochen hättest du wenigstens schon mal ein bisschen zunehmen können. Und wir haben einen Vertrag geschlossen, an den du dich eigentlich zu halten hast. Und ehrlich gesagt, wer sagt mir denn, dass du nicht jede weitere Woche wiederkommst und irgendetwas erzählst. Na ja, jetzt wiegen wir dich erst mal und dann sehen wir weiter.«

Als ich dann kurze Zeit später auf der Waage stehe, zeigt sie gerade noch so 35 kg an.

Der Blick meines Arztes spricht Bände.

»Hanna, so geht das nicht, 35 kg, das kann ich einfach nicht mehr verantworten. Als dein Arzt habe ich die Verantwortung für dich, auch wenn du noch nicht 18 bist, aber da ihr zu mir gekommen seid und ich von deinem Gewicht weiß, sitze ich mit euch zusammen in einem Boot. Wir werden mal weiter sehen, was wir machen, aber eigentlich … Mal schauen. Eigentlich … Eigentlich ist das echt nicht in Ordnung. Ich rufe erst mal deine Mutter die nächsten Tage an und dann sehen wir weiter.«

»Also dann bis nächsten Montag?«

»Ja, auf jeden Fall.«

Einige Tage später kommt meine Mutter auf mich zu mit einem ziemlich bedrückten und traurigen Gesicht. Sie meint, dass ich ihr ins Bad folgen solle, da sie mit mir reden möchte.

»Hanna. So geht das nicht weiter. Du schaffst das nicht alleine, du bist in dieser Krankheit drin. Das geht einfach nicht und ich kann das auch nicht verantworten und der Doktor auch nicht.«

»ICH GEH NICHT IN DIE KLINIK«, fange ich an zu schreien und gleichzeitig schießen mir die Tränen in die Augen. Ich weine so bitterlich, dass meine Mutter mich regelrecht umklammern muss.

»Hanna. Sei doch vernünftig. Was sollte ich deiner Meinung nach tun. Selbst wenn ich sagen würde, du gehst nicht in die Klinik, was ich bei dem Gewicht, das du mittlerweile hast, noch nicht mal denken dürfte, aber wenn ich das sagen würde, dann komme ich in den Knast, oder mir wird das Sorgerecht entzogen. Und dann entscheiden nur noch Fremde über dich und dann musst du so oder so in eine Klinik mit einem richterlichen Beschluss, per Zwangseinweisung. Und dann kommst du nicht in die Klinik, die du kennst, dann kommst du hier in Hamm in die Psychiatrie. Da ist nicht mehr viel mit Klinik aussuchen. Am Freitag wollte der Doktor kommen und alles Weitere besprechen, wie er das sieht und was er vorhat und wie es weitergehen soll.«

Ich kann gar nicht mehr viel sagen. Ich heule nur noch und versuche, ein kleines Fünkchen Hoffnung zu behalten. Vielleicht muss ich ja doch nicht in die Klinik?

Dieser Gedanke ist so abwegig! Und trotzdem versuche ich, mir die ganze Zeit diesen Gedanken einzureden, sonst würde ich komplett zusammenklappen. Die Tage bis zum kommenden Freitag vergehen viel zu schnell, doch da ich an diesen Tagen auch keine Schule habe, weil Ferien sind, habe ich das Gefühl, jeden Tag so wunderschön wie möglich gestalten zu müssen, was dadurch, dass ich ganz viel mit der Familie mache, eigentlich auch sehr gut gelingt. Und immer wieder versuche ich zu denken: Es wird alles gut. Du musst schon nicht in die Klinik. Was würde ich bloß tun, wenn ich wieder in die Klinik muss? Gar nicht dran denken, Hanna. Einfach nicht daran denken. Du gehst nicht und fertig. Lieber würde ich sterben, als noch einmal in die Klinik zu müssen.

10. KAPITEL

Letzte Konsequenz: Sonde

Oktober bis Dezember 2009

Es ist Freitag. Noch eine halbe Stunde Zeit, bis der Arzt kommt. Bis der Arzt kommt. Wie sich das anhört. Das klingt schon nach Psychiatrie und nach Zwangsjacke. Ich hatte schon lange nicht mehr so eine panische Angst vor einem Arztbesuch, aber diesmal kommt er auch zu uns.

Es klingelt und kurze Zeit später sitzen der Arzt, Mama, Matthias und ich am Tisch. Zuerst wird über belanglose Dinge geredet, doch selbst so geht es mir viel zu schnell zum eigentlichen Thema über.

»Ja, Hanna«, sagt er. »Also, so geht das nicht weiter. Ich als dein Arzt kann die Verantwortung keineswegs mehr übernehmen, dafür ist dein Gewicht zu niedrig. Deine Mutter meint, dass sie einen Termin in der euch bereits bekannten Klinik gemacht hat, für übernächste Woche Dienstag. Das ist aber zu lange, das sind noch fast zwei Wochen. Also habe ich überlegt, dich am Montag abzuholen und ins Krankenhaus auf die Innere zu bringen und die sollen dann entscheiden, ob du an die Sonde oder an den Tropf musst, oder ob es noch so geht. Aber ich möchte die Verantwortung bis dahin nicht mehr übernehmen und deine Eltern dürfen das auch nicht.«

»Das ist ja toll, aber ich werde ganz bestimmt nicht mitkommen am Montag.«

»Das ist mir eigentlich egal, dann ruf ich eben das Ordnungsamt an und dann rücken die hier mit der Polizei an und nehmen dich mit, da kannst du dann nicht mehr viel machen.«

»Dann bin ich halt nicht da, wenn die kommen, mir doch scheißegal. Ich geh da ganz bestimmt nicht hin.«

»Wo bist du denn dann am Montag, wenn ich komme?«

Ohne lange zu überlegen, rede ich schon drauflos: »Wo ich dann bin? Auf den Bahngleisen bin ich dann.«

Plötzlich geht alles ganz schnell. Mein Arzt steht auf und packt mich am Arm.

»Tut mir leid, Hanna, aber das war eine klare Suizidandrohung und ich als Arzt darf das ganz bestimmt nicht ignorieren. Jetzt muss ich dich sofort mitnehmen.«

Ich weiß gar nicht, wie mir geschieht. Er hält mich so fest an den Armen und reißt mich Richtung Haustür. Ich werde so was von aggressiv, weil ich gerade alles möchte, nur nicht ins Krankenhaus. Also schlage und trete ich um mich und schreie, um noch irgendetwas ändern zu können, doch ich mache damit alles nur noch schlimmer, sodass sogar Matthias eingreifen muss und es zwei Männer braucht, um mich ins Auto zu tragen.

Meine Mutter läuft nur roboterartig hinterher und kann es kaum fassen, was da gerade mit ihrer Tochter passiert. Sie fängt an zu weinen, während ich noch damit beschäftigt bin, meinen Arzt zu kratzen und zu beißen. Kurz habe ich sogar das Bedürfnis, Matthias an den Haaren zu ziehen, doch das bringe ich nicht übers Herz, da er bestimmt auch alles lieber machen würde, als die Tochter seiner Ehefrau ins Auto zerren zu müssen. Und so lande ich an einem Freitagabend um acht Uhr in der Kinder- und Jugendpsychiatrie als Notfall. Bis ich erst einmal aufgenommen bin, vergehen noch einmal zwei Stunden, und da ich ja nach Aussage meines Arztes sehr suizidgefährdet bin, lande ich im Kriseninterventionsraum, in dem nur eine Matratze liegt und die Tür immer geöffnet bleiben muss.

Meine Mutter ist so fertig wie schon lange nicht mehr. Sie macht sich Sorgen, dass jetzt alle nur darauf achten, dass ich mich nicht umbringe, aber keiner darauf, ob ich trinke und esse, denn die Pfleger auf dieser Station können mich nicht dazu zwingen, weil sie nicht dafür ausgebildet sind, eine Sonde zu legen. Und somit versucht mir meine Mutter seit weiterer zwei Stunden nahezulegen und an meine Vernunft zu appellieren, doch bitte etwas zu essen oder wenigstens genug zu trinken, damit ich nicht in der Nacht plötzlich dehydriere und morgens nicht mehr aufwache. Denn bis zum Aufnahmetermin in der »Wunschklinik«, wie es meine Familie immer nennt, sind es immerhin noch fast zwei Wochen und ob ich bis dahin nicht verhungere, weiß keiner.

Ob ich das überhaupt schlimm fände, weiß ich allerdings auch nicht. Denn hier in der Psychiatrie in einer Art Gummizelle zu schlafen und kaum Kontakt zu meiner Familie zu haben und zu wissen, dass es kein Zurück mehr gibt, dass ich so oder so wieder in die Klinik muss, ist so grauenhaft schrecklich für mich. Doch der allerschlimmste Gedanke ist, dass ich, wenn ich jetzt in die Klinik komme, dort wahrscheinlich so lange bleibe, dass ich die zwölfte Klasse wiederholen muss.

Wie gern wäre ich jetzt tot.

In der Kinder- und Jugendpsychiatrie verbringe ich genau fünf Tage, die mir so vorkommen wie fünf Jahre. Es erscheint mir wie eine der schrecklichsten Zeiten in meinem ganzen Leben, weil es einfach wie eine Art Zwischenstation vor dem eigentlichen Klinikaufenthalt ist und man sich die ganze Zeit denkt: Hier bist du jetzt vielleicht nur noch ein paar Tage, doch danach geht es erst richtig los.

Wenn ich daran denke, würde ich am liebsten wieder anfangen zu heulen. Ich will einfach nur nach Hause. Nach Hause zu Mama. Das denke ich als Teenager mit fast 18 Jahren, dass ich nach Hause zu Mama will. Wenn ich so darüber nachdenke, kommt es mir nicht mal komisch vor. Eigentlich ist es mir scheißegal, ob ich anders bin als andere in meinem Alter. Einfach nur nach Hause. Hätte ich mal auf meine gesunde Seite gehört. Aber war die überhaupt noch da?

Morgen früh komme ich erst mal von der Psychiatrie ins normale Krankenhaus, damit sie mich durchchecken können.

Wenn ich da nicht esse, kann es sein, dass ich eine Sonde bekomme oder zumindest an den Tropf muss, wenn die Angst haben, dass ich zu wenig trinke. Als meine Mutter mich abholt und ich meine Koffer packe, ist es, als könnte ich jetzt erst mal wieder ein Kapitel meines Lebens abhaken. Das Kapitel »Suizidandrohung – Zwangseinweisung – Zwischenstation Psychiatrie«.

Doch wenn ich darüber nachdenke, war dieses Kapitel absolut überflüssig. Denn ich komme zwar jetzt erst mal ins Krankenhaus, um zu überprüfen, ob meine Organe usw. noch in Ordnung sind, doch das dauert allerhöchstens zwei Tage und danach komme ich wieder nach Hause, bis ich am Dienstag in der »Wunschklinik« aufgenommen werde. Da hätte ich theoretisch gleich zu Hause bleiben können bis Dienstag, auch wenn meiner Mutter noch nicht mal wohl dabei ist, mich für vier Tage noch mal mit nach Hause zu nehmen, weil sie Angst hat, dass mir in dieser Zeit etwas passiert.

Das Paradoxe ist, dass diese vier Tage einerseits die schönsten Tage sein können, wenn man sie ausnutzt und genießt, andererseits aber auch die schrecklichsten, wenn man daran denkt, dass man in naher Zukunft wieder in eine Klinik muss. Zwangsweise. Unfreiwillig. Ohne selbst entscheiden zu dürfen. Warum eigentlich das Ganze? Nur weil man dünn ist? Dünn ist, ohne, dass man es selber sieht. Das Ganze nur, weil man nicht essen kann. Weil der Kopf nicht mitspielt und einem das Leben zur Hölle macht? Wieso stelle ich meinen Kopf nicht einfach ab. Warum geht das nicht? Warum bin ich eigentlich krank geworden. Warum?

Ich weiß es einfach nicht und ich bin auch zu fertig, um noch mehr darüber nachzudenken, es bringt doch eh nichts. Selbst wenn ich jetzt wüsste, warum ich krank geworden bin, würde mich das nicht wieder gesund machen. Dafür stecke ich zu tief drin. Aber eins weiß ich. Ich hätte nur lächerliche 300 g pro Woche zunehmen müssen. 300 g. Das ist für mich, wie für andere 30 kg.

Doch das wäre immer noch besser als in der Klinik gewesen, dort muss ich 700–1000 g in der Woche zunehmen. Das ist der Horror. Nicht machbar. Furchtbar. Schrecklich. Grausam. Unmenschlich. Ich könnte noch unzählige Begriffe finden. Aber das Allerschlimmste an der Klinik ist das Wiegen. Drei Mal in der Woche. Denn dieses Wiegen ist für mich NIEMALS zufriedenstellend. Wenn man zugenommen hat, fühlt man sich mies; wenn man gar nicht zugenommen hat, fühlt man sich genauso mies, weil dann die Ärzte Konsequenzen ziehen. Dann wird der Essensplan aufgestockt. Es gibt Fresubin. Der Ausgang wird eingeschränkt. Und als allerletzte Möglichkeit kommt die Sonde ins Spiel. Zwangsernährung. Schlauch in der Nase. Doch das allerschrecklichste Gefühl überhaupt ist, wenn man mehr zugenommen hat, als man eigentlich musste in der Woche. Dann fühlt man sich so miserabel, dass man die ganze Zeit nur daran denkt, dass man zu viel gegessen hat, dass der Essensplan zu voll ist, dass einen alle total nerven. Dann ist man nicht mehr zu gebrauchen und das Essen fällt einem in der Woche, die dann kommt, noch schwerer. Darüber, wie es in der Klinik ablaufen wird, denke ich nur noch nach in den letzten Tagen.

Doch jetzt komme ich erst mal nach Hause. Im Krankenhaus konnte nichts festgestellt werden. Der Arzt meinte nur, dass NOCH alles in Ordnung sei, ich aber aufgrund meines extrem niedrigen Gewichts (34,3 kg) auf jeden Fall eine Therapie machen müsse. Als ich dann im Auto nach Hause sitze, ist es ein Gefühl wie an Weihnachten oder am Geburtstag, einfach ein Tag, an dem man kaum glauben kann, dass man glücklich ist. Doch als ich dann daran denke, dass dies in vier Tagen schon wieder vorbei ist, vorbei für wahrscheinlich sehr lange Zeit, muss ich wieder anfangen zu weinen.

Und es ist, wie ich gedacht habe. Es sind sehr schöne, aber auch sehr schreckliche vier Tage.

Als ich dann in der Klinik ankomme, erfahre ich erst mal, dass ich eine neue Therapeutin bekomme, weil meine vorherige aufgrund ihrer Ausbildung in ein anderes Krankenhaus musste.

Ob ich mich überhaupt auf eine neue Therapeutin einlassen kann? Ob ich das überhaupt will? Nein, will ich nicht. Doch das liegt nicht an der Therapeutin, die eigentlich einen netten Eindruck macht. Das liegt daran, dass ich nicht freiwillig hier bin.

Ich glaube, da könnte jede Therapeutin und jeder Therapeut ankommen. Ich will mich einfach nicht darauf einlassen. Ich will einfach nur nach Hause. Meine Oma, die mich heute hierher gefahren hat, möchte am liebsten gleich meinen Koffer auspacken, doch ich möchte ihn unausgepackt lassen, weil mir das das Gefühl gibt, erst gar nicht hier ankommen zu müssen.

Es ist eines der schrecklichsten Gefühle der letzten Zeit. Ein Gefühl, vor dem Nichts zu stehen. Einerseits vor dem Nichts, andererseits vor einem riesigen Berg, den man besteigen, sogar überqueren muss, und wobei man jetzt bereits das Gefühl von Vergeblichkeit bekommt.

Als ich ankomme, heule ich die ganze Zeit. Ich kann es kaum glauben, wieder hier zu sein, weil ich mir eigentlich vorgenommen hatte, nie wieder in meinem Leben in eine Klinik zu müssen. Doch nun stehe ich da. Wieder am Anfang. Und ich denke, dass die beiden Klinikaufenthalte zuvor umsonst waren.

Die erste Nacht ist der Horror. Ich schlafe wieder in einem anderen Bett und möchte einfach nur nach Hause. Am nächsten Morgen werde ich gemessen und gewogen.

34,7 kg.

1,62 m groß.

Puls: 80 zu 50.

Die Pfleger kenne ich alle noch. Sie sind zwar sehr nett, aber das ändert nichts daran, dass ich so schnell wie möglich wieder hier weg will.

In acht Wochen werde ich hier wieder weg sein, denn dann bin ich endlich 18 und dann kann ich entscheiden, wie es weitergeht.

Nur wie geht es dann weiter? Das weiß ich auch nicht. Hauptsache nach Hause. Eigentlich dürfte ich das meiner Familie und meinen Freunden nicht antun, doch ich halte es hier nicht länger aus als nötig. Und bereits bei meinem letzten Aufenthalt habe ich nur durchgehalten, weil ich erstens noch 17 Jahre alt war und zweitens, weil alle es von mir erwartet haben.

Was soll denn das dann bringen, wenn alle anderen die Therapie mehr für mich wollen als ich selber?

Jetzt muss ich erst mal meinen Essensplan mit einer Pflegeschwester absprechen, auf dem mal wieder sechs Mahlzeiten stehen.

Und dann bin ich nach einigen Tagen bereits voll drin in der üblichen Prozedur.

Aufstehen, essen, Sitzzeiten absitzen, telefonieren, weinen, nach Hause wollen, schlafen, wiegen. Das Wiegen ist wie immer die Pest.

Wie gesagt. Egal wie das Wiegen ist, es ist immer schlecht. Hinzu kommt, dass bald Weihnachten und Silvester ist und ich nicht weiß, ob ich nach Hause darf oder nicht.

Doch das heißt auch, dass ich bald 18 bin.

18. Volljährig. Nach Gesetz erwachsen. Ich darf selbst entscheiden. Sobald ich 18 bin, werde ich mich entlassen und nach Hause kommen. Ich weiß nicht, ob ich das schaffen werde, und ich muss es auch ständig ansprechen, wenn ich Besuch habe.

Sobald das Thema auf den Tisch kommt oder es darum geht, wie ich mich fühle, sage ich sofort: »Sobald ich 18 bin, werde ich mich sowieso entlassen.«

Dann ist der Besuch meistens gelaufen, weil es entweder in totalen Streit ausartet oder mir ganz lange erzählt wird, was das für Folgen hat.

Doch ich bin blind vor Traurigkeit, blind vor Sehnsucht. Ich denke nicht an meine Gesundheit. Es geht einfach nicht, weil der Wunsch und der Drang, nach Hause zu kommen, so unendlich groß sind, dass man es gar nicht beschreiben kann. Zusätzlich ist es so, dass man mich in zwei Teile teilen kann.

So denke ich: Von mir aus hab ich Normalgewicht, Hauptsache, ich bin zu Hause.

Doch zugleich denke ich wieder, dass ich es nie im Leben aushalten könnte, normalgewichtig zu sein, eben weil ich dann NORMAL bin. Will ich überhaupt normal sein? Nein. Ich will nicht normal sein. Ich will dünn sein. So dünn wie niemand anders.

Trotzdem sehne ich mich so sehr nach einem normalen Leben. Morgens aufzustehen und sich auf das Frühstück mit der Familie zu freuen und nicht mit Panik im Bett zu liegen, weil man weiß, dass man gleich essen muss. Einfach mal essen zu gehen, ohne dass man den ganzen Tag vorher plant. Feiern zu gehen und Alkohol zu trinken, ohne dass man denkt, man würde aufgehen wie ein Hefekloß. Doch das Wichtigste von allem – einfach in den Spiegel zu schauen und zu denken: Du bist schön, so wie du bist. Du bist sexy und attraktiv. Du bist gut so, wie du bist. Doch genau da liegt das Problem. Als Magersüchtige will man nicht gut sein. Gut ist nie gut genug. Man muss perfekt sein. Es ist nicht gut, eine Drei zu schreiben in der Schule, es muss mindestens eine Zwei sein. Und wenn es die Zwei ist, muss es die Eins sein. Es ist nicht gut, ein Kilogramm abzunehmen, es müssen zwei sein. Und dann drei. Und dann vier. Bis man irgendwann so dünn ist, dass sich die Umwelt erschreckt und einen furchtbar hässlich findet, weil man nur noch aussieht wie ein Gerippe.

Das Witzige ist, dass man sich selber auch hässlich findet, aber nicht, weil man sich als Gerippe fühlt. Man fühlt sich ganz normal. ZU normal. Man ist anders als die anderen und trotzdem sieht man es nicht. Doch für mich steht es fest: An meinem Geburtstag, dem 29.12., geht es nach Hause.

Die nächsten Stunden, Tage und Wochen vergehen schleichend und quälerisch. Ich habe das Gefühl, dass jeder Tag schlimmer ist als der vorhergehende. Es ist einfach schrecklich, hier zu sein. Grauenvoll. Doch dass es so weit kommen würde, wie es schließlich kommt, hätte ich niemals gedacht. Als ich heute in die Visite komme, steht es fest:

»Ja, Frau Blumroth. Sie haben das Gewichtsziel nicht erreicht. Sie wissen, was das heißt. Der Doktor wird gleich kommen und Ihnen die Sonde legen.«

SONDE.

Das ist der reguläre Ablauf, wenn ich das Gewichtsziel nicht erreiche, und war mir theoretisch klar, doch jetzt, wo es so weit ist, bin ich sprachlos.

Ich hätte niemals gedacht, dass ich eine Sonde bekomme, doch eine halbe Stunde später ist es bereits so weit. Während mir die Tränen übers Gesicht laufen, schiebt der Doktor mir eine Magensonde durch die Nase.

Es ist ein unbeschreiblich unangenehmes Gefühl. Die Magensonde eingesetzt zu bekommen war schon schlimm genug, doch wie schlimm es wirklich wird, konnte ich nicht wissen, denn ich vertrage die Sondenkost nicht.

Die nächsten zwei Tage liege ich fast nur im Bett und winde mich vor Schmerzen, Krämpfen und Übelkeit. Die Ärzte machen sich Sorgen und meinen, dass mein Körper total überfordert ist mit der Sondenkost. Eigentlich sollte ich drei Mal am Tag 500 Milliliter bekommen, doch jetzt wurde sie erst mal auf drei mal 250 Milliliter runtergeschraubt. Ein Milliliter entspricht einer Kalorie. Die Sondenkost läuft durch die Nase mit einer Art Tropf. Da ich die Kost nicht vertrage, muss sie ganz langsam durch den Schlauch laufen. Pro Portion hänge ich also zwei Stunden am Tropf und leide Höllenqualen.

Ich hatte noch nie in meinem Leben solche Magenschmerzen und Übelkeit.

Das Schlimme ist, dass ich zusätzlich ja noch meinen Essensplan einhalten muss. Es geht mir so schlecht, dass ich am liebsten sterben möchte. Dass nach einigen Tagen eine Sondenkost mit anderer Zusammensetzung geliefert wird, die ich besser vertrage, macht die Sache auch nicht besser, denn jetzt bekomme ich wieder drei Mal 500 Milliliter am Tag. Ich rechne das immer in Essen um. Das sind drei Tafeln Schokolade, die ich einfach nur in Form von Flüssigkeit zugeführt bekomme. Allein dieser Gedanke ist schrecklich.

»Mama! Ich will hier weg. Es ging mir noch nie so beschissen. Mir geht es so schlecht. Ich will endlich nach Hause.«

»Hanna, ich weiß, wie schlecht es dir geht, aber wenn du jetzt noch zu Hause wärst, wärst du wahrscheinlich schon tot. Sieh es als Lebensrettung. Du musst gesund werden.«

Ich habe die Magensonde ungefähr zwei Wochen und als sie mir entfernt wird, mache ich mir erst mal eine Gesichtsmaske. Es ist wie eine Befreiung. Als ich heute Besuch bekomme von meiner Mutter, ist wieder alles wie sonst. Eigentlich ist es wunderschön, doch sobald das Thema auf die Therapie kommt, geht es los: »Sobald ich 18 bin, werde ich mich eh entlassen.«

»Wenn du das machst, kannst du ausziehen. Nach Hause kommst du nicht. Ich kann das nicht mehr, Hanna. Ich bin fertig. Wie soll das gehen. Du warst jetzt zwei Mal in einer Klinik bist jetzt das dritte Mal und jedes Mal meintest du, dass du das schaffst. Warum sollte es diesmal klappen?

Ich nehme dich nicht mit nach Hause. Das läuft nicht. Dann gehe ich zum Amtsgericht und dann entscheiden die über dich. Ich schaff das nicht. Und die Verantwortung nehme ich auch nicht auf mich. Die kann ich nicht auf mich nehmen. Ich sehe doch nicht zu, wie mein Kind zu Hause verhungert.«

»Ich verhungere nicht. Ich schaffe das, das weiß ich. Ich will nie wieder in eine Klinik und dafür werde ich alles tun. Ich kann nicht mehr, Mama. Ich kann das einfach nicht. Ich will weg hier. Es ist so schrecklich.«

»Das weiß ich doch, Hanna, aber du kannst nicht nach Hause. Das geht nicht. Es ist das Schrecklichste für eine Mutter, das eigene Kind nicht zu Hause zu haben, aber wir machen dich krank. Jedes Mal, wenn du wieder im gewohnten Umfeld warst, hat es nicht geklappt. Du kannst nicht nach Hause, so sehr ich das auch will. Hanna, sei doch vernünftig. Es geht hier um dein Leben. Was sind ein paar Wochen im Gegensatz zu deinem Leben. Bitte. Tu es für mich. Ich sterbe vor Sorge um dich. Ich kann nachts nicht schlafen. Bitte komm doch zur Vernunft.«

So sehr ich das auch möchte, es geht einfach nicht. Der Wille, so schnell wie möglich nach Hause zu kommen, ist stärker als der Wille, gesund zu werden, das ist einfach so und das wird sich auch nicht ändern, solange ich hier bin. Das weiß ich ganz genau.

11. KAPITEL

Dritter Versuch

Dezember 2009
bis Februar 2010

Die Tage vor dem 29. werden immer kritischer, die Streitgespräche immer heftiger und die Sorgen immer größer.

Alle haben die Befürchtung, dass ich mich entlassen werde und alles von vorn losgeht. Allerdings habe ich auch manchmal das Gefühl, dass ich nicht ernst genommen werde.

Bevor ich in die Klinik kam, dachte ich immer, dass es mir umso besser geht, je näher der Tag kommt, doch eigentlich werde ich immer unruhiger und ängstlicher.

Soll ich mich wirklich entlassen?

Was passiert danach?

Werde ich es auch schaffen ohne Klinik?

Will ich es überhaupt schaffen?

Meine Oma sagt immer: »Was immer du tust, bedenke das Ende.«

Ich denke ganz oft ans Ende. Und ich denke auch immer, dass ich es schaffen will. Im nächsten Moment bin ich mir aber nicht mehr sicher. Zugleich kommt mir immer wieder folgender Spruch in den Sinn: »Hoffnung ist, nicht zu wissen, dass etwas gut ausgeht, sondern die Überzeugung, dass alles einen Sinn hat, egal wie es ausgeht.«

Ich weiß aber wirklich nicht, ob es jetzt einen Sinn hätte, zu sterben. Ich selber würde auch nie sagen, dass ich sterben werde. Es wird mir nur immer gesagt, dass ich bald sterbe, wenn es so weitergeht, aber das klingt für mich so weit weg.

Der 29. Dezember selbst, mein 18. Geburtstag, ist der schlimmste Tag in meinem ganzen Leben.

Mama, Matthias, Maria und Robert wollen zu Besuch kommen, doch als sie da sind, eskaliert die Situation total. Ich muss anfangen zu weinen und als ich zu der Pflegerin sage, dass ich mich entlassen will, sagt sie: »Wenn ich Ihre Mutter wäre, würde ich Sie nicht mitnehmen.«

Meine Mutter steht daneben und hört alles mit.

»Das willst du nicht wirklich machen. Ich nehme dich nicht mit nach Hause. Ich mache das jetzt auch langsam nicht mehr mit.«

Plötzlich rastet sie total aus auf dem Flur und alle Mitpatienten sitzen dabei und bekommen alles mit. Ich bin nicht mehr Herr über mich selbst und weine so bitterlich, dass ich auf den Boden falle. Meine Mutter ist vollkommen außer sich und ruft über den ganzen Flur: »WENN DU GEHST, BLEIBE ICH!«

Und plötzlich mischt sich Matthias ein: »Du machst die ganze Familie kaputt. Wie egoistisch bist du eigentlich? Willst du deine Mutter auf dem Gewissen haben? Sie kann nicht mehr. Wir lassen dich nicht mehr ins Haus, und wenn du das jetzt wirklich machen solltest, kann ich deine Mutter zu Grabe tragen. Willst du das? Willst du, dass deine Mutter vor die Hunde geht? Du denkst nur noch an dich, das ist typisch für deine Krankheit. Du willst einfach nur deinen Willen durchsetzen und zeigen, dass du die Stärkere bist. Du kannst es nicht haben, dass du keine Kontrolle mehr hast. Du …«

»Jetzt halt deinen Mund. Das hat mit Egoismus überhaupt nichts zu tun. Ich will einfach nur nach Hause, ich kann einfach nicht mehr, ich will hier weg, ich will hier weg, ich will hier weg. Versteht mich denn keiner?«

»Wollen Sie nicht lieber ins Zimmer gehen? Sonst bekommt das ja jeder hier mit«, sagt plötzlich eine Pflegerin zu meiner Mutter. Die ist so aufgebracht, dass sie nur schreit: »Das ist mir so was von scheißegal, ob das hier irgendjemand mitbekommt. Von mir aus können das alle mitbekommen, was sich für eine Scheiße hier abspielt und dass ich ins Gras beiße, wenn das so weitergeht. Und ich verlange, dass hier langsam mal ein Arzt oder Therapeut kommt. Das kann doch nicht sein, dass sich bei meiner Tochter nach zwei Monaten noch nichts getan hat.«

Kurz darauf kommen meine Therapeutin und der leitende Psychologe zu einem Gespräch.

»Ich kann ja verstehen, dass Sie nach Hause möchten, Frau Blumroth, aber bis vor einigen Wochen waren Sie doch noch zu Hause. Und hat es geklappt? Nein. Warum sollte es dann jetzt klappen? In diese Situation haben Sie sich selber hineingebracht. Wir können

Ihnen das Angebot machen, dass sie einen BMI von 17 erreichen, das wären 45,5 kg. Dann werden wir Sie entlassen können. Dann haben Sie zwar immer noch Untergewicht, aber das ist ein Gewicht, mit dem Sie ambulant weiterarbeiten könnten. Eher können wir Sie nicht entlassen und falls Sie gehen sollten, können wir auch eine Betreuung anfordern. Dann wird Ihnen die Verantwortung wegen Eigengefährdung entzogen und dann wird ein Richter über Sie entscheiden. Seien Sie doch vernünftig. Außerdem sind wir noch eine Klinik, die am großzügigsten ist, was Besuche und so etwas angeht. In anderen Kliniken ist komplettes Kontaktverbot. Und wenn Sie so weitermachen, dürfen Sie doch auch nach Hause am Wochenende«, sagt der Psychologe zu mir.

»Ja, Hanna, denk doch mal nach. Du kannst am Wochenende immer nach Hause. Ich kann wirklich nicht mehr. Ich will endlich ein gesundes Kind und du kommst erst nach Hause, wenn du wieder gesund bist«, fügt Mama hinzu, doch dann wird sie von dem Psychologen unterbrochen: »Also da muss ich Sie enttäuschen. Ihre Tochter wird keinesfalls gesund sein, wenn sie entlassen wird. Nicht mit 45,5 kg.«

Dann meldet sich meine Therapeutin zu Wort: »Ich würde sagen, dass wir einen Vertrag aufstellen. Sie bleiben hier, bis Sie die 45,5 kg erreicht haben, und danach dürfen sie nach Hause und dort wohnen.«

»Wollen Sie mich eigentlich alle verarschen? Ich muss einen Vertrag machen, um zu Hause wohnen zu dürfen?«

Ich bin einfach fassungslos und weine so stark, dass mich kaum jemand verstehen kann.

»Sie wollen doch nach Hause und nicht in eine eigene Wohnung ziehen müssen. Und Sie haben Ihre Mutter gehört. Wenn Sie das hier abbrechen, kommen Sie nicht nach Hause. Und das wollen Sie doch.«

»Ich will einfach nur hier weg, verdammte Scheiße. MAMA. Das kannst du doch nicht machen«, schreie ich jetzt geradezu in die Runde und schmeiße mich dabei fast auf den Boden vor Heul-krämpfen.

»Hanna«, antwortet sie. »Ich will nichts mehr, als dich bei mir haben. Du musst gesund werden. Du kannst nicht nach Hause kommen.«

Das Gespräch geht noch lange so weiter, bis ich weich geklopft bin und nicht mehr kann und einfach zustimme. Doch in meinem Kopf ist immer noch drin: ICH WILL HIER WEG. SO SCHNELL WIE MÖGLICH. Anschließend fahren wir abends gemeinsam zum Essen. Doch auch im Restaurant kann ich mich nicht halten. Ich muss die ganze Zeit nur weinen und werde schon von überall angeschaut. Doch das ist mir ziemlich egal. Es ging mir noch nie so beschissen. Auf diesen Tag habe ich hingearbeitet. An diesem Tag wollte ich weg sein. Lieber wäre ich jetzt tot. Ich kann einfach nicht mehr.

Jeder Tag wird schlimmer. Es ist so schlimm, dass ich mich selbst verletzen muss. Ich fühle mich wie eine Hülle. Eigentlich fühle ich fast gar nichts. Ich habe eine solch unbeschreibliche Sehnsucht, dass ich an manchen Tagen im Badezimmer auf dem Boden liege und mir die Seele aus dem Leib weine. Dann fühle ich mich so leer und ausgelaugt, dass ich mir entweder in den Arm beißen muss, oder zu meiner Pinzette greife, um mir damit in den Arm zu ritzen. Dieser Schmerz tut mir so gut, weil er mich wenigstens etwas von meiner Situation ablenkt. Manchmal überlege ich auch, mir in eine bestimmte Stelle zu ritzen, um dem Ganzen endlich ein Ende zu setzen, doch dann denke ich an meine Familie und meine Freunde und das hält mich davon ab.

Nun bin ich schon über drei Monate hier und habe etliche Medikamente ausprobiert. Antidepressiva, Neuroleptika, Beruhigungs-mittel. Ob es eine Nebenwirkung von einem der Medikamente ist, weiß ich nicht, aber als ich eines Morgens aufwache, habe ich schon ein ganz komisches Gefühl. Nach dem Frühstück geht es dann richtig los. Mein Herz fängt an zu rasen, ich bekomme kaum Luft und kann mich kaum halten vor Unruhe.

Eine Panikattacke. Es ist unbeschreiblich, was man da durchmacht. Mir ist, als zerreißt mir mein Herz die Brust. Aber woher kommt diese plötzliche Panik? Habe ich solche Angst vorm Zunehmen? Ich wiege mittlerweile fast 42 kg. Und eigentlich war 42 kg meine Grenze an Gewicht. Es kommt mir einfach so viel vor.

Ich fühle mich schlecht und merke, wie ich immer dicker werde. Ich kann mich kaum im Spiegel anschauen. Ich fühle mich total unwohl. Und auch meine Haut tut mir total weh. Ich spüre an meiner Haut, wie ich zunehme. Gegen meine Panikattacke bekomme ich erst mal eine Dröhnung an Medikamenten zur Beruhigung, doch ich habe das Gefühl, dass es nicht besser wird, bis ich plötzlich ruhiger und ganz schläfrig werde.

Mittlerweile weiß ich auch, glaube ich, woher die Panik kommt. Seit einiger Zeit esse ich so viel, habe aber zugleich das Gefühl, dass ich nicht mehr zunehme, und fange an, Wasser zu trinken. Von Wiegetermin zu Wiegetermin wird es mehr Wasser, das ich trinken muss, doch ich merke, dass ich damit durchkomme. Jetzt esse ich nur noch, wenn ich Hunger habe, denn ich habe keine Essensbegleitung mehr, das heißt, es schaut niemand mehr genau, was und wie viel ich esse. Mein Gewicht bleibt also seit mehreren Wochen bei 42–43 kg. Da ich aber eigentlich noch zunehmen muss, trinke ich immer und immer mehr. Und ich habe panische Angst, dass das rauskommt.

Offiziell habe ich mein Zielgewicht von 45,5 kg erreicht. Offiziell. In Wirklichkeit trinke ich jedes Mal, bevor ich gewogen werde, nachts 3 Liter. Ich stelle mir den Wecker um drei Uhr, trinke 1,5 Liter und um halb sechs noch mal 1,5 Liter. Ich liege im Bett und trinke und trinke. Manchmal wird mir dann speiübel und plötzlich muss ich mich übergeben und breche ca. 200 Milliliter wieder aus, die ich danach wieder drauftrinke. Morgens kurz vor dem Wiegen habe ich dann das Gefühl, dass mir die Blase platzt. Es ist schrecklich.

Und warum das Ganze? Weil ich nicht mehr zunehmen will? Weil ich merke, dass ich bis jetzt damit durchgekommen bin? Keine Ahnung. Aber ich weiß, dass diese ganze Quälerei nichts bringt, denn nach der Klinik muss ich sowieso zum Arzt zum Wiegen, weil ich diese 45,5 kg halten soll. Ich kann doch nicht jedes Mal 3 Liter Wasser trinken. Ich bin einfach total krank. Mama meinte zu mir, wenn ich nur 100 g abnehme, bringt sie mich wieder in die Klinik. Na super. Was soll ich denn machen? Irgendwann wird es sowieso herauskommen und dann ist die Kacke am Dampfen. Wenn ich das Gewicht bis nächste Woche halte, werde ich endlich entlassen. Wenn ich nur wüsste, was danach sein wird.

12. KAPITEL

Unverändert

Februar 2010
bis Mai 2011

Ich bin nun seit über einem Jahr wieder zu Hause. Genauer gesagt, habe ich den Sommer bei meinem Vater gelebt, weil die Situation zu Hause nicht tragbar war, aufgrund meines Zustandes. Die letzten Monate bestanden aus Gesprächen, neuen Therapeuten, Psychiatern, viel Tränen, Tricksereien meinerseits, Nervenzusammenbrüchen von Mama und Oma, Sorgen von Freundinnen, Nachprüfungen, Klausuren für mein Abitur, schlechtem Gewissen, Wunsch nach Tod, Wunsch nach Leben, Wunsch nach Veränderung und: Hunger, Hunger, Hunger.

Die Sucht ist mein ständiger Begleiter. Sie gibt mir so viel, doch in Wirklichkeit nimmt sie mir alles. Mein ganzes Leben ist von morgens bis abends von der Sucht kontrolliert. Ich fühle mich vollkommen außer Kontrolle.

Ich wiege noch 32 kg.

Kann es das gewesen sein?

Nein!

Kann das mein Leben gewesen sein?

Nein!

Kann ich mich auf etwas Neues freun?

Mag sein.

13. KAPITEL

Vierter Versuch

21. Juni 2011

Ich wiege noch 31 kg. Es ist nicht schwer zu erraten, wo ich mich befinde: Richtig. In einer Klinik.

Ein weiteres, viertes Mal.

Einem Ort, an den ich nie wieder wollte.

Der Reihe nach.

Wie bereits seit über vier Jahren lebte ich die letzten Monate zu Hause und lebte meine Sucht.

Die Gedanken sind bekannt und sie wurden nicht besser.

Jeder Tag eine Quälerei und immer wieder ein kleiner Funken Wille, doch endlich gesund zu werden.

Gesund werden zu müssen einerseits.

Gesund werden zu wollen andererseits.

Ein anderes Leben führen zu wollen.

Spaß zu haben.

Alle lieben Menschen in den Arm zu nehmen und zu sagen: »Ich bin mir sicher, alles wird gut.«

Doch ich war mir nicht sicher.

Und meine Sucht gab mir Sicherheit.

Zwar eine andere, aber immerhin Sicherheit.

Und: Die altbekannte, lächerliche, unwichtige, nutzlose, lebensgefährliche, schmerzhafte unkontrollierbare … Kontrolle.

14. KAPÍTEL

Rückblick

Januar bis März 2011

Hanna, du kannst unmöglich so dein Abitur machen. Und selbst wenn du es noch schaffen solltest. Was bringt dir dein Abitur, wenn du danach stirbst? Und du wirst danach sterben. Kein Körper hält dieses Gewicht lange aus.«

»Vielleicht schaffst du es noch ein paar Jahre, wenn überhaupt. Aber was willst du nach deinem Abi machen? Etwa studieren? Du? Alleine? Ohne deine Familie? Ohne deine Freunde? In einer fremden Stadt? Ohne jegliche KONTROLLE? Du musst wieder in eine Klinik.«

Es ist ein Freitagnachmittag. Der Deutsch-LK ist gerade vorbei und meine Freundinnen stehen mit mir im Regen und versuchen, mich, wie die letzten Jahre, davon zu überzeugen, dass ich Hilfe brauche.

»In ein paar Monaten habe ich mein Abitur, da gehe ich doch jetzt nicht in eine Klinik.«

»Ja, aber, Hanna. WAS BRINGT ES DIR? Du bist nicht mehr lebensfähig. In deinem Leben gibt es nur noch deine Sucht und nebenher die Schule. Du könntest jeden Moment sterben, weißt du, wie unwichtig da ein Abitur ist?«

»Werde doch erst mal gesund, dann kannst du immer noch dein Abitur machen. Wahrscheinlich sogar noch besser. Und wir wissen doch alle, wenn jemand sein Abitur packt, dann doch wohl du. Und ob du es jetzt machst oder nächstes Jahr, das ist doch vollkommen unwichtig, wenn …«

»Ich will es aber nicht nächstes Jahr machen. Ich habe doch jetzt nicht in jedem Fach eine Nachprüfung gemacht und die halbe Zwölfte durchgehalten, um kurz vorher wieder in eine Klinik zu gehen, ich bin doch nicht …«

»ES GEHT UM DEIN LEBEN, HANNA! Was ist da schon ein halbes Jahr? Was sind da schon ein paar Monate? Du musst gesund werden. Solange du nicht gesund bist, kannst du fünfmal das Abitur haben, es wird vollkommen nutzlos sein.«

Bevor ich darauf etwas erwidern kann, meldet sich die Nächste zu Wort.

»Man hätte dich schon längst zwangseinweisen lassen müssen. Zack, zum Amtsgericht gehen und dich entmündigen lassen. Und ich verstehe auch nicht, wie das überhaupt möglich ist, dass du hier noch so vor uns stehst. Dass du jeden Tag in deiner Verfassung mit dem Fahrrad zur Schule fährst. Dass du bis vor Kurzem sogar noch am Sportunterricht teilgenommen hast. Dass nicht schon längst deine Eltern oder dein Arzt dich haben zwangseinweisen lassen. Und ich habe mich informiert. Mit deinem Gewicht ist das kein Problem. Da reicht eine Unterschrift und dann wärst du weg. Da kannst du gar nicht mehr lange nachdenken, ob du in die Klinik willst oder nicht. Du hast das gar nicht mehr zu entscheiden. Und dass nicht schon längst eine Entscheidung über dich getroffen wurde, das geht einfach nicht in meine Birne rein. Das finde ich unvorstellbar und verantwortungslos. Das denke ich jedes Mal, wenn ich dich morgens auf deinem Fahrrad zur Schule fahren sehe. Es ist verantwortungslos von deinem Arzt und auch von deiner Mutter, dass sie nicht endlich handeln. Und sollten sie das nicht bald mal gebacken bekommen, dann werde ich zum Amtsgericht gehen und handeln und ich weiß ganz genau, dass alle hinter mir stehen und mir recht geben würden.«

Ich weiß genau, dass sie recht hat mit dem, was sie sagt, und trotzdem macht es mich tierisch wütend. Klar, sie macht sich Sorgen, aber rechtfertigt das, so über meine Mutter zu reden? Weiß sie überhaupt, wie schlecht es meiner Mutter momentan geht? Wie schlecht es ihr geht mit dem Gedanken, das eigene Kind eigentlich zwangseinweisen lassen zu müssen? Zu wissen, dass das Kind kurz vorm Abitur steht und deswegen eine Welt zusammenbrechen würde? Zu wissen, dass eine Zwangseinweisung aufgrund meiner Volljährigkeit schrecklich ablaufen würde? Und einfach immer wieder die Hoffnung zu haben, dass ich von mir aus sage: »Mama, ich gehe freiwillig in die Klinik.«

Und da ich genau dieses Bild vor meinen Augen habe, von meiner Mutter, wie sie sich mit diesem Gedanken quält und von allen Leuten gemustert wird, weil sie »ihr Kind verhungern lässt«, macht mich diese Aussage meiner Freundin besonders traurig.

»Du weißt doch gar nicht, wie das ist. Du kannst dich hier einfach so hinstellen und sagen, dass du mich zwangseinweisen lassen würdest. Und dass es nichts Einfacheres gäbe. Und dass meine Mutter ja NUR eine Unterschrift machen müsste. Als ob du einfach so dein Kind entmündigen lassen könntest. Du weißt überhaupt nicht, in was für einer Situation sie sich deswegen befindet.«

Damit die Situation nicht eskaliert, versucht eine weitere Freundin, das Gespräch etwas umzulenken.

»Es geht ja jetzt auch nicht darum, deine Mutter oder irgendjemanden schlechtzureden oder zur Verantwortung zu ziehen. Aber sagen wir mal, du würdest dein Abitur noch machen. Was ist danach? Du hast dich doch immer schon gegen Kliniken gesträubt. Du würdest doch nie im Leben freiwillig in eine Klinik gehen. Auch nach dem Abitur nicht. Sag ehrlich: Würdest du nach dem Abitur freiwillig in eine Klinik gehen?«

»Nein, ich denke nicht. Ich will nicht mehr in eine Klinik. Ich war jetzt dreimal und es hat einfach nichts gebracht. Warum sollte es dann diesmal etwas bringen?«

»Siehst du? Und was willst du dann mit deinem Abitur machen?«

Das ist eine der beängstigenden Fragen, die in meinem Kopf herumschwirren.

Denn es ist eine Frage, die ich nicht beantworten kann.

Die Zukunft.

Da ist etwas, was nicht sicher ist.

Etwas, wovon ich nichts weiß.

Nicht weiß, was kommt.

Aber ich geh doch jetzt nicht in eine Klinik. Ich bin doch nicht bescheuert. In ein paar Monaten fangen die Vorabiturklausuren an und ziemlich kurz danach kommen auch schon die richtigen

Abiturklausuren. Da gebe ich doch nicht kurz vorher auf, um in eine Klinik zu gehen. Das bringt doch sowieso nichts, das weiß ich ja mittlerweile. Dreimal habe ich das jetzt ausprobiert, gesund zu werden in einer Klinik, und danach ging es mir wieder schön schlecht und ich hab das zugenommene Gewicht wieder abgenommen.

Dann verschwende ich doch jetzt nicht wieder ein Jahr, hole mein Abitur nach in einer neuen Stufe und bin womöglich dann wieder an dem Punkt, an dem ich jetzt bin.

Und als ob ich jetzt in den nächsten Monaten sterben würde! So schnell stirbt man auch nicht. Außerdem wiege ich jetzt schon seit einigen Wochen 32 kg. Das heißt, ich schaffe es immerhin, die 32 kg zu halten und nicht weiter abzunehmen, und das werde ich jetzt die nächsten Wochen und Monate auch halten können. Dann klappt das auch alles. Auch wenn das eher ein niedriges Gewicht ist – solange ich damit leben kann, ist doch alles in Ordnung. Ich versuche jetzt einfach, das Gewicht zu halten. Dass ich damit leben kann, weiß ich ja. Ich fühle mich nicht schwach, ich kann zur Schule fahren, das Konzentrieren klappt auch noch einigermaßen gut. Also kann ich doch auch so weiterleben, oder nicht?

Und wenn es so gefährlich wäre, wäre ich doch schon längst gestorben. Klar, ich weiß, dass das kein gesundes Gewicht ist, aber für die nächste Zeit reicht das erst mal.

Die Ärzte sagen immer, dass ich damit jetzt vielleicht leben kann, aber ich mit einem solchen Gewicht niemals das 30. Lebensjahr erreichen werde.

Mein Gott, jetzt bin ich gerade mal 19 und bis dahin ist ja noch viel Zeit. Vielleicht bin ich bis dahin ja auch gesund. Nach dem Abitur werde ich sowieso gesund werden und zunehmen. Glaube ich zumindest. Aber mit dem Zunehmen muss ich ja jetzt noch nicht anfangen. Das kann ich auch nach dem Abitur machen. Ich wette, das klappt dann schon. Auf jeden Fall weiß ich, dass ich nicht noch einmal in eine Klinik gehe, egal ob ich mein Abitur habe oder nicht. Auch nach meiner Schulzeit nicht. Dann starte ich erst mal durch.

Ich weiß zwar noch nicht wirklich, was ich genau studieren möchte, aber so ein paar Ideen habe ich schon.

Modedesign fände ich ganz cool. Oder Modejournalismus. Oder Medienmanagement?

Auf jeden Fall werde ich mir eine schöne Uni suchen in einer schönen Stadt. Einer Großstadt. München. Hamburg. Frankfurt. Berlin.

Oder ob ich ins Ausland gehen soll? Ein anderes Land fände ich super. Am liebsten an eine Modeschule in London oder Paris? Oder vielleicht Mailand? Das wäre so genial. Aber das sind nur Träume, da muss man erst mal rankommen. Auf jeden Fall möchte ich in eine andere Stadt und von zu Hause ausziehen.

Ich weiß gar nicht, warum ich so gerne in eine andere Stadt möchte. Würde ich das überhaupt aushalten? Von zu Hause weg zu sein? Wenn ich so daran denke, sehe ich da eigentlich kein Problem. Irgendwie wundert mich das. Wenn ich in den Kliniken war, wollte ich immer unbedingt nach Hause und jetzt möchte ich unbedingt in eine andere Stadt. Aber das ist doch ein super Zeichen, oder nicht? Alle meinen immer, ich würde sowieso zu Hause bleiben, aber das möchte ich gar nicht. Ich kann mir gut vorstellen, von zu Hause wegzugehen, und möchte das eigentlich auch.

Und ich wette, dann klappt der Rest auch von ganz alleine, wenn ich erst mal in einer anderen Umgebung bin, an einer Uni mit einem Studiengang, der mir gefällt. Dann klappt auch das Essen wieder. Dann habe ich nämlich eine neue Aufgabe und keiner ist da, der mich zum Essen drängt und dem ich mit dem Essen etwas beweisen muss. Dann esse ich nicht für andere, sondern für mich. Und wenn es dann so weit ist, kann ich bestimmt essen und zunehmen werde ich dann sowieso ganz schnell. Das geht ja bei mir eh so schnell. Und wenn das dann so weit ist, bin ich ja schon so gut wie gesund.

Wenn ich mit anderen darüber rede, werde ich immer ganz komisch angeschaut, als ob ich sonst etwas vorhätte. Als ob ich zum Mond fliegen wollen würde. Die sollen sich mal alle nicht so anstellen. Fast jeder geht doch nach dem Abitur studieren, also warum nicht ich? Nur weil ich weniger wiege?

Vielleicht gehe ich ja auch ins Ausland, das machen andere auch. Und das mit dem Gewicht wird sich dann schon noch positiv entwickeln. Aber eigentlich möchte ich ja gar nicht zunehmen. Ob sich meine Gedanken dann wirklich ändern, wenn ich alleine bin? Wenn ich bis jetzt mal für ein paar Tage alleine war, habe ich nie etwas gegessen. Warum sollte es dann in einer anderen Stadt klappen?

Doch das klappt. Ich glaube schon. Das kann man nämlich nicht vergleichen. Das wird schon werden. Jetzt konzentriere ich mich erst mal aufs Abitur und kümmere mich einfach nebenher darum, dass es schnell weitergeht danach. Hauptsache, ich hab etwas für danach und dann wird das schon alles klappen. Zumindest ist schon mal eins sicher: Nie wieder Klinik.

Eigentlich ist mein Plan ja ganz simpel. Das Problem dabei sind nur meine Familie, insbesondere meine Mutter, und meine Ärzte.

Heute habe ich mal wieder einen Termin bei meinem Psychiater, bei dem ich auch immer gewogen werde. Auf der Waage bin ich immer 1 kg schwerer als auf der Waage zu Hause, was gut ist, da ich da unmöglich mit meinem Gewicht aufkreuzen kann.

Und da ich alleine mit Mamas Auto dorthin fahre, kann ich auf dem Weg dorthin schon mal ungefähr 1,5 Liter trinken. Dann würde ich plus dem Kilo mehr, das die Waage dort anzeigt, ungefähr 34–35 kg wiegen. Das ist zumindest schon mal besser als 32 kg. Und der Abstand zum Gewicht beim vorhergehenden Termin ist nicht allzu groß. Da wog ich, glaube ich, um die 36 kg.

Als ich dann bei meinem Psychiater im Behandlungszimmer sitze, meint er: »Frau Blumroth, was wollen Sie eigentlich? Ich sehe bei Ihnen keinerlei Fortschritt. Wenn Sie unbedingt wollen, können Sie so weiterleben und werden, wenn Sie Glück haben, vielleicht 28. Wenn überhaupt.

Also was wollen Sie? Sie lügen sich doch selber an. Immer wieder heißt es, dass Sie zunehmen wollen, und ich selber sehe nur Rückschritte. Sie sollten sich dafür entscheiden, in eine Klinik zu gehen, sonst erledigen das andere für Sie. Und ich werde das hier nicht weiterführen, weil ich keinen Sinn darin sehe. Man kann Ihnen noch so viel erzählen, dadurch, dass Sie kein Eiweiß mehr in der Birne haben, können Sie noch so oft zu mir kommen, es wird nichts bringen. Mir selber am allerwenigsten. Ich werde also dafür sorgen, dass Sie einen Betreuer bekommen. Und der wird Sie einweisen lassen.«

»Nein, ich möchte aber keinen Betreuer, ich mache ja bald Abitur und danach wird es bestimmt klappen, wenn ich erst mal was Neues habe und eventuell in einer anderen Stadt bin oder so. Außerdem habe ich mir ja schon vorgenommen zuzunehmen.«

»Machen Sie sich doch nicht lächerlich. Das sagen Sie jedes Mal, wenn Sie hier sind, und jedes Mal wiegen Sie weniger. Ich sehe nur Rückschritte. Ich persönlich halte es für unsinnig, über jemanden zu entscheiden. Wenn jemand unbedingt sterben will, sollte er das tun, aber in Deutschland sorgt man dafür, dass das nicht passiert, also ist es meine Pflicht, Sie entmündigen zu lassen. Denn Sie sind so ein Kandidat, der dabei ist, sich umzubringen. Nicht durch Suizid, sondern schön langsam, bis Sie verhungert sind. Warum bringen Sie sich nicht einfach um? Das würde schneller gehen.«

»Ja, eigentlich möchte ich ja gar nicht sterben.«

»Sie tun aber alles dafür, dass es bald passiert. Sie könnten natürlich auch, wenn Sie Glück haben, noch ein paar Jährchen vor sich hin vegetieren und dann irgendwann alleine, vereinsamt und klapprig sterben. Dann haben Sie ja richtig was geschafft. Dann redet man vielleicht noch ein paar Wochen über Sie, man ist traurig, aber dann geraten auch Sie in Vergessenheit. Da haben Sie nicht so viel von.«

»Ja, das weiß ich doch alles, aber ich werde ja nicht sterben.«

»Also wollen Sie so schnell wie möglich über die 40-kg-Grenze kommen und dann weiter zunehmen, bis Sie Normalgewicht haben? Denn erst dann hat das Gehirn wieder genug Eiweiß, um richtig arbeiten zu können.«

»Mhm, ich weiß nicht, also die gesunde Seite möchte das ja eigentlich schon, aber die kranke Seite irgendwie ja nicht. Aber sterben möchte ich nicht und ich schaff ja jetzt schon, etwas mehr zu essen. Abends zum Beispiel, wenn der Tag um ist, fällt es mir etwas leichter, weil ich weiß, dass ich danach ins Bett gehe und dann nicht mehr den ganzen Tag darüber nachdenken muss.«

»Ach, erzählen Sie mir doch nichts. Ich möchte, dass Sie mir bis Dienstag sagen, was Sie eigentlich wollen und ob Sie in eine Klinik gehen. Ich werde die Behandlung so nicht weiterführen. Und dann ist es meine Aufgabe, einen Betreuer für Sie anzufordern.«

»Nein, das geht doch nicht. Ich nehme wirklich jetzt zu.«

»Ach ja? Und wie viel?«

»Ja, weiß ich nicht genau.«

»Das sagten Sie schon oft. 1 kg bis übernächste Woche.«

»1 kg? Das schaffe ich nicht. 700 g?«

»Beim nächsten Mal wiegen Sie 1 kg mehr, also 36 kg. Je nachdem, wie viel sie heute getrunken haben, ist das sehr wohl machbar. Trotzdem möchte ich, dass Sie am Dienstag anrufen. Und mit Ihrer Mutter möchte ich auch sprechen. Also bräuchte ich eine Schweigepflichtentbindung und eine Nummer, unter der ich Ihre Mutter erreichen kann.«

»Mhm, ja okay, dann bis Dienstag.«

»Bis Dienstag, Frau Blumroth, und viel Erfolg.«

Wir schütteln uns die Hand und ich gehe hinaus. Am Empfang hinterlasse ich die Nummer meiner Mutter und lasse mir einen neuen Termin für die übernächste Woche geben. Toll. Jetzt stehe ich schon wieder total unter Druck. Boah Hanna, du bist so doof. Jetzt muss ich bis übernächste Woche 36 kg wiegen und ich hab heute schon mit den Kilos geschummelt. Jetzt muss ich erst mal das Getrunkene aufholen und zunehmen, bevor ich überhaupt noch 1 kg zunehmen kann. Na super. Wieso komme ich eigentlich immer wieder in diese scheiß Situationen? Lerne ich denn eigentlich nie aus meinen blöden Fehlern? Jedes Mal sage ich mir, nicht mehr zu trinken, nicht mehr zu schummeln, endlich zuzunehmen, und was ist?

Jedes Mal stehe ich wieder am gleichen beschissenen Punkt und ärgere mich über mich selbst.

Ob ich es schaffe zuzunehmen? Ich hab mir das jetzt schon so oft vorgenommen, aber ich schaffe es einfach nicht, mehr zu essen, beziehungsweise anders zu essen. Das kann doch einfach nicht sein.

Hanna, willst du etwa einen Betreuer? So kurz vorm Abitur? Oder überhaupt. Jetzt reiß dich mal zusammen.

Wenigstens ein bisschen. Ich meine, ich muss ja nicht unbedingt das Kilo schaffen, aber wenigstens ein bisschen, sonst muss ich beim nächsten Mal wieder über 3 Liter trinken, das halte ich nicht noch mal aus.

Also los. Wenigstens versuchen, etwas mehr zu essen. LOS LOS LOS.

Außerdem muss ich eh zunehmen, sonst macht Mama das auch nicht mehr länger mit. Ständig droht sie mir mit der Zwangsein-weisung und dass sie dies auf jeden Fall auch noch vor dem Abitur machen würde, wenn ich nicht zunehme. Aber ich schaffe es einfach nicht. Mein Gewicht schwankt immer zwischen 32 kg und 33 kg. Manchmal schaffe ich es, mir ein bisschen was zu erlauben, dann esse ich zum Beispiel abends ein kleines Stück Schokolade oder ein paar eingefrorene Früchte mit fettarmem Joghurt, aber sobald mein Gewicht gestiegen ist, selbst wenn es nur 200 g sind, schraube ich die Nahrungszufuhr direkt wieder zurück. Dabei weiß meine gesunde Seite ganz genau, dass das normal ist, dass das Gewicht schwankt und die 200 g dann kein wirkliches zugenommenes Gewicht sind, sondern normale Schwankung oder Flüssigkeit, oder Essen im Magen, das sowieso wieder ausgeschieden wird. Aber das hilft mir nicht. Ich stehe auf der Waage, sehe diese Zahl und bekomme Panik und ein schlechtes Gewissen. Mein Kopf ist ein einziger Brei.

Hinzu kommt, dass ich mich eigentlich auf die Schule konzent-rieren müsste, aber das klappt nicht wirklich. Immer wenn ich etwas lernen möchte oder lernen muss, schwirren Kalorien, Gewicht, Zwangseinweisung, Druck und Essen, Essen, Essen in meinem Kopf herum.

Jedes Mal, wenn Mama mich wiegt und sieht, dass ich nicht zugenommen beziehungsweise abgenommen habe, flippt sie völlig aus. Jetzt waren wir auch noch im Skiurlaub, in dem ich nicht mal mit Ski fahren durfte und abends immer warm essen musste, und ich habe trotzdem nicht zugenommen. Aber ich weiß auch genau, woran das lag. Dadurch, dass ich wusste, dass ich abends warm essen muss, hab ich den ganzen Tag, wenn die anderen Ski fahren waren, nichts gegessen und beim Frühstück immer geschummelt. Ich hab mir vorher vorgenommen, im Urlaub ordentlich zu essen und einfach mal zu genießen und meine Gedanken abzuschalten. Es hat wieder nicht geklappt. Und so flippt Mama ein weiteres Mal aus, als sie mich nach dem Urlaub wiegt.

15. KAPITEL

Eiswürfel gegen den Hunger

März 2011

Ich halte das einfach nicht mehr aus. Mein Kopf nervt mich. Immer diese Gedanken. Ich bin total fertig. Nicht körperlich, davon merke ich nichts. Keine Kraftlosigkeit. Nein. Aber totale Erschöpfung und Müdigkeit. Und das jetzt, wo meine Vorabiturklausuren anfangen.

Nächste Woche geht es los und ich hoffe einfach nur, dass ich weiß, was ich schreiben soll, und nicht ans Essen denken muss oder daran, dass vor Müdigkeit mein Kopf einfach leer ist oder dass ich vielleicht vor dem Abitur zwangseingewiesen werde. Aber das ist auch kein Wunder, immerhin schlafe ich nicht mehr als drei Stunden in der Nacht. Es ist einfach nicht möglich. Wenn ich vor zwei Uhr in der Nacht einschlafe, ist das schon echt ein Wunder. Jeden Abend gehe ich gegen halb elf ins Bett mit einem eingefrorenen Joghurt. Den »gönne« ich mir jeden Abend. Einen eingefrorenen, mit Wasser und Süßstoff verdünnten fettarmen Joghurt, an dem ich eine Stunde lang herumkratze, bis er endlich aufgegessen ist. Aber schlafen kann ich danach auch nicht.

Danach habe ich meistens Bauchschmerzen, wobei ich nicht weiß, ob das von der Kälte kommt oder ob es Hunger ist. Ich glaube, es ist ein Hungergefühl. Dann liege ich eine weitere Stunde wach und versuche, wenigstens zu schlafen, aber es klappt nicht, weil ich nur ans Essen denken muss, beziehungsweise daran, was ich am Tag gegessen habe. Und so stehe ich auf, schleiche durchs Treppenhaus in den Keller und hole mir noch einen eingefrorenen Joghurt oder esse Salatblätter mit Salz oder Pfeffer, um dieses grässliche Bauchgefühl wegzubekommen.

Aber seit Kurzem habe ich etwas Neues für mich entdeckt. Ich friere mir jetzt tagsüber Wasser vermischt mit Kuchen oder Kekskrümeln ein, sodass ich in der Nacht Eiswürfel kauen kann. Das ist genial, denn die schmecken dann nach Kuchen, aber bestehen fast nur aus Wasser und haben kaum Kalorien. Also gehe ich zum dritten Mal heute Nacht in den Keller und hole mir eine Portion Eiswürfel in mein Zimmer, die ich dann genüsslich vor dem Fernseher verspeise. Dann versuche ich, wieder einzuschlafen, und merke, dass dieses Bauchgefühl immer noch nicht vorbei ist, sodass das von vorne losgeht und ich mehrmals in der Nacht in die Küche oder den Keller schleiche, um Salat oder eingefrorene Wasserplörre zu essen.

Wenn ich daran denke, was für eine Zeitverschwendung das ist. Es ist ja nicht nur diese eine Stunde Joghurt-Kratzerei und Hin-und-her-Gerenne in der Nacht. Es ist auch das Vorbereiten dieser Joghurts und Eiswürfel.

Wie oft ich in der Woche im Keller stehe und mir dieses Zeug mische und einfriere. Das ganze Eisfach ist voll davon. Wenn ich wenigstens nur einen Joghurt und eine Portion Eiswürfel einfrieren würde. Nein. Ich habe mindestens zehn Joghurts im Eisfach und zwei große Becher voll mit Eiswürfeln, die ich meistens auch alle in der Nacht esse. Doch der erste Grund, warum ich so viel davon einfriere, ist, dass ich Panik habe. Keine Panik, dass nicht genug da ist, sondern Panik vor einer Fressattacke. Ich hatte noch nie in meinem Leben eine Fressattacke und trotzdem habe ich eine Riesenpanik davor, eine zu bekommen und dadurch die Kontrolle zu verlieren. Da ich gerade abends und nachts einen unerträglichen Appetit habe, denke ich, ich könnte die Kontrolle verlieren und plötzlich alles in mich hineinstopfen, was ich finden kann. Und um dieser Angst und diesem Appetit entgegenzuwirken, friere ich Eiswürfel ein, so viele wie möglich.

Diese Panik und diese Gelüste sind so groß, obwohl ich eigentlich genau weiß, wie diszipliniert ich bin und dass ich wahrscheinlich niemals eine Fressattacke haben werde. Aber das denkt nur die gesunde Seite. Die kranke Seite versichert mir immer wieder: »Du brauchst einen großen Vorrat an Eiswürfeln, denn wenn heute Nacht nicht genug da sind, kannst du dich sicher nicht kontrollieren und stopfst irgendwas in dich rein, um das Bauchgefühl loszuwerden, und dann nimmst du sofort extrem viel zu.«

Also stehe ich Tag für Tag im Keller, manchmal über eine Stunde, um verschiedene Krümel einzufrieren.

Mittlerweile ist es wieder vier Uhr, bis ich dann irgendwann aus Müdigkeit doch einschlafe. Blöderweise klingelt dann um halb sieben schon wieder der Wecker und ich fühle mich wie gerädert.

Wenn ich da an nächste Woche denke, an die Klausuren, hab ich keine Ahnung, wie ich das schaffen soll, wenn ich jetzt schon so oft Tage habe, an denen ich einfach nur einschlafen möchte im Unterricht. Ganz oft sage ich mir, einfach mal liegen zu bleiben, weil ich kaum aufstehen kann, aber das mache ich dann doch nicht, obwohl ich in diesem Halbjahr noch nicht eine Stunde gefehlt habe, woran ich dann wieder diesen unglaublichen Zwang zur Disziplin bemerke.

Am liebsten würde ich mich wenigstens jetzt, nachdem ich doch aufgestanden bin, auf die Schule konzentrieren, doch die ersten Gedanken verschwende ich direkt ans Frühstück und wie ich es schaffen könnte, nichts zu frühstücken, ohne dass Mama es merkt.

Während ich mich anziehe, gehe ich, wie jeden Morgen, in Gedanken meine Tricks durch, die ich in welcher Situation zu welchem Zeitpunkt wie durchführen könnte. Da es zurzeit Winter ist, dauert das Anziehen entsprechend lang.

Unterwäsche, dünne Strumpfhose, dicke Strumpfhose, Leggins, dicke Socken, Hose, T-Shirt, dünner Pulli, dicker Pulli und Schmuck.

Ich finde diese vielen Schichten so dermaßen ätzend, weil es immer an irgendeiner Stelle kratzt oder Falten wirft, und wirklich wärmen tut es auch nicht.

Mittlerweile ist es Viertel nach sieben und wie jeden Morgen höre ich Mamas genervte Stimme: »Hanna, kommst du bitte endlich zum Frühstück, ich muss um halb los und das weißt du ganz genau, wir hatten abgemacht, dass du wie deine Geschwister um zehn nach unten bist.«

Ich weiß genau, wie recht sie hat, und trotzdem zögere ich es weiter hinaus und antworte: »Ja, Mann, ich bin doch schon längst auf dem Weg.«

Dann gehe ich ganz langsam die Treppe hinunter und verstaue erst mal meine Wärmflasche, die ich mir mehrmals mache in der Nacht, hinter der Kellertür, damit ich sie direkt griffbereit habe, wenn ich aus der Schule komme. Als ich dann endlich in der Küche ankomme, ist es bereits 20 nach sieben und meine Geschwister sind schon fertig mit dem Frühstück.

Sobald ich mein Brot auf dem Teller sehe, welches mir von Mama jeden Morgen vorgelegt wird, bekomme ich sofort Panik und keife los: »Willst du mich veräppeln? Das Brot soll ich essen? Das ist viel größer als das von gestern, das esse ich nicht.«

»Und wie du das isst. Das ist genau das gleiche Brot wie gestern auch. Aus der Packung, vorgeschnitten. Und die Scheiben in der Pak-kung sind alle gleich groß und gleich schwer. Und jetzt fange nicht direkt schon wieder an zu diskutieren. Ich bin jetzt schon stinksauer. Zehn nach sieben hatten wir abgemacht und jetzt ist es 20 nach.«

»Auf der Badezimmeruhr war es erst Viertel nach, da kann ich ja nichts für, dass die Uhr hier unten anders geht.«

Während ich merke, wie behämmert ich argumentiere, gehe ich zum Toaster, stecke das Brot hinein und stelle den Toaster auf die höchste Stufe und möchte gerade ganz langsam den Schalter her-unterdrücken, als Mama schon sagt: »Du brauchst jetzt gar nicht noch lange zu toasten. Allerhöchstens auf drei. So schwarz wie dein Brot immer ist, das ist ungesund und krank. Und du musst nicht auch noch Krebs bekommen.

Als ich dann sage: »Da kommt es auch nicht mehr drauf an«, und dabei anfange zu lachen, muss auch sie wieder ein bisschen schmun-zeln. Ich glaube, wenn es diese kleinen Scherze zwischendurch nicht gäbe, hätten wir wahrscheinlich schon längst aufgegeben.

Trotzdem bin ich sofort wieder voll in meinem Plan und stelle den Toaster heimlich auf fünf, sodass das Brot nicht schwarz wird, aber schön knusprig und es wieder etwas Zeit in Anspruch nimmt. Als ich jedoch merke, dass Mama wieder kurz davor ist zu explo-dieren, hole ich mein Brot aus dem Toaster. Gerade rechtzeitig, denn an einer Stelle fängt es schon an zu verkohlen. Bevor ich das Brot beschmiere, breche ich rundherum die knusprigen Kanten ab, sodass auf meinem Teller mindestens sieben Brotstückchen liegen inklusive des Innenteils. Die Kantenstücke sind so dünn, dass ich sie gar nicht bestreichen könnte, und ich nehme sie einzeln in die Hand und knabbere daran herum. Die Kanten sind so knusprig und trocken, dass man meinen könnte, ich würde Knäckebrot essen.

Dadurch, dass das Innenteil nur noch handtellergroß ist, brauche ich auch nur wenig Marmelade, die ich darauf kratze, und wieder merke ich, dass ich den Bogen total überspanne, weil Mama meint: »Kratz doch lieber noch ein bisschen weniger Marmelade aufs Brot, dann kannst du es dir bald ganz sparen. Und mein Gott, Hanna, jetzt fang endlich mal an zu essen, sonst flippe ich hier gleich aus und dann sitzt du morgen um sechs Uhr hier mit mir am Tisch zum Frühstücken.«

Ich grummele nur und beiße ganz langsam eine Brotspitze ab und kaue diese noch langsamer und habe dabei Herzrasen.

Warum kann die Zeit nicht schneller vorbeigehen? Ich hab das Gefühl, dass sie gar nicht vorangeht. Mein Herz rast immer schneller, weil ich einerseits ungeduldig darauf warte, dass meine Mutter aufsteht, um zur Arbeit zu fahren, und ich andererseits immer mehr Panik bekomme, weil ich von meinem Brot abbeißen muss. Plötzlich klingelt das Telefon, was mir eine unglaubliche Freude bereitet und meiner Mutter wohl Erschrecken, da sie die Augen verdreht und ganz schnell zum Telefon rennt, um genauso schnell wieder neben mir am Tisch zu sitzen. Während sie das tut, lasse ich blitzschnell eine meiner Brotkanten unter meinem Rollkragenpullover und dann im BH verschwinden. Während sie dann neben mir sitzt und telefoniert, tue ich die ganze Zeit so, als würde ich kauen, und bekomme nebenher grob mit, worum es in dem Telefonat geht: »Ja, wenn es ihr so schlecht geht, ist es wirklich besser, sie bleibt heute zu Hause. Und je nachdem, wie sie sich erholt, schauen wir dann morgen weiter.«

Oh mein Gott. Mama hat frei, weil ihre Schülerin krank ist. Für mich bricht eine Welt zusammen. Warum habe ich immer so ein Pech. Wenn ich dieses Brot aufessen muss, ist der Tag für mich gelaufen. Das kann doch nicht sein. Mein Herz rast schneller als ein Düsenjäger und am liebsten würde ich jetzt anfangen zu heulen, aber ich versuche, ruhig zu bleiben. Doch ich merke, wie meine Hände anfangen zu zittern.

»Das war die Katrin, ich hab heute frei, mein Schatz.«

Ich antworte mit ganz unsicherer Stimme: »Oh, ist ja cool.«

Also hatte ich recht. Mama hat frei und ich bin ein panisches Wrack. Als sie sich kurz zur Seite dreht, um das Telefon wegzulegen, lasse ich wieder rasend schnell eine Brotkante unter meinem Pullover verschwinden, schaffe es aber diesmal nicht ganz bis zum BH und tu wieder so, als würde ich kauen. Doch es hat sich eh erledigt, denn anscheinend hat Mama aus den Augenwinkeln die hastige Bewegung bemerkt und fragt sofort: »Was hast du gerade gemacht?«

Ich schauspielere wie jeden Morgen und frage entrüstet: »Wie, was habe ich schon wieder gemacht? Was soll ich denn gemacht haben? Ich sitze einfach hier und frühstücke und jetzt tu nicht schon wieder so, als hätte ich irgendwas gemacht.«

»Wo ist denn dann die Brotkante, die da gerade noch auf deinem Teller lag?«

»In meinem Magen vielleicht? Wo soll sie denn sonst sein?«

»Ja, das frage ich dich, du isst doch sonst nicht so große Stücke auf einmal. Steh mal auf.«

»Oah Mama, ich steh jetzt nicht auf. Jetzt lass mich doch einfach mal in Ruhe hier sitzen und dieses scheiß Brot aufessen. Ich muss zur Schule und hab jetzt schon kaum noch Zeit zum Zähneputzen.«

»Ja, das geht ja nun mal auf deine eigene Kappe und jetzt steh bitte auf.«

Mürrisch stelle ich mich neben meinen Stuhl und schaue zu, wie meine Mutter erst unter dem Kissen, unter dem Teller und dann in meinen Hosentaschen und Ärmeln sucht. Plötzlich fängt sie an, mich auch noch abzutasten und …

ERWISCHT! Sie fühlt an meinem Hals etwas Hartes und bringt eine Brotkante zum Vorschein, die sie auf meinen Teller schmeißt.

»Was ist das?«, fragt sie ganz ernst, obwohl die Frage eigentlich überflüssig ist.

Also antworte ich ganz leise, aber ohne den Blick abzuwenden: »Eine Brotkante.«

»Und was soll das?«

»Weiß nicht«, sage ich erst, doch dann sprudele ich los: »Oh Mama, du weißt ganz genau, wie sehr ich das Frühstück hasse, und die Scheibe Brot war heute viel größer als gestern und …«

»Jetzt hör aber mal auf«, schreit sie und knallt dabei so dermaßen die Faust auf den Tisch, dass ich zusammenzucke.

»Mir reicht es. Ich lasse mich doch hier nicht länger verarschen. Ich sitze hier wie eine Blöde jeden Morgen am Tisch und riskiere, zu spät zur Arbeit zu kommen, und das Einzige, was du zu tun hast, ist, das Brot in deinem Pullover verschwinden zu lassen. Du verarschst uns hier alle nach Strich und Faden und alle leiden darunter. Nur du ziehst dein Ding weiter durch.«

»Ich verarsche euch gar nicht nach Strich und Faden, das war heute das erste Mal, weil das Brot größer war, und da hab ich …«

»Halt ja den Mund jetzt, sonst gibt es hier gleich einen Riesen-knall. Geh jetzt in die Schule, ich will dich nicht mehr sehen und ich kümmere mich darum, dass du zwangseingewiesen wirst. Ich bin doch nicht bescheuert. Die Leute müssen ja schon denken, ich hätte komplett einen an der Waffel, was ich hier mit dir mache. Und dein Abitur kannst du dir sonst wohin stecken, das geht mir nämlich links am Arsch vorbei. Ich gebe mir von Tag zu Tag Mühe, dich zu unterstützen, mit dir zu reden und du machst lustig weiter wie bis-her. Ich dachte, du willst dein Abitur machen? Mir ist dein Abitur so was von scheißegal. Von mir aus kannst du das in zehn Jahren noch machen. Ich lasse hier doch nicht meine Tochter verhungern, nur weil du unbedingt in diesem Jahr dein Abitur machen willst. Ich hab damals schon gesagt, du sollst die Zwölfte wiederholen, und hab dich trotzdem weitermachen lassen. Und du veränderst an deinem Verhalten gar nichts. Abitur. Ts. Was willst du eigentlich damit? Tot bringt dir das nicht viel. Und jetzt geh lieber, bevor hier noch ein Unglück passiert.«

Wenn man jetzt meinen Puls messen würde, würde das Messgerät platzen. Zwangseinweisung. Das kann sie doch nicht machen. Warum konnte ich dieses scheiß Brot nicht einfach essen. Immer diese Panik. Mensch Hanna, denke ich mir, warum kannst du dich nicht einfach mal zusammenreißen. Und wieder hast du es verbockt. Und das ist ganz alleine deine Schuld. Jetzt mach doch mal endlich was und verschiebe es nicht immer auf morgen.

Ich schaff es echt noch, dass ich vor dem Abitur zwangseingewiesen werde, das kann doch echt nicht sein.

Ich versuche, mich innerlich zu beruhigen, doch es klappt nicht. Trotzdem denke ich: Gott sei Dank hat sie nicht auch noch die Kante in meinem BH gefunden.

Langsam stehe ich auf und gehe in mein Zimmer, um mir die Zähne noch schnell zu putzen. Eigentlich kann ich mir das Beeilen sparen, denn ich werde eh zu spät zum Unterricht kommen.

Trotzdem schnappe ich mir blitzschnell meine Jacke, schwinge mich aufs Fahrrad und rase los, um wenigstens noch ein bisschen was zu retten.

Den Tag über in der Schule habe ich wieder meine altbekannte, lächelnde Maske auf, um zu zeigen, wie gut es mir doch geht, und das natürlich immer an der Heizung sitzend, um nicht allzu sehr zu frieren.

Auf dem Weg nach Hause denke ich wie bereits den ganzen Tag über ans Mittagessen, weil ich einerseits tierischen Hunger habe und andererseits eine Riesenpanik davor, wie ich die Mahlzeit überstehe und wie ich schummeln kann. Je näher ich unserem Haus komme, desto größer wird die Angst.

Als ich dann die Tür aufschließe, meine Jacke aufhänge und heilfroh bin, es jetzt endlich wärmer zu haben, merke ich, dass ich immer noch das Stück Brot im BH habe, und lasse es kurz darauf in der Toilette verschwinden.

Das Mittagessen verläuft ein wenig anders als sonst, weil ich die ganze Zeit denke: Iss Hanna. Einfach essen. Du hast Hunger. Du darfst essen. Du wirst zwangseingewiesen. Du hast Untergewicht. Du musst essen. Du hast eigentlich keine Wahl. Tu es einfach. Hör nicht auf die schlechte Stimme. Die erzählt Mist.

Ich esse extrem langsam und zerteile alles in kleinste Stücke, obwohl ich eigentlich nur Gemüse und ein kleines Stück Fleisch und eine halbe Kartoffel auf dem Teller habe. Trotzdem nehme ich das Stück Fleisch in den Mund, manövriere es unter meine Zunge, stehe auf, um mir Senf aus dem Kühlschrank zu holen, und spucke dabei das Fleisch in meine Hand und verstecke es im Kühlschrank. Dann frage ich scheinheilig: »Möchte noch jemand Senf?«

Mama und Robert sagen beide Nein und als ich Maria anschaue, kann ich nur in ihrem Blick lesen, dass sie sehr wohl meine Aktion bemerkt hat. Doch sie schaut mich nur genervt an.

Wenn ich nur einfach diese blöde Stimme abschalten könnte.

Ich lande wieder in der Klapse, ich sehe es kommen.

Den restlichen Tag verbringe ich, so gut es geht, in meinem Zimmer, damit ja keine Gesprächssituation zustande kommen kann. Gegen Nachmittag rufe ich dann in der Praxis des Arztes an, um ihm mitzuteilen, dass ich mich gegen die Klinik entschieden habe und stattdessen das Kilo zunehmen werde bis zum nächsten Termin.

Er lässt mich jedoch sehr genau spüren, dass er nicht wirklich daran glaubt, dass es jetzt klappen würde, und dass für ihn die richterliche Anordnung eines Betreuers nicht mehr sehr fern liegt.

Die darauffolgenden Tage versuche ich mir so oft zu sagen: Iss, Hanna, du wirst sonst zwangseingewiesen, willst du das? So kurz vor deinem Abitur? Und dann per richterlicher Anweisung? Dann darfst du nichts mehr. Du darfst nichts entscheiden. Dann bist du entmündigt. Gerade erst die Volljährigkeit erreicht und schon entmündigt. Dann musst du bei allem, was du machen möchtest, erst einen Antrag stellen. Dein Betreuer kann dir alles verbieten und muss dir alles erst erlauben. Das kann doch nicht das sein, was du willst. Nur damit du dünn bist. Nur damit du hungern kannst, obwohl dich nachts der Hunger quält. Mensch Hanna, iss doch einfach, selbst wenn du jetzt 10 kg zunimmst, bist du noch im untergewichtigen Bereich. Und du musst gerade erst mal ein Kilo zunehmen, das wird doch wohl zu schaffen sein …

Und immer so weiter gehen die Gedanken. Doch es klappt nicht. Vor der Mahlzeit immer Zusprüche der gesunden Seite, doch sobald eine neue Mahlzeit beginnt, bin ich wieder voll im Magersuchtmodus. Je weniger, desto besser. Ich habe einfach so eine panische Angst vorm Essen, das ist unbeschreiblich, obwohl ich am liebsten den ganzen Tisch leerfuttern würde. Solch eine Lust habe ich auf das Essen. Diese zwei Seiten machen mich einerseits so aggressiv, dass ich mich am liebsten einfach nur auseinanderreißen möchte. Andererseits ist es zermürbend, dass ich einfach den Wunsch habe, nur noch schlafen zu wollen, um meinen Kopf auszuschalten, oder mich in körperliche Arbeit zu stürzen, um mich abzulenken und meinen Körper zu spüren.

Doch immer wieder ist da die Panik. Die Zwangseinweisung ist immer präsent und für mich doch so weit weg. Denn wenn ich die Panik vor der Zwangseinweisung wirklich verinnerlicht hätte, warum schaffe ich es dann nicht, alles dafür zu tun, um diese abzuschalten, zu essen, zuzunehmen, auf die Ärzte zu hören, auf meine gesunde Seite, diese klitzekleine minimale gesunde Seite?

Ach. Es gibt so viele Fragen in mir, die ich einfach nicht beantworten kann, und das macht mich mürbe.

Die Zukunft macht mir genauso Angst. Panische Angst. Wieso kann ich nicht einfach wissen, was in der Zukunft sein wird, dann würde ich wissen, ob es sich überhaupt lohnt weiterzuleben. Seit vielen Jahren nämlich finde ich mein Leben nicht lebenswert.

16. KAPITEL

Bitte nur noch Abitur!

März bis April 2011

Als ich an diesem Tag aus der Schule komme, freue ich mich wie immer auf die Wärme im Haus und auf meine Wärmflasche. Zugleich denke ich aber schon an den Nachmittagsunterricht bis 18 Uhr und dass ich dann wieder frieren muss. Es ist egal, was und wie viel ich anziehe, ich friere und friere. Meine Wärmflasche ist für mich wie für andere eine Wellness-Behandlung und eine riesige Erleichterung. Im Flur rieche ich dann bereits das Mittagessen und wieder steigt die Panik, das Herz fängt an zu rasen und meine Hände zu zittern. Trotzdem atme ich tief ein, um wenigstens diesen wunderbaren Geruch zu genießen und mir vorzustellen, wie es wäre, wenn ich mir jetzt erlauben würde zu essen.

Doch da ist noch etwas anderes. Irgendetwas liegt in der Luft. Irgendetwas sagt mir, dass da noch was ist. Etwas Bedrohliches. Und da mich mein Gefühl selten trügt, gehe ich sehr langsam Richtung Küche. Als ich eintrete, sehe ich sofort im Blick meiner Mutter, dass mein Gefühl recht hatte. Jetzt ist nur die Frage, was schon wieder los ist. Da ich mir denken kann, dass es schlechte Nachrichten gibt, versuche ich, so locker wie möglich zu wirken, und begrüße sie mit einem fröhlichen Kuss und frage dabei: »He, na wie war dein Tag heute?«

»Oh joar, es ging so, meine Schülerin war heute ziemlich durcheinander. Außerdem habe ich einen Anruf bekommen«, antwortet sie.

Oh nein, welcher Arzt hat diesmal angerufen, denke ich. Was ist jetzt schon wieder. Bitte kein Arztanruf. Bitte. Mein Herz rast und ich kann kaum fragen und muss mich extrem zusammenreißen, um so locker wie möglich zu wirken.

»Einen Anruf bekommen? Von wem denn, beziehungsweise wieso?«

Sie antwortet: »Die Schule hat angerufen. Frau Gerb hat dich heute wohl seit Längerem zum ersten Mal wieder gesehen auf dem Flur und sich so erschrocken, dass sie deine anderen Lehrer darauf angesprochen hat. Und es haben ihr einige zugestimmt, dass du so nicht mehr zur Schule gehen dürftest. Und sie wollen, dass du in eine Klinik gehst. Hanna, mach dir das mal klar. Du hast keinerlei Wahl mehr. Wenn ich dich nicht einweisen lasse, kümmert sich deine Schule darum. Das kann die Schule gar nicht mehr verantworten, dich zu unterrichten. Stell dir mal vor, dir passiert etwas. Alles, was du momentan tust, ist unverantwortlich und gefährlich. Hanna, ich habe gar keine andere Wahl, als dich zwangseinweisen zu lassen. Bitte sei doch vernünftig und gehe wenigstens freiwillig, um uns allen, aber vor allem dir, diesen Zwang zu ersparen.«

»Ich geh nicht noch mal in eine Klinik. Niemals.«

»Hanna, mir reicht es langsam, du machst die ganze Familie kaputt mit deiner Sturheit. Du hast doch gar keine andere Wahl mehr. Willst du in die Psychiatrie kommen und mit einer Sonde ernährt werden, bis du ein unterstes Gewicht erreicht hast, um dann wieder entlassen zu werden und genauso krank zu sein wie vorher?«

»Oh nein, Mann, aber ich will in gar keine Klinik mehr.«

Das restliche »Gespräch« eskaliert total. Meine Mutter heult. Ich heule. Meine Mutter ist stinksauer und flippt völlig aus, sodass ich das Gefühl habe, sie schlägt das ganze Wohnzimmer kurz und klein. Anschließend bricht sie auf dem Boden zusammen und weint so verzweifelt, dass man sie nicht einmal in den Arm nehmen kann. Meine Geschwister sitzen um sie herum und versuchen, sie irgendwie zu beruhigen und ihr immer wieder neue Taschentücher zu reichen. Ich möchte sie auch in den Arm nehmen, doch sie blockt ab. In den Blicken meiner Geschwister kann ich lesen, was sie denken: »Sieh nur, was du angerichtet hast. Du machst unsere Mama kaputt.«

Ich schäme mich so dermaßen, das ist unbeschreiblich. Mama ist immer die Starke. Immer diejenige, die alles im Griff hat. Immer alles regelt. Immer alles klärt. Immer für einen da ist. Sie mit einem solchen Nervenzusammenbruch auf dem Boden liegen zu sehen ist unbeschreiblich grausam und für mich beschämend.

Zu wissen, dass ich schuld an diesem Nervenzusammenbruch bin. Schuld an ihrem Befinden bin. Ich bin so unendlich traurig und wütend auf mich und meine Krankheit. Jeder würde jetzt zu mir sagen: »Hanna, geh doch einfach noch mal in eine Klinik. Lass dich behandeln. Lass dich darauf ein. Tu es doch wenigstens für deine Mutter und deine Familie. So kann es doch nicht weitergehen. Und du weißt doch selber, dass du es alleine nicht schaffen kannst.«

Wie wahr diese Worte doch sind. Doch ich kann nicht. Ich kann einfach nicht. Ich kann nicht noch mal in eine Klinik gehen. Ich habe so panische Angst davor und bin zusätzlich noch enttäuscht von den letzten drei Klinikaufenthalten.

Warum sollte es dann diesmal klappen?

Auf der einen Seite habe ich immer an Gewicht zugenommen, was für mich schon schwierig genug und mit Panikattacken und Ängsten verbunden war, aber sobald ich zu Hause war, habe ich gemerkt, wie krank ich immer noch bin und wie wenig ich mit mir und meinem Körper leben kann, und so ging der Horror mit dem Fasten weiter.

Aber wovor habe ich genau Angst? Vor der Klinik, vor dem Essen, vor dem Zunehmen, vor der Trennung von zu Hause, davor, dann nicht das Abitur in diesem Jahr machen zu können? Ich weiß es nicht. Ich denke, es ist alles und noch vieles mehr.

Und nur weil ich zu feige bin, mich diesen Ängsten zu stellen, mache ich lieber meine Familie kaputt?

Hanna, du bist so feige und egozentrisch, das ist unbeschreiblich.

Am Abend sitzen meine Mutter und ich bei meinem Hausarzt, der mir wieder erklärt, dass auch er die Verantwortung nicht länger übernehmen kann und eine Zwangseinweisung klar auf der Hand liege.

Diesmal breche ich auf dem Stuhl zusammen und weine so bitterlich, da mir langsam einiges klarer wird. Es ist ernst. Sehr ernst. Mir wird plötzlich klar, dass ich bereits mit einem Bein in der Psychiatrie stehe und dass ich dann mein Abitur knicken kann.

»Bitte, bitte, das könnt ihr doch nicht machen so kurz vor dem Abitur, dann war alles umsonst. Ich verspreche euch, dass ich zunehmen und ordentlich essen werde, aber lasst mich doch wenigstens das Abitur noch machen. Es ist doch nicht mehr so lange bis dahin. Bitte. Das könnt ihr doch nicht machen!«

Mama kann meine Worte kaum fassen, weil ihr in diesem Moment mein Abitur so dermaßen egal ist.

»Du willst dein Abitur noch machen? Ist dir denn gar nicht bewusst, dass dir jeden Moment etwas passieren kann? Dass du jeden Moment sterben kannst? Ich kann nachts nicht schlafen, weil ich Panikattacken habe, dass du nicht mehr aufwachst. Du selbst schläfst höchstens drei bis vier Stunden in der Nacht und da willst du dein Abitur machen?«

»Ja, es ist doch nicht mehr lange. Ich verspreche euch, ich werd mich ändern. Ich packe das an. Ich schaffe das, damit ich mein Abitur machen kann. Aber bitte nicht Klinik. Bitte nicht schon wieder.«

Ich bin eigentlich ganz sicher, dass mein Leben nun gelaufen ist, weil ich wieder in eine Klinik muss, als Mama fragt: »Was bist du denn bereit, dafür zu geben und einzugehen?«

Hoffnung! Hoffnung! Habe ich doch noch eine Chance? Lassen sich Mama und mein Arzt darauf ein? Bitte, lieber Gott. Bitte mach das, dass ich noch eine letzte Chance bekomme.

»ALLES. Ich mache alles, was ihr wollt, ich esse mehr und versuche zuzunehmen, aber bitte bringt mich nicht schon wieder in eine Klinik, bitte.«

Ganz lange schaut mich Mama an, bis sie irgendwann sagt: »Ich lasse mich darauf ein, ein allerletztes Mal. Ich biete dir an, dich bis zu deinem Abitur zu begleiten. Dich zu begleiten, was das Essen anbelangt, und dich zu begleiten, was deine Psyche anbelangt, und ich versuche, dich so gut es geht in allem zu unterstützen, das weißt du. Aber das geht nur, wenn du dich und dein Verhalten änderst und du wirklich zunimmst. Ich möchte dich jeden Tag wiegen und sehen, dass du zunimmst. Bis du dein Abitur hast, keinen Tag länger.«

Ich bin so erleichtert, dass es sich anfühlt, als würde mir der Himalaya vom Herzen fallen. Ich bekomme eine allerletzte Chance. Es ist wirklich. Eine allerletzte Chance. Ich bin Mama so dankbar, dass ich sage: »Wirklich, ich gebe mir die allergrößte Mühe, glaub mir.«

Wir haben nun einen Deal. Ich muss zunehmen. Jeden Tag wiegen mit Mama. Einmal in der Woche zum Arzt zur Gewichtskontrolle und zum anschließenden Gespräch.

Danke. Danke. Danke. Danke. Ich bin so dankbar.

Die nächsten Wochen klappen, was das Essen angeht, einigermaßen. Aber eigentlich ändere ich gar nichts an meinem Essverhalten. Ich faste weiterhin den ganzen Tag, damit ich denke, dass ich abends schön viel essen kann, um meiner Mutter zu beweisen, dass es gut klappt. Wenn es dann allerdings Abend ist, schaffe ich nicht wirklich, mehr zu essen.

Zusätzlich essen klappt bei mir nur nachts. Ich freue mich den ganzen Tag auf mein eingefrorenes Zeug, das ich nachts esse. Da ich weiß, dass ich zunehmen muss, traue ich mich, etwas mehr zu essen als sonst, aber leider nicht tagsüber. Nur nachts. Dann stehe ich auf und gehe an mein Schränkchen, in dem ich Süßigkeiten gehortet habe, und schaue erst mal, auf was ich wohl Lust habe. Am liebsten würde ich den ganzen Schrank leer futtern und habe sogar totale Panik davor, dass ich mich in einer Nacht mal nicht zurückhalten kann und dies wirklich tue.

Die letzten Nächte habe ich dann immer ein bisschen Schokolade gegessen und versucht, einfach zu denken: DU darfst etwas Zusätzliches essen, Hanna. Denk an dein Abitur. Wenn du nicht zunimmst, kommst du noch vor dem Abitur in die Klinik. Dann war alles umsonst. Dann musst du das ganze Jahr wiederholen. Außerdem hast du es Mama versprochen zuzunehmen. Also hab kein schlechtes Gewissen. Klappt nicht. Ich traue mich zwar, etwas Schokolade zu essen nachts, aber das schlechte Gewissen ist immer da. Und die Panik ebenfalls. Jeder Tag ist eine neue Hürde. Am schlimmsten jedoch ist das abendliche Wiegen von Mama. Jedes Mal habe ich Angst, dass sie mein wirkliches Gewicht erfährt. Sie denkt, dass ich ca. 34 kg wiege.

Am Anfang, nachdem wir bei meinem Arzt waren, habe ich es sogar geschafft, etwas zuzunehmen, doch damit bin ich überhaupt nicht klargekommen, sodass ich das Essen sofort wieder reduziert habe und wieder bei meinem Anfangsgewicht bin. Jeden Abend, wenn Mama mich wiegt, muss ich etwas drauf trinken, damit sie sieht, dass ich zunehme. Jedes Mal, wenn sie mich lobt, dafür, dass ich es schaffe, langsam zuzunehmen, fühle ich mich so dermaßen mies, das ist unbeschreiblich. Sie gibt sich so eine Mühe. Wiegt mich jeden Abend, bleibt beim Essen immer sitzen, bis ich fertig bin, und ich hasse es einfach nur. Dabei weiß ich ganz genau, dass sie das für mich tut. Damit ich mein Abi machen kann und was mache ich? Ich trete ihre Hilfe mit Füßen und verarsche sie weiterhin von vorne bis hinten.

Jeden Abend renne ich ins Bad auf die Waage, damit ich mein Gewicht dahingehend manipulieren kann, dass sie denkt, ich würde wirklich konstant zunehmen. Jeden Tag kommt etwas Flüssigkeit hinzu. Mehr anziehen kann ich schon gar nicht mehr. Mittlerweile trage ich beim Wiegen drei Paar Socken, zwei Hosen, zwei Pullover und eine Sweatshirtjacke. Ich habe totale Panik davor, dass sie irgendwann wieder auf die Idee kommt, mich abzutasten. Das hat sie schon einige Male gemacht, aber bis jetzt nicht gemerkt, dass ich so viele Schichten anhabe. Zusätzlich trinke ich jeden Abend ein bisschen mehr hinzu. Und jedes Mal habe ich ein tierisch schlechtes Gewissen nach dem Wiegen und sage mir: Hanna, du musst zunehmen. Du kannst nicht jeden Tag noch was trinken. Stell dir vor, sie wiegt dich mal zwischendurch und sieht, dass du in Wirklichkeit über 2 kg leichter bist. Du landest wieder in der Klinik. Heute Nacht. Heute Nacht traust du dich mal, mehr Schokolade zu essen. Denk einfach ans Wiegen und deine Panik, erwischt zu werden, was dein wirkliches Gewicht betrifft. Denk dran, Hanna. Klinik. Das willst du nicht. Iss heute Nacht. Du weißt, du darfst es. Du darfst es. Erlaube es dir.

Wie jede Nacht sitze ich dann wieder vor meinem Schränkchen und probiere, etwas Süßes zu essen. Das mache ich dann auch und traue mich, eine Praline zu essen, die ich fünfmal durchschneide vorher. Danach fühle ich mich wie immer mies und denke, dass das reicht zum Zunehmen, dabei reicht das gerade mal, um mein Gewicht zu halten.

Ach hätte ich doch einfach nur mein Abitur, dann hätte ich all diese Gedanken und den Druck nicht. Aber was ist danach?

Was ist nach dem Abitur? Da bin ich ja nicht gesund ...

Dann werde ich anfangen zu studieren und dann werde ich bestimmt von ganz alleine gesund, weil ich mich um mich kümmern muss.

17. KAPITEL

Das Projekt
»stern TV«

April bis Mai 2011

Gott, bin ich erleichtert. Heute habe ich wieder eine Abiturklausur hinter mich gebracht. Jetzt kann ich mich erst mal etwas beruhigen. Jetzt kommt bald noch eine weitere Klausur und dann hab ich es endlich geschafft. Aber was soll ich bloß danach machen?

Während ich mich mal wieder mit meiner Zukunft beschäftige, stöbere ich im Internet und schaue mir Reportagen über Magersucht an. Aber mittlerweile kenne ich fast alle Reportagen darüber, da fällt mir plötzlich etwas ein. Warum »bewerbe« ich mich nicht einfach selber beim Fernsehen für eine Reportage über Magersucht? Der erste Gedanke, der mir kommt, ist: *stern TV*. Die drehen doch öfter über solche Themen, die aktuell sind. Und mehr als absagen können sie ja nicht. Aber soll ich das wirklich machen? An die Öffentlichkeit gehen? Soll ich einfach mal hinschreiben? Aber warum eigentlich? Was erhoffe ich mir davon? Weiß ich eigentlich gar nicht. Aber vielleicht ist es ja so, dass mir meine Krankheit dadurch besser vor Augen geführt wird? Vielleicht wird es mir dann deutlicher, wenn ich mich im Fernsehen sehe? Vielleicht kann ich dann mit dem Thema abschließen und gesund werden? Vielleicht denke ich dann, dass ich die Krankheit »eingeschweißt« habe und sie dann besser aufgeben kann. Vielleicht kann ich ja sogar anderen Mädchen damit helfen? Mir schwirren so viele Gedanken im Kopf herum, bis ich mir sage: Ich schreibe einfach mal eine Nachricht an *stern TV* und warte ab. Sollte es klappen, kann ich mir immer noch Gedanken machen.

Also klicke ich die Seite von *stern TV* an und schreibe über deren Kontaktformular eine Nachricht an die Redaktion:

»Liebes Team von *stern TV*,

ich bin 19 Jahre alt, seit drei Jahren magersüchtig und mein Body-Mass-Index beträgt nur noch 12. Ich wollte Sie fragen, ob Sie vielleicht Interesse hätten, eine Reportage für *stern TV* zu drehen, weil ich gerne andere Mädchen warnen möchte.«

Dann klicke ich auf Senden. Ich bin ganz schön gespannt. Das wäre der Hammer, wenn die sich melden würden, vielleicht werde ich ja danach wirklich gesund?

Erst mal abwarten und nicht zu früh freuen.

Und ich habe mich anscheinend zu früh gefreut, denn es kommt nichts. Keine Nachricht, kein Anruf, keine Bemerkung, aber auch keine Absage, bis eines Tages mein Handy klingelt.

»Guten Tag, spreche ich da mit Hanna Blumroth?«

»Ähm, ja?!«

»Hallo, mein Name ist Blufarb, ich rufe an aufgrund Ihrer Nachricht, die Sie an die Redaktion von *stern TV* geschrieben haben, die wurde vor Kurzem an mich weitergeleitet. Ich bin seit Längerem dabei, einen Film über Magersucht zu drehen, und wollte wissen, ob das bei Ihnen noch aktuell ist, also ob Sie noch Interesse hätten, an meiner Reportage mitzuarbeiten.«

Ich bin total perplex, damit habe ich überhaupt nicht gerechnet, dass sich doch noch jemand meldet, also stammele ich etwas komisch ins Telefon: »Ach so, ähm ja, natürlich hätte ich noch Lust.«

»Das ist prima, am besten, wir machen einen Termin, um uns mal kennenzulernen und zu schauen, ob das auch wirklich passt und Sie ein bisschen von sich erzählen können.«

Das ist ja der Hammer. Aber will ich das wirklich? Dann muss ich mein Innerstes nach außen tragen. Diese Reportage kann jeder sehen. Das ist wie ein Seelenstriptease. Ich warte am besten erst mal das erste Gespräch mit der Redakteurin ab. Jetzt muss ich Mama fragen, ob das für sie überhaupt in Ordnung ist, denn wenn ich das wirklich machen sollte, möchte ich, dass Mama mit im Boot sitzt und auch dahintersteht.

Besagtes Gespräch läuft dann richtig gut. Mama ist mit dabei und steht hinter mir. Sie greift wahrscheinlich nach jedem Strohhalm und hofft, das DAS endlich etwas sein könnte, was mir hilft. Die Redakteurin ist total nett. Und je länger das Gespräch dauert, desto sicherer werde ich mir, dass ich das wirklich durchziehen möchte.

Das wird auf jeden Fall ein niveauvoller Beitrag für *stern TV* und ich merke, dass die Redakteurin sehr einfühlsam ist und Ahnung hat von der Materie.

Die Reportage soll so aufgebaut sein, dass zwei Mädchen gefilmt werden: einmal ein Mädchen, das ihren Alltag mit der Krankheit lebt, also ich, und ein weiteres Mädchen, das sich in einer Klinik befindet. Mit dem anderen Mädchen hat sie bereits gedreht in der Schön Klinik. Sie möchte sozusagen zwei Wege darstellen. Zwei Wege, mit der Magersucht zu leben. Gegen Ende des Gespräches merke ich, wie meine Mutter immer wieder Fragen zu dieser Klinik stellt. Der Redakteurin zufolge soll es eine der besten Kliniken in Deutschland für Essstörungen sein. Sofort merke ich, wie Mama ganz Feuer und Flamme ist und immer mehr Fragen zu dieser Klinik stellt.

Hey. Darum geht es doch gar nicht. Es geht hier um eine Reportage über Magersucht und nicht darum, was für eine tolle Klinik das sein soll. Hoffentlich kommt sie jetzt nicht auf die Idee, mich in diese Klinik zu schicken. Oh mein Gott, sie wirkt auf einmal richtig begeistert. STOPP. Ich will nicht noch mal in eine Klinik. Auch nicht in diese blöde Schön Klinik. Nie wieder in irgendeine. Das hilft mir nicht. Jetzt geht es doch erst mal um die Reportage. Vielleicht werde ich ja danach gesund?

Und dann geht plötzlich alles ganz schnell. Wir vereinbaren zwei Drehtage, an denen das Fernsehteam nach Hamm kommt und mich im Alltag mit der Krankheit filmt, und noch plötzlicher sitze ich mit Mama am Mittwochabend, dem 21.05.2011, um 23:15 Uhr bei *stern TV* im Studio. Live.

Der Arzt der Klinik, welcher auch im Film vorkommt, ist mit dabei. Mama und mir werden Fragen gestellt und die ärztliche Seite wird von besagtem Arzt erklärt. Eigentlich ist der Arzt ja ganz nett und Ahnung hat er, glaube ich, auch. So ein Gefühl hatte ich bis auf meinen zweiten Hausarzt bei einem Arzt noch nie. Alle Ärzte in den anderen Kliniken fand ich nicht sonderlich hilfreich. Aber bei ihm ist das anders. EGAL. Ich gehe nicht noch mal in eine Klinik, egal wie sehr ich mit dem Arzt klarkomme.

Als die Sendung bei *stern TV* vorbei ist, bin ich total traurig. Jetzt ist das Projekt *stern TV* also beendet. Jetzt habe ich also wieder nur noch das Projekt Abi. Ich habe das Gefühl, dass mir die Zeit davonläuft. Bald mache ich mein Abi und für danach habe ich nichts. Nur grobe Vorstellungen, aber nichts Festes, das halte ich nicht aus. Ich brauche etwas Neues. Trotzdem bin ich jetzt erst mal sehr froh, dass ich das mit *stern TV* durchgezogen habe, denn es hat mich doch einen Schritt weiter gebracht.

Umso trauriger bin ich, dass es vorbei ist. Das ging mal wieder viel zu schnell, obwohl auch sehr viel Arbeit dahintersteckte, was man sich kaum vorstellen kann. Aber das Projekt hat mich nicht nur in dem Sinne weitergebracht, dass ich einen Einblick bekommen konnte. Das merke ich, als ich mich das nächste Mal in meinen Facebook- und E-Mail-Account einlogge.

Über 1000 neue Nachrichten von Menschen, die den Beitrag über mich gesehen haben. Oh mein Gott, wie soll ich die denn alle lesen und auch noch beantworten? Was die wohl alle geschrieben haben? Ich bin total gespannt und perplex, damit hätte ich nie gerechnet. Aber erst mal abwarten, was so drinsteht.

Zwei Tage lang sitze ich fast nur am Computer, um all die Nachrichten zu lesen. Jede Nachricht ist einzigartig und wundervoll und bestärkt mich ungemein:

»Liebe Hanna, ich habe deinen Beitrag bei *stern TV* gesehen und wollte dir meine Beachtung aussprechen, damit an die Öffentlichkeit zu gehen, das hat auch mir selber sehr geholfen. Ich wünsche dir alles erdenklich Gute und dass du die Krankheit in den Griff bekommst. Du bist so ein toller Mensch. Du musst kämpfen, du schaffst das. Liebe Grüße!«

So oder so ähnlich sind alle Nachrichten. Entweder von Betroffenen selber, von Angehörigen oder einfach von ganz lieben Menschen, die mir Mut machen und Zuspruch geben wollen.

Ganz viele schreiben auch, dass ich auf jeden Fall in die Schön Klinik gehen solle, da sie entweder selber erfolgreich dort behandelt wurden, jemanden kennen, der dort war oder einfach unbedingt möchten, dass ich Hilfe annehme.

Aber noch mal Klinik? Ich weiß es nicht. Ich bin total dagegen. Immerhin war ich schon so oft, was soll an dieser Klinik denn anders sein? Gut, ich komme mit dem Arzt der Klinik ganz gut klar und finde ihn auch sehr sympathisch, aber das heißt nichts. Sobald ich Patientin bin, ist das bestimmt wieder ganz anders. Ich bleibe dabei, ich gehe nicht noch mal in eine Klinik. Da können die Leute noch so viel Werbung machen für diese Klinik. Klinik bleibt Klinik. Nie wieder. Das ist zwar nett gemeint, aber die wissen nicht, was ich in den Kliniken schon alles mitgemacht habe. Wie schrecklich es für mich war. Das mache ich nicht noch mal. Immer wieder monatelange Quälerei für nichts. Wo bin ich jetzt? Wieder vollkommen am Boden, da sieht man mal, wie viel es gebracht hat. Ich bleibe dabei.

Klinik? Nie wieder!

18. KAPITEL

Fortsetzung folgt

Mai bis Juni 2011

Mein Gott, habe ich einen Hunger, das ist ja nicht mehr normal, warum muss das immer gerade nachts so stark sein? Also schleiche ich zum dritten Mal heute Nacht in den Keller, um mir eine Portion Eiswürfel zu holen und meine Wärmflasche neu zu befüllen. Das Eiswürfelkauen dauert eine weitere Stunde, doch das bringt nichts, bis auf dass ich noch mehr friere und Bauchschmerzen bekomme. Der Appetit beziehungsweise Hunger ist immer noch da und mittlerweile ist es halb vier. Ich kann auch danach einfach nicht einschlafen. Also gehe ich noch einmal runter, aber diesmal in die Küche, und esse grünen Salat und Tomaten mit Salz. Das füllt und ist nicht allzu kalt. Anschließend trinke ich ein paar Schlucke Gemüsebrühe, um meinem Magen vorzugaukeln, dass er jetzt etwas Warmes bekommt, und mich somit nicht mehr ganz so hungrig zu fühlen.

Wenn es überhaupt Hunger ist, oder einfach nur Bauchschmerzen. Währenddessen denke ich die ganze Zeit daran, dass ich in zwei Stunden schon wieder aufstehen und anschließend meine schriftliche Abiturprüfung schreiben muss. Wie soll ich das bloß schaffen? Ich bin jetzt schon total aufgeregt, wie gut, dass mich das Essen wenigstens etwas ablenkt. Na super. Jetzt lenkt es mich zwar ab, aber ohne den blöden Hunger und das Essen würde ich wahrscheinlich schon seit Stunden schlafen. Also ist es sowieso nur Pseudoablenkung.

Gegen vier Uhr liege ich endlich wieder im Bett und schlummere langsam ein. Um sechs Uhr klingelt dann bereits mein Handywecker, damit ich mir noch mal meinen Zettel für die schriftliche Prüfung durchlesen kann, doch ich kann mich kaum aufsetzen. Ich bin so dermaßen müde, das ist unbeschreiblich. Aber da lässt sich jetzt nichts dran ändern. Also hämmere ich mir noch mal ein paar Sätze in den Kopf und hoffe, dass wenigstens ein bisschen was hängen bleibt. Anschließend stehe ich auf und mache mich fertig.

Als ich in die Küche gehe, sehe ich dort wieder ein Brot liegen, das mir Mama hingelegt hat. Natürlich esse ich das Brot nicht und trinke auch diesen Morgen keinen Kaffee, damit ich ja nicht zur Toilette muss während der schriftlichen Prüfung. Die kühle Luft auf dem Fahrrad, auf dem Weg zur Schule, macht mich leider auch nicht wacher, sodass ich noch nervöser werde.

Während ich die schriftlichen Aufgaben vor mir liegen habe, kann ich die Müdigkeit zwar nicht ganz abschalten, aber wenigstens muss ich mal eine Zeit lang nicht ans Essen denken. Somit bin ich einerseits aufgeregt bei Prüfungen, andererseits lenken sie mich aber auch mal ab, was mir unglaublich guttut.

Als die Zeit vorbei ist und ich mich zu Hause aufs Sofa fallen lasse, fällt mir schon mal der erste Stein vom Herzen.

Trotzdem ist der Druck nicht ganz weg, denn egal wie die Prüfungen ausgehen, zufrieden bin ich sowieso nicht.

Als ich später am Schreibtisch sitze und versuche, mir Theorien für meine Pädagogikprüfung in den Kopf zu jagen, merke ich schnell, dass es nicht viel bringt, denn ich schweife immer wieder ab. Ich denke so viel über die Klinik nach und all die Nachrichten, die ich von den Zuschauern bekommen habe. In fast jeder Nachricht steht, dass ich in diese Klinik gehen solle. Dass sie so toll sei. Dass sie schon so vielen geholfen habe. Dass ich ein toller Mensch bin und Hilfe annehmen soll.

Und wenn diese Klinik wirklich anders ist als andere? Hab ich vielleicht einfach schlechte Erfahrungen gemacht? Oder hab ich den Kliniken nie eine wirkliche Chance gegeben? Hab ich mich »herausgefressen«, um so schnell wie möglich wieder nach Hause und in die Schule zu können? Wenn ich darüber nachdenke, glaube ich kaum, dass es an den Kliniken lag. Ich fand es einfach von vornherein schrecklich dort. Aber warum sollte es diesmal dann anders sein? Ich würde ja auch nicht freiwillig gehen, sondern gezwungenermaßen.

Ich meine, wenn man vor die Wahl gestellt wird, entweder Schön Klinik oder Zwangseinweisung, ist es doch klar, dass ich mich für die Schön Klinik entscheiden MÜSSTE. Wer will schon eine Zwangseinweisung. Aber die Entscheidung wäre ja dann auch erzwungen und der Aufenthalt würde wieder nichts bringen. Ich muss es selber wollen. Und ich möchte doch eigentlich gesund werden. Aber trotzdem möchte ich auch etwas von der Sucht behalten. Ich habe Angst, sie zu verlieren. Sie hilft mir ja auch. Aber sie ist auch so schrecklich.

Was möchte ich eigentlich? Halb gesund werden? Oder doch ganz? Ich kann es mir kaum vorstellen, noch mal weg zu müssen. Aber ich merke den ganzen Tag meine Abhängigkeit. Ich kann es gar nicht alleine schaffen. Wenn es die Möglichkeit gäbe, es alleine zu schaffen, dann wäre ich doch nicht süchtig, oder? Und ich bin süchtig. Süchtig nach diesem Hunger tagsüber. Nach dem Hunger, der mich nachts nicht schlafen lässt.

Und wenn ich es ein letztes Mal versuche? Mit Experten? Gemeinsam mit anderen Mädchen? Dieser Gedanke ist einfach so weit weg. Und das nur, weil ich diese Riesenpanik habe vorm Zunehmen und Essen? Möchte ich das mein ganzes Leben haben? Möchte ich mit spätestens 30 tot sein? Ich möchte doch auch Kinder haben. All das möchte ich und all das werde ich mit der Sucht nicht haben können. Aber ich möchte auch nicht noch mal in eine Klinik.

AHHH. Mein Kopf platzt. Ich weiß nichts. Nicht was ich denken soll. Ich möchte jetzt einfach nur meine Prüfung im Kopf haben und schaffe es einfach nicht. Gibt es keinen Schalter, um meinen Kopf wenigstens für kurze Zeit umzuprogrammieren? Von Klinik auf Pädagogik? Es klappt nicht. Und wenn ich mir die Klinik einfach mal anschaue? Vielleicht sage ich danach: Die Klinik ist so toll, hier möchte ich hin.

Aber vielleicht sage ich auch: Jetzt bin ich mir noch sicherer, dass ich auf gar keinen Fall in diese Klinik möchte.

Dann hätte ich zumindest einen Eindruck.

Also gehe ich auf die Internetseite der Klinik und stöbere ein bisschen herum. Die Fotos sehen ja eigentlich ganz schön aus. Die Zimmer auch, aber irgendwie überzeugt mich das trotzdem nicht. Ich kann mir das irgendwie nicht vorstellen, dass diese Klinik so anders sein soll, denn zunehmen muss ich da auch. Und das halte ich nicht aus. Ich weiß, dass man sich seinen Ängsten stellen sollte, um sie loszuwerden. Aber möchte ich die Magersucht überhaupt loswerden? Für irgendetwas habe ich sie ja. Und sie gibt mir ja auch irgendwie Halt. Wenn ich die Sucht nicht mehr habe, was hab ich denn dann? Ich weiß ja nicht einmal, was ich studieren möchte. Möchte ich studieren? Ich glaube schon. Oder nicht? Ach, ich weiß es einfach nicht. Wenn ich mir jetzt vorstelle, ich hätte nicht einmal die Magersucht, dann wäre ich ja vollkommen haltlos.

Klinik anschauen?

Aber jetzt mitten in meinem Abi?

Gut, meine Schriftlichen hab ich erst mal geschafft, bis zur nächsten Prüfung hab ich noch etwas Zeit.

Aber wenn ich an die nächste Prüfung denke, bekomme ich gleich wieder Bammel. Ich kann mich einfach nicht konzentrieren. Immer wenn ich lernen möchte, schweifen meine Gedanken ab. Zur Klinik. Zum Essen. Dann wieder zur Schule. Klinik. Essen und so weiter. Hinzu kommt, dass es immer häufiger vorkommt, dass Mama ausflippt und mir droht, dass sie mich, wenn es sein muss, noch vor der letzten Prüfung in die Klinik einweist. Das kann sie doch nicht machen! Es scheint für sie bereits sicher, dass sie mich nach dem Abitur einweisen lässt. Aber ich will doch gar nicht! Ich möchte es alleine schaffen. Da klingelt plötzlich mein Handy und die Redakteurin von *stern TV* ist am anderen Ende:

»He Hanna, na wie geht es dir jetzt so nach der Sendung? Ich hab hier noch ganz viele Mails von Zuschauern liegen, die wir an dich weiterleiten wollen, ich schick sie dir am besten per Post, es sind Hunderte. Hast du denn noch mal über die Klinik nachgedacht? Konnten wir sie dir wenigstens ein bisschen nahebringen?«

»Ich weiß nicht. Den Arzt fand ich schon ganz nett, und die Nachrichten, die ich bekommen habe, haben mich schon irgendwie ein bisschen in die Richtung geschickt, aber ich stehe wie gesagt auf dem Standpunkt: Nie wieder Klinik. Und ich glaube, dabei bleibe ich auch. Zusätzlich frage ich mich auch, was jetzt an dieser Klinik so anders sein soll als an den anderen.«

»Alleine das Umfeld. Du bist da in Prien direkt am Chiemsee, hinzu kommt, dass das die größte Essgestörtenstation weit und breit ist. Du bist da mit Mädchen zusammen, denen es genauso geht. Und wenn du dir die Klinik einfach mal anschaust?«, fragt sie.

»Ja, das habe ich auch schon überlegt und ich hab auch viele Zusprüche bekommen für diese Klinik, aber ich weiß nicht. Jetzt einfach so mal eben nach Prien fahren, mitten in der Prüfungszeit ...«

»Ich hab eine Idee, ich wollte dich doch sowieso am Mittwoch besuchen. Ich organisiere dir einen Flug nach München, dann treffen wir uns dort und fahren weiter nach Prien. Zusätzlich sorge ich für ein Kamerateam und wir dokumentieren, wie du dir die Klinik anschaust. Dann machen wir eben noch eine Sendung mit dir, immerhin wollen die Leute ja vielleicht auch wissen, wie es mit dir weitergeht. Vielleicht kannst du ja dann besser eine Entscheidung treffen.«

»Echt, das würdest du machen? Ja, wenn das so ist, das dauert ja dann allerhöchstens zwei Tage. Aber ich hoffe, ihr habt nicht zu große Erwartungen, denn eigentlich bleibe ich dabei, nie wieder in eine Klinik zu gehen.«

»Natürlich haben wir dann keine Erwartung. Es würde uns, deine Mutter und mich und das Team, sehr freuen, wenn du dich dafür entscheidest, aber wie gesagt, das liegt alles bei dir. Zwingen können wir dich nicht und das würde auch nichts bringen, das meinte ja auch der Doktor Leibl. Wenn du gezwungen wirst, bringt es nichts. Aber wie gesagt. Du kannst sie dir anschauen, wir sind dabei und bringen noch einen Beitrag mit dir und der Rest liegt bei dir. Dann sehen wir uns am Mittwoch? Ich freue mich.«

»Okay, alles klar, dann bis Mittwoch in München. Ich freue mich auch.«

Wie geil. Das erste Mal fliegen. Aber ich wette, wenn ich mir die Klinik angeschaut habe, erwarten erst recht alle von mir, dass ich auch dahin gehe. Das merke ich allein schon daran, wie sehr Mama sich freut. Sie hat mir nämlich schon Tausende Male angeboten, mit mir nach Prien zu fahren, damit ich die Klinik kennenlernen kann, aber ich habe immer abgelehnt. Umso größer ist jetzt ihre Freude.

»WAS? Du willst dir jetzt doch die Klinik anschauen. Ach Hanna, wenn du wüsstest, wie glücklich du mich damit machst.«

»Jaja, ist ja gut, ich hab ja nicht wirklich eine Wahl, aber das heißt nicht, dass ich dahin gehe. Ich bleibe dabei, dass ich nicht noch mal in eine Klinik gehe.«

»Ja, aber ...«

»Nicht ja aber, du drängst mich ja irgendwie dazu, mir die Klinik anzuschauen. Ich schau mir die Klinik aber nur an, weil es dann vielleicht Klick macht bei mir und ich es besser schaffe, etwas zu ändern, um AUF KEINEN Fall noch mal in eine Klinik zu müssen.«

Und so ist es auch. Nie wieder. Nie, nie wieder. Anschauen okay. Mehr nicht.

Zwei Tage später ist es dann so weit. Ich sitze das erste Mal in einem Flugzeug und fliege von Dortmund nach München. In München angekommen, nehme ich mir ein Taxi und treffe am Münchener Bahnhof die Redakteurin und das Kamerateam von *stern TV*. Ab jetzt wird dokumentiert, wie ich in den Zug steige und nach Prien fahre.

In Prien angekommen, begrüßt mich Dr. Leibl, der stellvertretende Chefarzt der Klinik, der auch in der ersten *stern TV*-Sendung mit im Studio saß, und zeigt mir die Klinik.

Also was die Umgebung angeht, ist es schon ein Unterschied. Vom Aufzug aus kann man den Chiemsee sehen und auch die Station, auf die ich kommen würde, ist sehr schön. Die Zimmer sind hell und eigentlich auch sehr komfortabel.

Wenn doch bloß dieses blöde Zunehmen nicht wäre in den Kliniken. Ich glaube, sonst würde ich es hier ganz gut aushalten.

Aber nein. Klinik heißt Druck. Klinik heißt Zwang. Klinik heißt Kontrolle. Da kann das Drumherum noch so schön sein. Aber die

Kontrolle habe ich doch jetzt eigentlich auch. Mama kontrolliert mich von morgens bis abends und ich selber kontrolliere mich auch, was das Essen angeht. Zugleich habe ich schon längst die Kontrolle verloren.

Mein Gott, ist das kompliziert. Ich weiß gar nicht, was ich denken soll. Die Klinik ist schon ganz schön und die anderen Mädchen sind auch alle sehr nett, soweit ich das in der Kürze der Zeit beurteilen kann. Mit dem Arzt komme ich auch gut klar, also was das angeht, sind die äußeren Bedingungen auf jeden Fall gut. Aber noch mal Klinik? Ein viertes Mal?

NEIN!

Weitere zwei Wochen später sitzen meine Mutter, mein Hausarzt, Dr. Leibl und ich wieder bei *stern TV* im Studio und sehen den Film an, wie ich mir die Klinik anschaue.

Die letzte Frage, die mir der Moderator stellt, lautet: »Glauben Sie denn, dass es Ihnen helfen wird, diesen Schritt, den sich, glaube ich, das ist klar geworden, alle wünschen würden, diesen selbst entschiedenen Schritt auch zu gehen?«

»Ich weiß es nicht. Kann ich gar nicht sagen. Ich wünschte mir, dass es eindeutiger wäre, auch für mich selber, dass ich selber auch sagen würde, ich möchte diese Entscheidung jetzt treffen. Ich glaube, das wäre viel einfacher. Aber irgendwie bin ich da noch nicht«, antworte ich.

Nach der Sendung ist allen die Enttäuschung ins Gesicht geschrieben. Ich wusste es doch. Alle haben sie erwartet, dass ich mich für die Klinik entscheide.

Ja, ich habe gesagt, dass die äußeren Umstände gegeben wären, aber zugleich habe ich schon vor der Sendung klargemacht, dass es immer noch eine Klinik bleibt und für mich eine Klinik nicht noch mal infrage kommt. Anscheinend haben alle ein Wunder erwartet, was mein Denken über Kliniken betrifft. Auch wenn es niemand tatsächlich ausspricht, dass er enttäuscht ist von meinen letzten Worten, so merke ich es trotzdem im Umgang mit meinem Umfeld.

Meine Mutter wirkt kühl und ja, eben enttäuscht. Meine Oma, die diesmal mit dabei war und im Publikum saß, fing bei meinen Worten an zu weinen, was ich aus den Augenwinkeln beobachten konnte. Da sind die Worte der Redakteurin schon etwas deutlicher: »Da du nicht in die Klinik gehst, kannst du dir sicherlich vorstellen, dass wir nicht noch mal mit dir drehen können, es sei denn, du wirst jetzt ganz plötzlich gesund. Aber in irgendeiner Weise wolltest du ja auch anderen Betroffenen helfen und dann können wir ja jetzt schlecht dokumentieren, dass du weiterhin krank bist und dein Ding einfach weitermachst. Das würde ja in dem Sinne anderen Betroffenen keinerlei Hoffnung machen. Ich möchte dir in keinerlei Hinsicht Druck machen, ich bin auf jeden Fall der Ansicht, dass es deine Entscheidung ist, was du tust, aber du solltest bedenken, dass du jetzt für viele andere Betroffene ein Vorbild darstellst und in irgendeiner Weise dich auch deswegen verpflichtet fühlen wirst, ein Zeichen zu geben, dass man es schaffen kann, gesund zu werden.«

Wie recht sie doch hat. Jetzt stehe ich da. Habe meine Geschichte dokumentieren lassen und bin an einem Punkt angelangt, der mich in irgendeiner Weise schon dazu drängt, etwas zu ändern. Ich bin ein Vorbild für andere Betroffene. Hinzu kommt, dass das Projekt *stern TV* nun endgültig beendet ist, sollte sich nichts ändern. Ich habe mein Abitur gemacht, ich weiß nicht, was ich nun machen soll, weil mir alle sagen, dass ich unmöglich studieren kann, und weil mich in weiteren 1000 Nachrichten die Leute regelrecht anflehen, doch endlich Hilfe anzunehmen und in die Klinik zu gehen. Ein Zeichen zu setzen. Es allen zu beweisen.

Das setzt mich einerseits unglaublich unter Druck, andererseits macht es mir einiges deutlich. Wäre es vielleicht doch sinnvoll? Soll ich der Klinik doch eine Chance geben? Was spricht eigentlich dagegen?

Ich stehe am Anfang. Die Schule ist vorbei. Ich bin ein körperliches Wrack. Ich bin ein psychisches Wrack. Niemand vertraut mehr darauf, dass ich es alleine schaffen kann. Hanna. Du hast den Schritt an die Öffentlichkeit gemacht, nun lebe auch mit den Konsequenzen, dass du eine Vorbildfunktion hast und nun zeigen kannst, dass es einen Weg aus der Sucht gibt. Aber gibt es den? Bei manchen Mädchen ja, aber bei mir auch? Ich bin so hoffnungslos und doch so hoffnungsvoll. Man könnte mich zweiteilen. Was mache ich mit meinem Leben? Krank oder gesund? Klinik oder nicht Klinik? Gelungenes oder misslungenes Leben?

Klinik, ja oder nein?

Klinik oder Zwangseinweisung oder plötzliche Heilung?

Die plötzliche Heilung, kann ich die streichen? Ich glaube immer wieder daran, doch in Wirklichkeit weiß ich, dass ich zu tief drinstecke. Warum werde ich nicht einfach gesund für all die lieben Menschen, dir hinter mir stehen? Warum schaffe ich es nicht mal mit so viel positivem Background?

Mir wird langsam immer deutlicher, wie schwach ich doch bin, wie süchtig, wie unkontrolliert, wie egoistisch, wie eingefahren in meinen Mustern. Ich sehe plötzlich, wie krank ich doch bin und wie wenig lebenswert mein Leben zurzeit ist, und fange an zu weinen. Ich schaffe es nicht, ich kann es nicht alleine schaffen.

Oder doch? Ich weiß es nicht.

Mit Tränen in den Augen lese ich in einem kleinen Büchlein von Bekannten meiner Oma und weitere Zuschauerbriefe, die mir Hoffnung machen, dass es sich lohnt zu kämpfen. So viele Menschen stehen hinter mir und glauben an mich und ich bleibe weiterhin in meinem Denken gefangen. Doch es gibt mir Zuversicht, Zuversicht für die Zukunft und weniger Angst, ein weiteres Mal zu versagen. Ich merke, wie ich mich plötzlich erleichtert fühle. Aber Klinik?

19. KAPITEL

Auf in den Kampf

Juni bis September 2011

Mama? Ich habe mich dafür entschieden, noch mal in die Klinik zu gehen. Nach Prien.« Ich glaube, meiner Mutter fällt in diesem Moment der größte Stein vom Herzen.

Ich sage das mit sehr schwerem Herzen, da ich eine Riesenpanik habe. Hinzu kommt, dass ich so nun nicht an meiner Entlassungsfeier und an meinem Abiturball teilnehmen kann. Das macht die Sache insgesamt nicht leichter, doch durch all die Nachrichten versuche ich zu denken: Wenn ich erst mal gesund bin, kann ich das alles nachholen, und es werden noch genug Feiern kommen, die ich dann überhaupt erst mal genießen kann, wenn ich gesund bin.

WENN ich gesund werde. Ich habe unglaubliche Panik, unglaubliche Freude, unglaubliche Hoffnung, unglaubliche Hoffnungslosigkeit, aber unglaubliche Unterstützung.

Ich versuche zu vertrauen. Zu vertrauen auf mich und die Klinik, zu vertrauen auf meinen Willen, endlich gesund werden zu wollen.

Montag, 20. Juni 2011 – 29,9 kg

Heute ist es fast so weit. Ich stehe um acht Uhr in der Früh auf, da ich bereits seit fünf Uhr wach im Bett liege und nicht mehr schlafen kann. Ich stolpere fast über meine beiden Koffer und mache mich zügig fertig. Allerdings bekomme ich meinen Koffer nicht zu und habe so schon das Gefühl, dass ich ganz viel vergessen habe einzupacken.

Jetzt habe ich noch sechs Stunden zu Hause und dann geht die Reise los.

Gegen 14 Uhr kommt Mama von der Arbeit nach Hause und dann werden wir direkt losfahren Richtung München, um dort bei Bekannten zu übernachten. Am nächsten Tag treffen wir uns dann mit dem Team von *stern TV* und dann geht es weiter nach Prien, um zwischen zehn und 14 Uhr aufgenommen zu werden.

Ich kann gar nicht beschreiben, wie es gerade in mir aussieht. Einerseits habe ich panische Angst vor der Klinik und vor dem, was vor mir liegt, andererseits bin ich total erleichtert, dass meine Qual nun endlich ein Ende hat. Ich habe das Gefühl, dass es bald so weit ist, dass ich mich fallen lassen kann. Fallen lassen in die Hände von erfahrenen Ärzten und endlich essen zu dürfen. Ich habe panische Angst davor, essen zu müssen, und auf der anderen Seite eine große Hoffnung, dass ich in der Klinik endlich essen kann, dadurch, dass ich denke: Hanna, du darfst essen, denn du musst zunehmen, weil du jetzt in der Klinik bist.

Um meine Angst etwas zu bewältigen, denke ich an meine Freundinnen und lese mir noch einmal die ganzen Nachrichten und Zusprüche durch, die ich durch *stern TV* bekommen habe, und die Panik wird gleich weniger. Ohne diese vielen Kontakte hätte ich mich wahrscheinlich nie noch einmal dafür entschieden, in eine Klinik zu gehen. Zumindest kann ich ganz sicher sagen, dass es mir die Entscheidung um einiges erleichtert hat.

Als Mama gegen halb drei dann nach Hause kommt, geht alles auf einmal ganz schnell. Die Koffer landen im Auto, ich verabschiede mich von Matthias und sitze plötzlich neben meiner Mutter auf dem Weg nach München.

Wir kommen spät in München bei den Bekannten an und sitzen dann gemeinsam beim Abendbrot. Ich bekomme keinen Bissen herunter. Ich schaffe es nicht mal, ein bisschen zu trinken, damit ich ja nicht an Gewicht zunehme. Jeder Tropfen Wasser oder Flüssigkeit, den ich jetzt zu mir nehmen würde, könnte auf der Waage der ausschlaggebende Tropfen sein.

Ich bin extrem geschwächt, gehe ins Bett und schlafe extrem schnell ein, da ich unglaublich schwach bin. Ich sehne mich nur noch nach dem nächsten Tag, dass ich endlich gewogen werde und mir dann erlauben kann zu essen.

21.06.2011 – 29,9 kg

Am nächsten Morgen kommt Mama ins Zimmer, um mich zu wecken. Ich antworte nicht direkt, sodass sie gleich Panik bekommt: »Hanna, du müsstest langsam aufstehen, das Frühstück ist fertig und danach können wir gemütlich losfahren. Hanna? Hanna? Bist du wach? Hanna? Was ist los?«

»Nichts, nichts, keine Angst, ich bin ja wach«, versuche ich, sie direkt zu beruhigen.

»Um Gottes willen, Hanna, hast du mich erschreckt, du lagst da wie eine Tote.«

Sie gibt mir einen Guten-Morgen-Kuss und verschwindet wieder nach unten in die Küche. Ganz langsam stehe ich auf und setze mich auf die Bettkante, was mich allein schon unglaublich anstrengt. Ich fühle mich wie eine Hülle. Durch das Abführmittel, das ich am Vortag genommen habe, bin ich nun komplett leer. In der Nacht war ich noch zweimal auf der Toilette und habe, glaube ich, jetzt nichts mehr in mir und so fühle ich mich auch. Leer und schwach und durch die Kraftlosigkeit trotzdem unglaublich schwer.

Plötzlich wird mir schwarz vor Augen und ich habe das Gefühl, ich müsste mich jeden Moment übergeben. Ganz langsam schleppe ich mich ins Bad und kann mich kaum schminken, da mir immer wieder schwarz wird vor Augen. Ich bin so schwach, dass ich mich bereits nach zwei Minuten auf den Boden setzen muss, um mich anzuziehen. Zweimal bin ich kurz davor, mich zu übergeben, und frage mich, was ich denn dann erbrechen würde, denn mein Magen ist leer. Seit Dienstag habe ich jetzt nichts mehr gegessen und nur minimal getrunken. Als ich angezogen bin, krieche ich zurück ins Zimmer. Da ich nun mittlerweile meinen Zustand selber kaum aushalten kann und es mir so dreckig geht, rufe ich nach unten: »Mama, kannst du mal kurz kommen bitte?«

Als sie neben mir steht, fange ich an zu weinen und meine: »Mama, mir ist so schlecht.«

Ich sinke aufs Bett und möchte am liebsten nur schlafen. Hinzu kommt, dass mir eiskalt ist.

»Oh mein Gott, Hanna, du dehydrierst. Du musst unbedingt was trinken, dein Mund riecht schon nach Vertrocknung. Oh mein Gott, Hanna, warum tust du dir das an.«

Sie wirkt total panisch und hat Tränen in den Augen, rennt nach unten und kommt mit einem Glas Wasser zurück ins Zimmer, in das sie etwas Zucker und etwas Salz streut: »Bitte trink das, Hanna, das ist wie eine Art Kochsalzlösung. Bitte, Hanna, du bist wahrscheinlich total unterzuckert und ausgetrocknet, bitte trink das.«

»Ich kann nicht, Mama, wenn ich jetzt etwas zu mir nehme, muss ich mich übergeben.«

Während ich das sage, merke ich, dass mir vom einen auf den anderen Moment auf einmal ganz heiß wird und ich kalten Schweiß schwitze.

»Ich rufe jetzt einen Krankenwagen, so können wir nicht nach Prien fahren. HANNA, DU STIRBST!«

»Nein, Mama, ich brauche keinen Krankenwagen, bitte, ich trinke ja schon.«

Ganz langsam trinke ich ein halbes Glas und muss anschließend erst mal würgen und sinke zurück ins Bett.

Ich fühle mich so unglaublich schwach und elend. Doch nach dem halben Glas Flüssigkeit merke ich, wie langsam wieder etwas Leben in mir aufkommt und ich weinend zu Mama sage: »Mama, ich kann nicht mehr, bitte lass uns endlich fahren.«

»Ja, mein Kind, wir fahren sofort los, ich bereite jetzt alles vor und du bleibst hier liegen und dann fahren wir.«

Am liebsten würde ich im Liegen nach Prien fahren, weil ich so schwach bin. Ich bin so verrückt. Warum mache ich das? Nur um ein so niedriges Gewicht bei der Aufnahme zu haben, wie es irgendwie geht? Ich bin so krank im Kopf. Und es macht mir nicht einmal Angst, was gerade passiert ist. Trotzdem ist es mir ganz deutlich.

Ich glaube, ich bin gerade fast gestorben. Immer wieder war ich kurz weg und hatte das Gefühl, mein Herz würde jeden Moment aufhören zu schlagen. Ich brauche endlich Hilfe. Ich kann nicht mehr. Kurze Zeit später trifft auch das *stern* TV-Team ein und ich schleppe mich langsam zum Auto und bin direkt froh, als ich wieder sitzen kann.

Ich möchte einfach nur noch endlich gewogen werden, damit diese Quälerei ein Ende hat.

Als wir an der Klinik ankommen, findet die typische Aufnahme statt mit den dazugehörigen Formalien. Anschließend komme ich auf mein Zimmer und habe dann meine medizinische Untersuchung, in der geschaut wird, ob meine Reflexe funktionieren, mein Gleichgewichtsvermögen, meine Knochen usw.

Ich hoffe die ganze Zeit, dass ich endlich gewogen werde, und es bricht eine Welt für mich zusammen, als ich erfahre, dass das Aufnahmewiegen erst am nächsten Morgen stattfindet. Das hätte ich mir eigentlich auch denken können, dass ich morgens gewogen werde, aber jetzt, als es gewiss ist, würde ich am liebsten zusammenklappen. Ich kann einfach nicht mehr. Jetzt weiß ich, dass ich doch noch bis zum nächsten Morgen warten muss, bis ich mich wieder traue, etwas zu trinken.

Ich spiele mit meinem Leben, nur um am nächsten Morgen so wenig wie möglich zu wiegen.

Das ist doch krank. Trotzdem denke ich, dass es okay ist, so wie ich handele, immerhin bin ich ja magersüchtig. Ich brauche einfach immer wieder die Bestätigung, dass ich wirklich magersüchtig bin und diese Therapie auch wirklich brauche. Dass ich mich therapieren lassen darf. Und das darf ich eben nur, wenn ich wirklich so wenig, wie es eben geht, wiege.

Auf die medizinische Aufnahme folgt die psychologische, also das Aufnahmegespräch mit meinem Therapeuten.

Ich bin total froh, dass ich einen Mann als Therapeuten habe. Da habe ich einfach ein besseres Gefühl und fühle mich aufgehobener. Dass mein Therapeut bereits seit 15 Jahren an der Klinik ist, trägt auch maßgeblich zu diesem Gefühl bei. Trotzdem bin ich froh, als die Aufnahme endlich vorbei ist und ich auf mein Zimmer kann. Auf dem Weg dorthin lerne ich bereits einige Mädchen der Station kennen, die sich alle sehr nett und herzlich vorstellen und mir Mut machen, dass man sich schnell einlebt.

Ich bin unglaublich froh, dass die Mädchen so nett sind, denn ich hatte auch eine riesige Angst, dass ich mit den anderen nicht klarkommen würde. Ob es untereinander Konkurrenzdruck gibt, werde ich wahrscheinlich spätestens am Esstisch bemerken. Und da ist wieder der Gedanke ans Essen.

Ich bin so unglaublich geschwächt, dass ich nur noch schlafen möchte und mich nach dem nächsten Morgen sehne, an dem ich mir hoffentlich endlich erlauben kann, wenigstens ein bisschen was zu essen. Gegen Abend geht es dann an die Verabschiedung von Mama. Ich bin so unglaublich traurig, dass sie jetzt fährt, und habe panische Angst davor, mich einsam zu fühlen.

Wir liegen uns in den Armen und weinen beide so bitterlich, weil wir wissen, dass wir uns jetzt erst einmal eine Zeit lang nicht sehen werden. Hinzu kommt, dass wir für die Verabschiedung kaum Zeit haben, weil ich bereits jetzt von meiner Patin zum Abendessen abgeholt werde. Jeder, der neu ist, bekommt eine Patin, die »der Neuen« alles zeigt und sie am Anfang überall hinführt. Als ich in den Fahrstuhl steige und winke, kann ich gerade noch so erkennen, dass Mama so stark weint wie schon lange nicht mehr.

Das folgende Abendessen ist der Horror. Es gibt so leckere Sachen und ich bekomme einfach nichts runter. Nicht einmal ein Salatblatt, und auch kein Wasser. Das macht die Stimmung an meinem Tisch natürlich sehr gedrückt. Die anderen Mädchen versuchen, mir zuzureden, doch wenigstens ein halbes Brot zu essen. Immer und immer wieder, doch ich kann einfach nicht. Nicht einen einzigen Bissen, sodass am Tisch peinliche Stille herrscht, bis ich Fragen zum Ablauf stelle.

Es gibt erst mal drei feste Mahlzeiten am Tag und zu jeder Mahlzeit gibt es eine bestimmte Richtmenge, die man essen muss.

Frühstück: 2 Brötchen mit 2 x 10 g Butter oder 20 g Margarine, Belag, Beilagen

Mittagessen: Suppe, die wenigstens probiert werden muss, Eine vorgegebene ganze Portion, Nachtisch muss auch probiert werden

Abendbrot: 3 Scheiben Brot mit 2 x 10 g Butter oder 20 g Margarine, Belag, Beilagen

Wenn man mit dieser Richtmenge nicht zunimmt, kommen Zwischenmahlzeiten gegen zehn Uhr und 15 Uhr dazu.

Zusätzlich ist der Essenssaal in verschiedene Tischgruppen eingeteilt. An welchem Tisch man sitzt, ist davon abhängig, wie weit man bereits therapiert ist und mit dem Essen zurechtkommt.

Es gibt den Phasentisch I & II: An diesen beiden Tischen wird das Mittagessen uns portioniert vorgesetzt. Es gibt eine feste Zeitspanne für die Mahlzeit und es wird erst aufgestanden, wenn alle fertig sind. Vor und nach dem Essen wird am Tisch »geblitzt«, das heißt, dass jeder vorher kurz sagt, was er essen wird und wie viel und wie es ihm geht. Danach, was und wie viel er gegessen hat und wie es ihm geht. Außerdem sitzt mittags, wenn es die Therapeutenbesetzung erlaubt auch morgens und abends, ein Therapeut am Tisch, der die Mahlzeiten kontrolliert und Hilfestellung gibt.

Weiterhin gibt es den Familientisch: Dort sitzt kein Therapeut mehr und das Essen wird auf großen Platten serviert. Die Patientinnen üben so, ihr Essen zu portionieren, sodass auf dem Teller von jeder Komponente (Hauptspeise, Gemüse und Beilage) passend viel liegt und jeder eine gleich große Portion vor sich hat. Auch an diesem Tisch wird »geblitzt« und es muss gewartet werden, bis jeder fertig ist. Der fortgeschrittenste Tisch ist der »Freie Tisch«: Dort gibt es nur eine grobe Zeitspanne, in der man essen soll. Es muss nicht erst auf die anderen gewartet werden, man darf sich sein Essen aus dem Speisesaal vom Buffet nehmen und es wird nicht mehr vor und nach der Mahlzeit »geblitzt«.

Ich sitze natürlich am Phasentisch und bin geschockt von den Richtmengen, die ich essen soll. Dass man ca. zwei Wochen Zeit hat, um sich an die Richtmengen heranzutrauen, kann mich nicht wirklich beruhigen.

Nach dem Abendessen packe ich meinen Koffer aus, muss aber die ganze Zeit dabei auf dem Boden sitzen, weil ich so schwach bin.

Jedes Mal wenn ich zum Schrank krieche und aufstehe, wird mir schwarz vor Augen, doch ich kann mit dem Kofferauspacken nicht warten bis zum nächsten Tag, sonst würde ich die ganze Zeit im Bett liegen und denken, ich müsste den Koffer noch ausräumen. Ich muss alles immer sofort erledigen.

Schlafen kann ich jedoch trotzdem nicht. Ich hätte nie gedacht, dass man so erschöpft sein kann, dass man nicht einmal schlafen kann. Ich liege also fast die ganze Nacht wach und denke nur ans Essen und Trinken. Meine Fantasien sind unbeschreiblich und quälerisch. Ich sehne mich so sehr nach dem nächsten Morgen. Endlich wiegen. Doch jetzt würde ich am liebsten einfach nur schlafen, um nicht mehr die ganze Zeit ans Essen denken zu müssen. Doch wenn ich jetzt einschlafe, wache ich dann am nächsten Morgen auch auf, oder bleibt mein Herz stehen?

Mittwoch, 22.06.2011 – 31,0 kg

Mein Handywecker klingelt um 20 nach sechs. Anscheinend bin ich doch noch eingeschlafen so gegen fünf Uhr, denke ich. Ich stehe so langsam wie möglich auf, damit mir nicht wieder schwarz wird vor Augen.

Auf die Toilette zu gehen, kann ich mir fast sparen, denn es kommt nichts. Ich musste nicht einmal zur Toilette, als ich das Glas Wasser mit dem Salz und dem Zucker getrunken habe. Anscheinend ist diese Flüssigkeit direkt im Körper geblieben.

Also lege ich mir ein Handtuch um und gehe aus dem Zimmer zum Wiegeraum, begrüße die Co-Therapeutin und stelle mich auf die Waage. Mein Herz rast und es fühlt sich an, als dürfte ich ein Geschenk auspacken. Ich bin so gespannt, was die Waage anzeigt, dass ich fast anfange zu zittern.

Ich stelle mich drauf und die Anzeige zeigt 30,9 kg an, schwankt dann aber doch auf genau 31 kg. Anstatt geschockt zu sein, bin ich enttäuscht und denke: Mist, ich wäre gerne wieder im 20er-Bereich.

Ich schäme mich unglaublich für diesen Gedanken und versuche, ihn in die hinterste Schublade meines Kopfes zu stecken. Das funktioniert auch einigermaßen gut, da ich jetzt nur noch ans Frühstück denke. Endlich wieder etwas trinken und eventuell auch etwas essen zu dürfen. Blitzschnell ziehe ich mich an und werde von meiner Patin abgeholt. Bevor es jedoch zum Frühstück geht, muss ich zur Blutabnahme.

Kurz darauf sitze ich endlich am Frühstückstisch und esse ein Brötchen mit Marmelade. Es ist so herrlich. Das erste Essen nach fast fünf Tagen. Ich kann mich gar nicht erinnern, wann ich das letzte Mal ein GANZES Brötchen gegessen habe. Dementsprechend habe ich anschließend ein furchtbar schlechtes Gewissen, weil ich denke, es wäre doch zu viel gewesen. Gegen Mittag habe ich dann mein erstes richtiges Therapiegespräch und habe auch weiterhin ein gutes Gefühl. Beim Mittag- und Abendessen bin ich wieder voll drin in meiner Magersucht, esse nur Gemüse und Salat, abends eine halbe Scheibe Brot. Nicht einmal jetzt, da ich in der Klinik angekommen bin und genau weiß, dass ich so oder so zunehmen muss, schaffe ich es, mehr zu essen. Ich ärgere mich so sehr. Ich möchte einfach endlich essen, ohne schlechtes Gewissen. Einfach essen, wenn ich Hunger und Lust habe, und aufhören, wenn ich satt bin. Warum klappt das einfach nicht? Nicht einmal jetzt in der Klinik?

Auch in dieser Nacht kann ich kaum schlafen, nicht aus Erschöpfung, sondern weil ich einen riesigen Hunger beziehungsweise Appetit habe. Ich kann es nicht wirklich beschreiben. Es ist zumindest ein schrecklich zermürbendes Gefühl. Zusätzlich habe ich panische Angst vorm Wiegen am nächsten Morgen, weil ich weiß, dass ich auf jeden Fall zugenommen habe. Allein schon weil ich ja viel Gemüse und Salat gegessen habe, was gerade in meinem Magen verarbeitet wird.

Hinzu kommt die Flüssigkeit. Ich habe ungefähr zwei Gläser Wasser getrunken und musste nicht zur Toilette. Anscheinend krallt sich mein Körper gerade alles, was er bekommen kann.

23.06.2011 – 32,8 kg

Diesen Morgen kann ich normal aufstehen, da ich nicht mehr SO leer bin beim Aufstehen. Trotzdem sind meine Beine schwer wie Beton und gleichzeitig total wackelig. Auf die Toilette muss ich schon wieder nicht. Als ich dann auf die Waage steige, kommt der Schock.

32,8 kg. Das kann doch nicht sein. Vom einen auf den anderen Tag 1,8 kg mehr? Ich halte das nicht aus. Nein, das darf nicht sein.

Doch es ist wahr. Die Waage zeigt 32,8 kg an und schwankt nicht mehr um. Ich sterbe. Ich weiß ja, dass ich zunehmen muss, aber innerhalb eines Tages so viel? Das halte ich nicht aus.

Ich lege mir ganz schnell mein Handtuch wieder um, gehe ins Zimmer und setze mich auf die Bettkante: 1,8 kg. 1,8 kg. 1,8 kg.

Ich zittere und versuche, mich zu beruhigen: Bleib ruhig, Hanna. Ganz ruhig. Das ist ganz normal. Das ist kein wirkliches Gewicht.

Du hast nicht 1,8 kg zugenommen. Das ist nur das Gewicht der Nahrung, die du die letzten beiden Tage zu dir genommen hast. Das scheidest du wieder aus. Das ist kein Gewicht, was du jetzt sicher wiegst. Vielleicht ist es auch nur Flüssigkeit. Beim nächsten Toilettengang ist das wieder weg.

Hanna, du hast 1,8 kg zugenommen, du darfst jetzt nicht mehr essen … Nein, Hanna, du hast nicht 1,8 kg zugenommen, das ist nur Masse … Doch, hast du, schau dir doch mal deinen Bauch an, der wölbt sich schon nach vorne … Der wölbt sich nicht nach vorne … Doch, tut er, siehst du doch … Der ist nur nach vorne gewölbt, weil du den letzten Tag so viel Salat gegessen hast … Nein, das kommt nicht vom Salat … Guck dir deinen Bauch doch einmal an … Sieht aus, als wärst du schwanger … Nein, Hanna, das ist ganz normal … schwanger … Ruhe jetzt. Das soll aufhören. Immer diese zwei Stimmen. RUHE. RUHE. RUHE. Mein Kopf soll still sein. Ich will gar nichts denken. Doch das funktioniert nicht. Den ganzen Tag quälen mich Gedanken und das Essen läuft dementsprechend schlecht.

Zum Frühstück schaffe ich gerade mal ¼ Brötchen mit minimal Marmelade darauf. Beim Mittagessen esse ich wieder nur das Gemüse mit etwas Soße. Es schwirrt einfach die ganze Zeit diese Zahl in meinem Kopf herum und ich denke, dass ich nicht zu viel essen darf, da sonst mein Gewicht weiter in die Höhe schießt. Meine gesunde Seite weiß, dass das eigentlich nicht möglich ist, jeden Tag 1,8 kg zuzunehmen. Aber die Panik ist einfach da und die lässt sich auch mit rationalen Gedanken nicht ausschalten. Umso froher bin ich, dass ich am Nachmittag ein Therapiegespräch habe.

»Das ist ganz normal, Frau Blumroth. Wenn Sie die anderen Mädchen fragen, werden die Ihnen sagen, dass bei allen am Anfang das Gewicht in die Höhe gegangen ist, einfach weil der Körper sich alles nimmt, was er braucht, aber Sie werden schnell merken, dass das kein wirkliches Gewicht ist. Irgendwann pendelt sich das wieder ein und dann wird es sogar schwerfallen, an wirklichem Gewicht zuzunehmen. Diese 1,8 kg sind kein zugenommenes Gewicht, aber ich denke, das wissen Sie selber eigentlich auch.«

»Ja, eigentlich schon. Meine klitzekleine gesunde Seite denkt das auch, aber trotzdem komme ich nicht damit klar und denke, dass ich jetzt gar nicht mehr essen darf«, antworte ich.

»Das glaube ich Ihnen, aber glauben Sie mir. Machen Sie sich keine Sorgen und versuchen Sie, auf diese gesunden Anteile zu hören. Sie dürfen jetzt auf keinen Fall den Rückwärtsgang einlegen, weil Sie denken, Sie hätten so viel zugenommen. Es kann sogar sein, dass das alles nur Wassereinlagerungen sind. Immerhin haben Sie nach vier Tagen das erste Mal wieder etwas mehr getrunken. Ich gebe Ihnen mein Versprechen, dass das kein Gewicht ist.«

»Ja, ich war einfach nur so geschockt heute Morgen, dass ich direkt weniger gegessen habe, weil ich so ein schlechtes Gewissen hatte. Und ich denke die ganze Zeit, dass ich das wieder abnehmen muss, obwohl ich weiß, dass das total paradox ist und ich das nicht machen darf.«

»Versuchen Sie, so gut es geht, sich an die Richtmengen heranzutasten. Sie müssen ja nicht sofort die Richtmenge essen, aber versuchen Sie wenigstens, von Tag zu Tag etwas mehr zu essen. Haben

Sie bei den anderen Patientinnen schon gesehen, dass jeder eine Gewichtskurve hat? Da zeichnen Sie die Wochentage ein. Pro Woche 700–1000 g. Dann entsteht in diesem Koordinaten-System eine Art Trichter. Momentan liegen Sie damit sogar über der Kurve, aber wie gesagt, ich versichere Ihnen, dass das kein wirkliches zugenommenes Gewicht ist«, erklärt mir mein Therapeut.

Dann gibt er mir ein großes Blatt Papier mit einem Koordinatensystem, in das ich anschließend, nach der Therapiestunde, diesen Trichter einzeichne. Ich trage mein Startgewicht von 31 kg ein und die 32,8 von heute Morgen und zeichne eine Kurve. Ich liege im wahrsten Sinne des Wortes ÜBER der Kurve und bekomme direkt wieder Panik, weil ich denke, ich hätte SO viel zugenommen. Bitte, lass es nur Wasser sein. Bitte. Ich möchte einfach nur noch auf die Toilette und diese 1,8 kg wieder loswerden. Ich möchte einfach nur IN der Kurve liegen, um mir endlich das Essen erlauben zu können.

Aber so ist es nun mal. Ich liege über der Kurve. Bleib ruhig, Hanna. Nur Wasser. Nur Wasser. Nur Wasser. Kein wirkliches Gewicht. Zugenommen. Zugenommen.

24.06.2011 – 33,2 kg

Als ich heute Morgen auf die Waage steige, hoffe ich so sehr, einfach wieder bei den 31 kg angekommen zu sein. Doch das kann sowieso nicht sein, da ich immer noch nicht auf der Toilette war. Und die Waage bestätigt mir mein Gefühl. 33,2 kg.

Ich halte das nicht länger aus. Ich fühle mich so unglaublich mies. Meine kranke Stimme macht mich kaputt. Ich will sie nicht hören, aber sie ist die ganze Zeit da, sodass ich auch diesen Tag wieder kaum schaffe, mich wenigstens annähernd an die Richtmenge heranzutasten. Jeden Tag soll ich ein bisschen mehr essen, aber ich schaffe es nicht. Wieder versuche ich bei jeder Mahlzeit, so wenig wie möglich zu essen, was die Tischsituation sehr unangenehm macht.

»Hanna, du weißt, dass das kein halbes Brötchen war, das war nicht einmal ein drittel«, sagen die anderen Mädchen am Tisch, als ich gerade »blitze«, dass ich ein halbes Brötchen gegessen hätte. Und sie haben recht. Jetzt, als ich mir das Brötchen anschaue, sehe ich es auch. Bis gerade eben war ich noch vollkommen überzeugt, dass ich eine Hälfte vom Brötchen gegessen habe. Am Nachmittag habe ich dann eine medizinische Sprechstunde beim Arzt, mit dem ich meine Blutwerte bespreche und die Ergebnisse vom Bodyanalyser.

»Ja, Frau Blumroth. Also, dass Sie im extremen Untergewicht liegen, keinerlei Muskelmasse, geschweige denn Fettmasse mehr haben und Ihre Knochen geschädigt sein können, brauche ich Ihnen ja nicht noch einmal zu erklären. Die Wassereinlagerungen sind zwar da, aber noch nicht zu hoch.

Jetzt zu den schlechten Nachrichten. Also man sieht an den Blutwerten deutlich, dass Sie die Tage zuvor nichts mehr gegessen beziehungsweise getrunken haben. Ihr Blutzuckerspiegel war ganz im Keller. Hinzu kommt, dass Ihre Harnsäurewerte und Ihre Cholesterinwerte sehr hoch sind. Was mir allerdings am meisten Sorge bereitet, und dazu komme ich jetzt, sind Ihre Nieren. Ihre Nieren sind sehr zerstört. Das Schlimme daran ist, dass, wenn die Nieren kaputt sind, sie kaputt bleiben.«

Jeder normale Mensch wäre jetzt geschockt. Ich merke kein bestimmtes Gefühl. Es ist eher so, als würde er das zu jemand anderem sagen und es würde mich gar nicht betreffen, sodass ich gar nicht weiß, was ich jetzt sagen soll: »Oh. Und zu wie viel Prozent sind sie kaputt, kann man das sagen?«

»Eine genaue Prozentzahl kann man aus den Werten nicht lesen, aber ich kann Ihnen sagen, dass ab einer Zerstörung des Gewebes über 50 Prozent die Werte schlechter werden. Und Ihre Werte sind sehr schlecht. Deswegen appelliere ich an Ihre Vernunft. Versuchen Sie, tagsüber mindestens 2 Liter zu trinken, denn sonst ist es mit aller Wahrscheinlichkeit so, dass, wenn Sie älter sind, Ihre Nieren nicht mehr arbeiten und Sie dann nur noch ein Glas Wasser am Tag trinken dürften, weil es sonst lebensgefährlich wird, da die Nieren nichts mehr verarbeiten können. Wie viel trinken Sie am Tag?«

»Ich weiß es nicht. Sehr wenig. Allerhöchstens 0,5 Liter? Wenn überhaupt.«

»Das sollten sie schleunigst ändern. Ich persönlich kann Ihnen sagen, dass DAS das Letzte ist, was ich jemals haben wollen würde. Von mir aus Osteoporose und all der Kram, aber mit den Nieren ist nicht zu spaßen. Und Sie können sich nicht vorstellen, wie das ist, nur ein Glas Wasser am Tag trinken zu DÜRFEN. Stellen Sie sich das mal im Hochsommer vor. Also bitte. TRINKEN. TRINKEN. TRINKEN.«

»Ja okay, ich werde es versuchen.«

Was soll ich denn jetzt denken? Muss ich geschockt sein? Muss ich froh sein, dass ich noch eine klitzekleine Chance habe? Ich kann einfach kein Gefühl in mir entdecken, aber warum habe ich keine Angst?

Ich versuche, es mir vorzustellen, wie es wohl ist, zur Dialyse zu müssen oder nur ein Glas Wasser trinken zu dürfen, doch es ist zu weit weg. Nicht greifbar und deswegen auch für mich nicht beängstigend.

Als ich Mama von meinen Werten am Telefon erzähle, fängt sie an zu weinen und ist total geschockt. Immer wieder fleht sie mich an: »Bitte, Hanna, du musst trinken, so viel es geht. Wenn es geht auch mehr als 2 Liter. Das ist das Schrecklichste, was dir passieren kann, dass deine Nieren nicht mehr arbeiten. Und nimm nicht zu viel Salz. Bitte, Hanna, bitte, wenn du es schon nicht für dich tust, dann tu es für mich. Ich hab es gewusst. Das konnte ja nicht gut gehen bei der wenigen Flüssigkeit. Oh mein Gott, das halte ich nicht aus, bitte, Hanna, trink ...«

»Oh ja, Mama, jetzt ist es mal gut, es reicht, wenn mir der Arzt das sagt.«

»Aber Hanna, ich will dir doch nichts Böses. Bitte beruhige mich ein bisschen, ich halte das sonst nicht aus.«

»Mama, ich werde viel trinken.«

»Danke, Hanna, du schaffst das, ich denke immer an dich.«

Direkt nach dem Telefonat gehe ich runter ins Foyer und fülle meine Flasche mit Sprudel.

Wie ätzend das doch sein wird. Ich hasse es zu trinken. Jetzt muss ich auch noch trinken. Trinken UND essen.

Trotzdem setze ich die Flasche an und trinke ein paar Schlucke. Ätzend. Ich hab gar keinen Durst.

03.07.2011 – 33,2 kg

Es ist Sonntag und genauso wie letztes Wochenende ist nichts los. Beim Wiegen wog ich 33,2 kg, sodass ich einigermaßen ruhig bin, was schon viel heißt. Bei den Mahlzeiten mehr zu essen, schaffe ich trotzdem nicht. Beim Mittagessen werde ich dann sogar von einer Adipositas-Patientin angepflaumt, dass ich mir nicht nur die Brühe aus der Suppe nehmen solle, dabei habe ich extra darauf geachtet, nicht nur Brühe zu nehmen, sondern auch Einlage, sodass mich der Kommentar stinksauer macht: »Ich nehme, wie Sie sehen, nicht nur Brühe. Und kümmern Sie sich gefälligst um Ihre eigenen Probleme.«

Am liebsten hätte ich gesagt, dass sie selber vielleicht auch mal lieber mehr von der Brühe statt von der Einlage nehmen solle, aber der Spruch fällt mir wie immer erst hinterher ein, als die Situation bereits vorbei ist.

Als ich anschließend in meinem Zimmer bin, möchte ich am liebsten schlafen. Ich bin hundemüde und einfach nur erschöpft. Ob das von den neuen Tabletten kommt? Oder bin ich einfach nur müde?

Ich weiß es nicht, aber hinlegen tue ich mich auf jeden Fall nicht. Das ist Zeitverschwendung. Irgendwas muss ich machen. Also setze ich mich aufrecht ins Bett, damit mir nicht die Augen zufallen, und lese das Buch über Magersucht, welches Dr. Leibl, der stellvertretende Direktor der Klinik, geschrieben hat.

Gegen Mittag ruft Sabine, ein Mädchen von der Station, mit der ich mich sehr gut verstehe, an und fragt mich, ob ich mit ihr mitgehen wolle zum Bäcker, da sie ihre Zwischenmahlzeit zu sich nehmen muss. Eigentlich bin ich viel zu erschöpft, aber in Gedanken an etwas Sauerstoff und die tollen Torten, die ich mir dann anschauen kann, gebe ich mir einen Ruck.

Im Café angekommen, das direkt neben der Klinik ist, bestellt sich Sabine ein Stück Sachertorte und ich traue mich sogar, einen ganz kleinen Bissen zu probieren. Ich hab mich extra so hingesetzt, dass ich die restliche Zeit auf die Kuchen- und Tortentheke starren kann. Wie gerne würde ich jetzt von jeder Torte und von jedem Kuchen und von jedem Gebäck, das da so schön steht, naschen. Eigentlich dürfte ich ja sogar, immerhin muss ich ja zunehmen, aber der Gedanke, jetzt ein Stück Torte oder Kuchen zu essen, ist so unvorstellbar. Meine Lust darauf aber umso größer.

Ach wie schön wäre es jetzt, in diesen herrlichen Apfel-Streusel-Kuchen zu beißen und … NEIN. Du darfst nicht. Davon nimmst du in kürzester Zeit mehrere Kilos zu. Morgen auf der Waage wirst du dich schwarzärgern und außerdem könntest du dich sowieso nicht für den Apfelkuchen entscheiden, weil du dann alle probieren möchtest und dann kannst du nicht mehr aufhören. Also, lass es lieber gleich. Außerdem kostet das nur wieder unnötig Geld. Lieber fährst du morgen wie geplant zum Supermarkt und kaufst dir Diätjoghurt für den Abend, von dem nimmst du nämlich dann auch ganz schnell zu und dann brauchst du gar kein Stück Kuchen mehr.

Aber ich hab doch so einen Appetit und ich muss doch sowieso zunehmen. Ich bin wieder total zwiegespalten, doch ich weiß ganz genau, dass ich mir nie im Leben jetzt ein Stück Kuchen oder Torte kaufen würde, wo es doch in drei Stunden Abendbrot gibt.

Meistens beginnt der Horror erst richtig nach dem Abendessen. Zum Abendessen traue ich mich gerade mal, eine halbe Scheibe Brot zu essen, nehme mir aber zusätzlich immer extrem viel Salat und Gemüse als Beilage, damit ich ja nicht so einen großen Hunger in der Nacht habe und wieder nicht schlafen kann. Um irgendetwas gegen dieses Gefühl zu tun, hab ich geplant, mir morgen Diätjoghurt zu kaufen für die Nacht, falls ich es gar nicht aushalte. Hinterher komme ich noch auf die Idee, die Schokolade zu essen, die ich auf dem Zimmer habe. Das wäre ja katastrophal. Aber wie soll ich das diese Nacht aushalten? Ich hab nur Schokolade auf dem Zimmer und was ist, wenn ich plötzlich eine Fressattacke bekomme? Dann hab ich am nächsten Tag den Ultra-Gewichtssprung nach oben und darf mir gar nichts mehr erlauben.

Während ich an die bevorstehende Nacht denke, träume ich davon, wie es wäre, wenn ich jetzt einfach diese herrlichen Torten und Kuchen essen könnte. Als Sabine mit ihrem Stück Sachertorte fertig ist, stehen wir auf und ich überlege, ob ich mir nicht etwas kaufen soll für die Nacht. Vielleicht traue ich mich ja heute Nacht, etwas zu probieren? Vielleicht habe ich ja heute Nacht andere Gedanken und vielleicht klappt es zu probieren?

Also kaufe ich mir ein Bobbes. Ein Gebäckstück mit Streuseln zum Mitnehmen. Am liebsten würde ich es direkt verspeisen, aber das klappt nicht. Mein Kopf verbietet es mir.

Die restlichen Stunden versuche ich, mich weitestgehend abzulenken, und freue mich tierisch auf die halbe Scheibe Brot am Abend mit viel Salat und Gemüse, weil mich extremer Appetit quält. An das Teilchen traue ich mich nicht dran, das habe ich direkt sicher im Kühlschrank verstaut. Also trinke ich sehr viel Wasser gegen das Gefühl. Mittlerweile hängt mir das Trinken echt zum Hals raus und ich muss mich extrem dazu zwingen. Zugleich bin ich stolz, dass ich es machmal sogar schaffe, über 2 Liter am Tag zu trinken, und hoffe einfach, dass das meine Nieren wieder etwas aufpäppelt.

Trotzdem ist da immer noch keine Angst oder Panik davor, dass es nicht klappt. Für mich ist der Gedanke, dass ich später eventuell zur Dialyse müsste, so weit weg und unvorstellbar, dass es mich ärgert. Warum kann ich nicht einfach Angst davor haben zu sterben? Warum habe ich keine Angst davor, zur Dialyse zu müssen? Warum habe ich keine Angst vor Osteoporose? Warum habe ich keine Angst davor, die Zähne zu verlieren? Ich wünsche mir so sehr, dass mir diese Dinge alle mal bewusst würden, vielleicht würde es dann besser klappen. Vielleicht würde ich dann essen FÜR MICH. Für MEINE Gesundheit. Aber nein. Alles ist so weit weg. Und immer ist da eine riesengroße Angst vorm Zunehmen, vorm Dicksein, vorm Essen. Wie oberflächlich das doch alles ist. Und dafür nehme ich so viel Schlechtes in Kauf.

Hanna. Stell dir doch mal vor, du solltest wirklich gesund werden und dann musst du mehrmals die Woche für mehrere Stunden zur Dialyse. STELL ES DIR VOR. Ich stelle es mir vor, aber es kommt nicht in meinem Innersten an. Es ist zu weit weg. IN der Zukunft. Die Zukunft, auf die ich mich einerseits freue und die mir andererseits eine riesige Angst bereitet, nicht klarzukommen und nichts erreichen zu können. Angst vor körperlichen Schäden? Nein. Die habe ich nicht.

Die Minuten vergehen wie Stunden und wie befürchtet, habe ich nach meiner halben Scheibe Brot etwas später wieder meinen altbekannten Appetit beziehungsweise Hunger oder was es auch immer sein mag.

Als ich im Bett liege, wechsle ich alle zwei Minuten die Seite. Ich kann einfach nicht schlafen. Die ganze Zeit muss ich an diese Torten denken. Wie wundervoll sie aussahen und wie es wäre, wenn …

Na ja, ein Gebäckteilchen habe ich mir ja gekauft, ob ich es essen soll? Immerhin habe ich mich heute wieder so extrem zurückgehalten und ich muss doch sowieso zunehmen. Also los. Los. Los.

Nein, Hanna. Halte dich im Zaun. Denk daran, dass du, wenn du einmal probierst, bestimmt nicht mehr aufhören kannst. Stell dir doch mal das Desaster vor, wenn du dann doch das ganze Ding isst. Es ist zwar nur so groß wie ein Tennisball, aber die Kalorien darin sind umso zahlreicher. Und dann kannst du nicht mehr aufhören und dann isst du bestimmt noch zusätzlich die Schokolade, die du gehortet hast.

Aber ich hab doch so eine Riesenlust. Langsam stehe ich auf und laufe im Zimmer auf und ab. Ans Schlafen ist jetzt gar nicht mehr zu denken, ich bin viel zu stark in meinen Fantasien gefangen. Ganz langsam gehe ich vor dem Kühlschrank in die Hocke und überlege und überlege. Soll ich probieren? Soll ich es lassen? Ich mache den Kühlschrank auf und schneide mir ein daumengroßes Stück vom Gebäck ab und beiße ganz langsam die Ecke ab. Insgesamt beiße ich fünfmal minimalgroße Stücke von dem bereits kleinen Stück ab und kaue, solange es geht. Jedes Mal beim Runterschlucken sticht mein Herz und mein Kopf schreit: NEIN. NEIN. NICHT RUNTER-SCHLUCKEN. TU ES NICHT. DU WIRST ES BEREUEN.

Und der Kopf hatte recht. Als das daumengroße Stück in meinem Magen ist, fühle ich mich noch mieser als vorher. Und schlafen kann ich jetzt immer noch nicht, denn viel gebracht gegen mein Bauch-gefühl hat es nicht. Hätte ich es mal nicht probiert. So kurzer Genuss für so schlechte Gedanken. Ich hätte es wissen müssen. Ach hätte ich doch jetzt wenigstens ein bisschen Diätjoghurt, ich könnte ein gefülltes Pferd verspeisen. Als ich mich wieder hinlege, kreisen die Gedanken weiter, sodass ich mal wieder erst sehr spät einschlafe. Die Tabletten, die ich seit Kurzem zur Beruhigung bekomme, helfen da auch nicht viel.

Hanna, hättest du dich nicht zurückhalten können? Die Gedan-ken drehen sich im Kreis und einer davon ist, dass ich am liebsten das ganze Stück gegessen hätte, denn es war SO lecker.

04.07.2011, – 33,7 kg

Heute muss ich noch früher aufstehen, da ich vor dem Frühstück noch einen Termin zum Blutabnehmen habe. Also klingelt gegen Viertel nach sechs mein Wecker, ich gehe zur Toilette, mache mich etwas frisch und stehe um halb sieben vor dem Zimmer zum Wie-gen. Wie jeden Morgen bin ich total gespannt und aufgeregt, was die Waage wohl anzeigt, und hoffe wie jeden Morgen, dass es weniger ist als am Tag zuvor.

Als ich dann auf der Waage stehe, bekomme ich einen richtigen Schock. 33,7 kg. Ich bin fast an meinem Höchstgewicht vom ersten

Tag angelangt. Am liebsten würde ich heulen, doch ich bin noch dabei, den Schock zu verarbeiten. Wieso nehme ich so schnell zu? Ich esse doch noch so zurückhaltend. Bei jeder Mahlzeit quäle ich mich, möchte viel lieber mehr essen und mache es dann trotzdem nicht und mein Gewicht schnellt immer weiter in die Höhe. Ich weiß ja, dass ich so oder so zunehmen muss, aber so schnell? Und gleich so viel? Hätte ich mal nicht gestern Nacht das halbe Teilchen gegessen, dann hätte ich auch nicht so viel zugenommen.

Alle anderen Mädchen hier essen schon die Richtmenge und liegen gerade mal IN ihren Gewichtskurven – und ich? Ich verbiete mir weiterhin die bösen Kohlehydrate und nehme zu wie ein Sumoringer. Während mich diese Gedanken völlig kirre machen, ziehe ich mich an und gehe zur Blutentnahme und anschließend zum Frühstück. Eigentlich sollte ich langsam mal anfangen aufzustocken, was das Essen betrifft und wie es auch eigentlich geplant war mit meinem Therapeuten, aber nachdem ich heute auf der Waage wieder diese Zahl gesehen habe, klappt es kaum, also sage ich nicht, wie ich eigentlich laut Plan sollte, dass ich ein Dreiviertel Brötchen esse, sondern sage wie die ganze letzte Woche: »Ich esse ein halbes Brötchen mit Belag und Beilagen, und mir geht es heute nicht so gut.«

Als ich dann am Buffet stehe, nehme ich mir zwar auch etwas Obstsalat, aber lasse an diesem Morgen den kleinen Klecks Joghurt, den ich mir die letzten Morgen gegönnt habe, weg. Auch der Belag meines Brötchens ist wieder sehr dürftig. Und das nur, weil ich heute Morgen geschockt war? Nur wegen dieser blöden Zahl?

Nach dem Frühstück geht es mir nicht viel besser, trotzdem mache ich mich auf zu meinem geplanten Einkauf für den Abend. Im Laden angekommen, geht es erst mal in die Gemüseabteilung.

Nehme ich jetzt die geschnittenen Tomaten oder die Tomatensoße oder doch die passierten Tomaten? Um meiner Entscheidung entgegenzukommen, schaue ich mir von fast allen Gemüsedosen die Kcal-Menge an und entscheide mich dann für eine Dose Sauerkraut (32 kcal/100g) und eine Packung Tomatensoße (30 kcal/100g). Hinzu kommen mein altbekannter Joghurt mit 0,1 Prozent Fettgehalt und eine Packung gefrorene Erdbeeren.

Warum mache ich das hier eigentlich? Statt mich an die Richtmengen heranzutrauen, kaufe ich mir Essen mit so wenigen Kalorien wie möglich, um abends gegen meinen Hunger anzukämpfen.

Wie gerne hätte ich abends meine eingefrorenen Wasser-Joghurts und Eiswürfel. Jetzt müssen gefrorene Erdbeeren und normaler Joghurt reichen und den Joghurt verdünne ich mir abends mit Wasser. Und trotzdem liege ich anschließend im Bett und denke, dass ich schwach bin, weil ich etwas ZUSÄTZLICH gegessen habe.

Aber dieser Hunger, oder was es auch ist, oder Appetit, ist gerade abends so stark, dass ich das brauche. Letztendlich hilft es dann aber doch nicht gegen dieses blöde Gefühl, weil es nur eine Handvoll Erdbeeren mit verdünntem Joghurt sind.

Deswegen habe ich mir auch noch Sauerkraut gekauft und Tomatensoße. Das hat wenig Kalorien und hilft vielleicht besser gegen dieses blöde Bauchgefühl.

Ich stopfe die Einkäufe in meine viel zu kleine Handtasche, renne zum Bus, weil ich schon wieder zu lange geschaut habe im Laden, und verschwinde so schnell und unauffällig wie möglich in meinem Zimmer. Das ist jedes Mal ein Adrenalinkick, dass mich ja keiner sieht, denn eigentlich ist Essen nur so viel erlaubt, dass es für einen Tag reicht. Diätprodukte sowie Süßstoff sind im ganzen Haus verboten. In der Broschüre habe ich gelesen, dass ab und zu Zimmerkontrollen stattfinden. Sollte das wirklich passieren, bin ich ganz schön am AR**H, denn ich habe Kekse, Schokolade, Marmelade, Müsliriegel, Senf, Lutscher, Bonbons usw. in einer Kiste gesammelt, da ich hoffe, mir irgendwann etwas davon zu gönnen.

Ja. Und hinzu kommt, dass ich Diät-Joghurt und Süßstoff im Kühlschrank habe für mehr als einen Tag. Immer wieder räume ich zwischendurch die Sachen um, da ich Angst habe, es könnte jeden Moment mein Zimmer kontrolliert werden. Sobald das Pflegepersonal Feierabend hat, landet es wieder im Kühlschrank. Nachdem ich alles einigermaßen versteckt habe, was sich bei den verschiedensten Sachen als ziemlich schwierig erweist, habe ich Stationsgruppe. Jeder muss sich für zwei Dinge loben, sich für die kommende Woche zwei Ziele setzen und sagen, ob man über, in oder unter seiner Gewichtskurve liegt.

Als ich an der Reihe bin, sage ich: »Also ich lobe mich dafür, dass ich so viel trinke im Moment und es sogar schaffe, mehr als 2 Liter am Tag zu trinken, und dass ich mich traue, Käse zu essen. Ja, und meine Ziele sind, dass ich weiterhin gut trinke, was ich gestern zum Beispiel etwas vernachlässigt habe, sodass ich dann abends sehr viel nachtrinken musste, und dass ich mich nicht zu sehr von der Zahl beeinflussen lasse, die morgens auf der Waage steht.«

Da meldet sich mein Therapeut zu Wort: »Und was das Essen angeht? Wollen Sie sich da auch ein Ziel setzen, zum Beispiel sich an die Richtmengen heranzutasten?«

»Ja eigentlich ja schon. Die letzten Tage hat das nicht geklappt und da ich über meiner Gewichtskurve liege, fällt mir das so schwer.«

»Dann versuchen Sie jetzt, immer auf Ihren Plan zu gucken und es zu versuchen, den haben Sie mir ja schon gezeigt und das können Sie sich doch dann als Ziel setzen.«

»Ja, ich möchte es zumindest versuchen.«

Beim Mittagessen merke ich dann, dass ich es nicht schaffe, mich weiter heranzutasten an den Plan: »Also ich probiere die Suppe und den Apfel zum Nachtisch und das Hauptgericht zu einem Drittel.«

Sofort schaltet sich der Therapeut ein, der mit mir am Tisch sitzt.

»Ein Drittel, Frau Blumroth, das wäre ja ein Rückschritt. Das letzte Mal hatten Sie doch schon die Hälfte. Und dann wollen Sie jetzt nur ein Drittel essen?«

»Ja, ich weiß, aber die Portionen sind heute so extrem groß, da schaffe ich nie im Leben die Hälfte.«

»Doch doch, das schaffen Sie schon. Jetzt Rückschritte zu machen wäre kaum sinnvoll.«

Als dann das Essen kommt, Couscous mit gegrilltem Ratatouille und vegetarischen Falafelbällchen, picke ich mir das Gemüse aus dem Couscous und stochere in meinem Essen herum. Eigentlich finde ich es total lecker, aber es klappt einfach nicht vom Kopf her.

»Frau Blumroth, jetzt nehmen Sie doch mal eine herzhafte Gabel voll und nicht nur Gemüse, sondern auch mal die Bällchen essen.«

Nach einer halben Stunde und immer noch fast vollem Teller bin ich bereits die Letzte, die »fertig« ist, und lege mein Besteck auf den Teller.

»Sie haben noch Zeit, Frau Blumroth.«

»Nein, ich bin fertig.«

»Frau Blumroth, das ist aber nie im Leben eine halbe Portion, die Sie gegessen haben. Probieren Sie noch ein bisschen. Die Falafelbällchen liegen ja fast alle noch auf Ihrem Teller.

Erst murre ich ein bisschen und esse noch ein halbes von den Bällchen, die ungefähr golfballgroß sind, und lege dann wieder mein Besteck auf den Teller.

»Probieren Sie doch, noch etwas mehr zu essen.«

Auch meine Tischnachbarin schaut mich liebevoll an und nickt mir zu: »Du schaffst das«, aber mehr geht einfach nicht.

»Nein, nein, jetzt bin ich wirklich fertig.«

Ich habe noch riesigen Hunger und würde am liebsten weiteressen, aber mein Kopf sagt mir bereits, dass selbst das, was ich jetzt gegessen habe, zu viel war. Sofort fängt mein Bein an zu zittern und ich kann nicht damit aufhören, es die ganze Zeit in Bewegung zu halten, weil ich so unter Druck stehe und mich mies fühle.

In der anschließenden Gruppentherapie landen wir dann plötzlich beim Thema Abschlussball und ich habe plötzlich das Bedürfnis zu weinen und als ich an der Reihe bin, schaffe ich es nicht, die Tränen zurückzuhalten, weil ich an meine Entlassungsfeier am Samstag denken muss: »Ja, mir geht es nicht so gut mit dem Thema, weil am Samstag meine Entlassungsfeier war und meine Mutter mein Zeugnis für mich abgeholt hat und ich nicht dabei sein konnte. Das kommt jetzt auf einmal alles hoch, dass ich so gerne dabei gewesen wäre. Nicht weil ich Angst habe, etwas verpasst zu haben, aber es hat für mich einfach so großen symbolischen Charakter, sein Abiturzeugnis entgegenzunehmen, Gratulationen zu bekommen. Ich bin einfach so furchtbar enttäuscht, dass ich es nicht selber entgegennehmen konnte.«

Sofort steht Jule auf und reicht mir ein Taschentuch und alle anderen schauen mich liebevoll an und versuchen, mir zu vermitteln, dass es doch noch so viele Abschlüsse geben wird, und dass trotzdem alle stolz auf mich sind und ich so vieles nachholen kann, wenn ich erst mal gesund sei.

»Ja, das weiß ich ja auch«, schluchze ich, »aber mein Abiturzeugnis kann ich nur einmal entgegennehmen.«

»Wer ist denn daran schuld, dass Sie nicht dabei sein konnten«, fragt mich mein Therapeut.

»Ja, ich selber!«

»Nein, nicht Sie, sondern Ihre Essstörung, und wenn Sie die erst mal erfolgreich bekämpft haben, was glauben Sie dann, wie viele schöne Momente auch symbolischen Charakters Sie dann haben werden«, erklärt er und alle anderen nicken eifrig.

Recht hat er. Und meine gesunde klitzekleine Seite denkt das auch. Trotzdem wäre ich so gern dabei gewesen. Doch jetzt ist es zu spät. Jetzt bin ich hier in der Klinik und arbeite einfach daran, dass es noch viele andere solcher schönen Momente geben wird und auch geben muss und ich diese dann eventuell sowieso ganz anders genießen kann.

Kurze Zeit habe ich nicht ans Essen denken müssen und an diese grausame Zahl am Morgen. Und auch das Weinen hat mich sehr entlastet, sodass es mir etwas besser geht.

Beim Abendessen schaffe ich es trotzdem wieder nicht, mehr zu essen. Es bleibt bei der halben Scheibe Brot und viel Salat und Gemüse gegen den Hunger, oder was es auch immer sein mag, dieses Gefühl.

Mittwoch, 20.07.2011 – 35,7 kg

Ich bin nun seit vier Wochen und einem Tag hier. Ich zähle immer und immer wieder die Tage und Wochen. Einerseits habe ich das Gefühl, die Zeit rast, aber an den Wochenenden ist es schrecklich. Da kriecht die Zeit und hauptsächlich weine ich oder liege im Bett und kann nichts machen. Das ist unbeschreiblich. Ich bin körperlich extrem schwach und möchte eigentlich nur schlafen, aber es funktioniert einfach nicht. Mein Kopf rattert zu sehr. Quälende Gedanken, dass ich faul sei. Dass ich nicht im Bett liegen dürfe. Dass ich doch IRGENDETWAS machen MUSS. Dass ich die Zeit nutzen MUSS, doch ich bekomme eh nichts hin. Ich bin einfach zu antriebs- und lustlos, es macht mir einfach nichts mehr Spaß. Wenn ich versuche zu malen, merke ich nach kurzer Zeit, wie sehr ich mich eigentlich dazu zwingen muss. Ich könnte mir ein Keyboard ausleihen und Klavier spielen, aber auch dazu fehlt mir die Lust. Und so zieht sich das Wochenende hin wie Kaugummi. Es liegt wahrscheinlich daran, dass ich Mama so sehr vermisse. Ich kann gar nicht beschreiben, wie dieses Gefühl ist. Diese Sehnsucht. So lange war ich noch nie von ihr getrennt. Irgendwie komisch, das zu wissen. Und erst am 20. August kann sie mich besuchen kommen. Ich zähle schon die Tage, bis es endlich so weit ist, dass ich sie in meine Arme schließen kann. Darauf freue ich mich so dermaßen. Aber es dauert einfach noch so unendlich lange. Noch über einen Monat.

Und obwohl ich jetzt schon einen Monat hier bin, schaffe ich es immer noch nicht, die Richtmenge zu essen.

Ich esse morgens 1 ¼ Brötchen, ohne Butter, mit Marmelade und Quark und Obstsalat.

Mittags probiere ich die Suppe und den Nachtisch und esse das Hauptgericht zur Hälfte.

Abends esse ich 1 ½ Scheiben Brot mit Belag und ganz viel Salat und Gemüse.

Allerdings wird mir jetzt langsam Druck gemacht von den Ärzten und Therapeuten, was die Richtmenge betrifft. Das musste ja so kommen. Ist doch klar, dass ich hier nicht wochenlang mein Ding durchziehen kann. Ich meine, mein Gewicht stimmt immer, ich nehme gut zu. Das liegt wahrscheinlich daran, dass ich mich abends, wenn alle Mahlzeiten um sind, traue, noch Joghurt und Schokolade zu essen und viel von den Beilagen esse zu den Mahlzeiten.

Trotzdem musste es ja so kommen, denn so kann es nicht weitergehen. Normalerweise sollte man nach zwei Wochen die Richtmenge essen. Dass die Ärzte jetzt Druck machen, merke ich, als ich heute meine Einzeltherapie habe: »Ja, Frau Blumroth, bis wann haben Sie denn vor, die Richtmenge zu essen? Der Chefarzt macht mir langsam etwas Druck, Sie sind jetzt seit vier Wochen hier und ehrlich gesagt möchten wir nun, dass Sie, wenn Sie schon die Richtmenge nicht schaffen, Fresubin trinken, um voranzukommen.«

»Nein, alles, nur nicht Fresubin.«

»Ja aber wenn Sie es doch nicht schaffen, die Richtmenge zu essen, ist das die einzige Lösung.«

»Dann esse ich lieber. Ich hab mir ja vorgenommen, die Richtmenge zu essen. In der Essstörungs-Bewältigungstherapie musste ich mir als Ziel setzen, bis nächste Woche Freitag die Richtmenge zu essen.«

»Bis nächste Woche Freitag? Dann wären Sie fast sechs Wochen hier. Das ist zu lange, dann müssen Sie Fresubin trinken.«

»Nein, bitte auf keinen Fall Fresubin.«

»Wieso denn nicht, wir haben über zehn verschiedene Sorten, so schlecht schmeckt das Zeug doch gar nicht.«

»Ich hasse dieses Zeug. Ich möchte nie wieder Fresubin trinken.«

»Ja aber bis nächste Woche Freitag die Richtmenge ist eindeutig zu lange. Wenn Sie kein Fresubin trinken möchten, müssen Sie mir etwas Adäquates vorschlagen. Auch mir wird Druck gemacht und auch ich muss dem Chefarzt Vorschläge machen, damit Sie kein Fresubin bekommen. Sonst müssten Sie das schon längst trinken. Also was können Sie mir anbieten? Zu welcher Mahlzeit können Sie sich am ehesten vorstellen, die Richtmenge zu essen?«

»Mhm, ich weiß nicht. Vielleicht … Ähm, vielleicht … Na ja, zum Frühstück?«

»Alles klar, zum Frühstück. Sie versprechen mir bis übermorgen, den Freitag DIESER Woche, zumindest schon mal zum Frühstück die Richtmenge zu essen.«

»Mhm, ja okay, ich versuche es.«

»Nicht versuchen. Machen. Versprechen Sie es mir? Sie essen die Richtmenge morgens MIT Butter MIT ausreichend Belag und ich rede mit dem Chefarzt, wenn Sie es schaffen, dass Sie kein Fresubin trinken müssen. Und dann geht es weiter Schritt für Schritt zur Richtmenge. Also versprochen?«

»Ja, versprochen.«

Oh Mann, gerade mal noch die Kurve gekriegt. Bis übermorgen muss ich also zwei Brötchen mit 20 g Butter und Belag essen. Ich muss es schaffen, ich will kein Fresubin trinken müssen. Aber ob ich das wirklich schaffe? Mit der Butter bin ich gar nicht einverstanden. Ich hab so eine Panik vor Butter. Pures Fett. Das setzt ja sofort an. Ich muss es schaffen. Ich schaffe es. Hanna, du packst das.

Freitag, 22.07.2011 – 36,1 kg

Heute ist es so weit. Ich muss zwei Brötchen essen mit 20 g Butter und ausreichend Belag. Es ist einfach so unglaublich schwer, der Kopf rattert und die Hand auszustrecken nach den Butterpäckchen ist, als müsste ich mich trauen, einen Fallschirmsprung zu wagen. Doch ich schaffe es. Ich nehme mir zwei Butterpäckchen und schaffe es sogar, sie zu essen. Das liegt allerdings auch daran, dass wir heute Morgen das erste Mal seit Langem wieder Tisch-Ess-Begleitung morgens haben. Normalerweise sitzt nur mittags jemand dabei. Ich bin so froh, dass jemand dabeisitzt, weil es mir somit wenigstens etwas leichter fällt.

Ich muss mich so dermaßen zwingen, Butter zu essen, das ist unbeschreiblich. Und dann war am Morgen auch noch mein Gewicht so hoch, was das Ganze noch schwieriger machte. Ich bin so erleichtert, als das Frühstück vorbei ist, und habe das Gefühl, dass ich merke, wie sich die Butter schon an meinem Körper festsetzt. Meine gesunde Seite weiß, was das für ein Schwachsinn ist, doch meine kranke Seite sieht schon, wie der Bauch dicker wird.

Trotzdem ist es ein gutes Gefühl, als ich mit meinem Therapeuten im Chefeinzelgespräch sitze und sagen kann: »Ja, ich habe mein Versprechen gehalten. Ich habe heute Morgen das erste Mal die Richtmenge gegessen.«

»Mit der Butter?«, fragt mein Therapeut.

»Mit der Butter«, antworte ich stolz.

»Das ist doch super. Sie können stolz auf sich sein.«

Der Stolz ist aber nur kurz da. Eigentlich fühle ich mich wie eine Versagerin. Doch ich versuche, mir zu sagen, dass ich stolz auf mich sein darf und dass ich so wenigstens mein Versprechen halten konnte, denn ich hasse es, Versprechen nicht einzuhalten. Und somit fühle ich mich nicht ganz so mies.

Samstag, 23.07.2011 – 36,5 kg

Ob ich es beibehalte, Butter zu essen? Pustekuchen. Heute Morgen gehe ich wie selbstverständlich an der Butter vorbei und esse meine Brötchen wieder ohne Butter.

Warum kann ich nicht einfach mal meinen Kopf abstellen und diese blöde Butter essen. Sie bringt mich doch nicht um. Sie bringt mich doch nur voran. Und es heißt doch nicht, dass ich dann mein restliches Leben lang 20 g Butter essen muss. Aber es gehört doch zur Richtmenge, die ich essen soll. Je länger ich damit warte, desto länger dauert die Therapie. Ich habe Angst vor Butter, also muss ich sie essen. Das ist das Prinzip. Immer wieder wird mir gesagt, dass man sich irgendwann daran gewöhnt, sodass ich dann keine Angst mehr habe, Butter zu essen, aber dafür muss ich es erst mal durchziehen. Mensch, Hanna, du hast es gestern doch auch geschafft, warum machst du dann jetzt wieder einen Rückzieher.

Du bist so feige.

Sonntag, 24.07.2011, 35,8 kg

Mir geht es so dermaßen beschissen. Am liebsten würde ich mich umbringen. Ich liege im Bett und habe eine Panikattacke nach der anderen. Ich halte das nicht aus. Ich schaffe das nicht. Ich will nach Hause. Mama, bitte komm zu mir, ich brauche dich so sehr. Ich halte das nicht aus. Wie gern wäre ich jetzt tot.

Es kann doch nicht sein, dass ich jedes Wochenende so eine depressive Stimmung habe. Bitte, lieber Gott, bitte mach, dass es mir besser geht. Mach, dass mein Herz aufhört zu rasen. Mach, dass ich schlafen kann. Ich will einfach nur schlafen, ich halte das nicht aus. MAMA.

28.07.2011 – 36,8 kg

Morgen kommt meine Oma. Ich bekomme das erste Mal nach fast sechs Wochen Besuch. Ich bin so aufgeregt und freue mich so dermaßen, das ist unbeschreiblich. Auch meine Oma vermisse ich so sehr, dass ich es kaum erwarten kann.

29.07.2011 – 37,3 kg

Heute ist es endlich so weit. Meine Oma kommt. Gegen Mittag ruft sie mich an, um mir zu sagen, dass sie bald da ist. Sofort mache ich mich auf den Weg zu ihrem Hotel, welches fast um die Ecke ist, und setze mich vor die Rezeption, um zu warten. Als sie kommt, überrasche ich sie und falle ihr weinend in die Arme. Ich bin so unendlich glücklich, dass ich sie endlich wiedersehe, dass sie mich ziemlich festhalten muss, weil ich so aufgeregt bin.

30.07.2011 – 37,7 kg

Das Wochenende ist total schön, doch ich muss ziemlich oft weinen, weil ich weiß, dass die Zeit nur so kurz sein wird. Am Dienstag fährt meine Oma wieder. Tagsüber unternehmen wir immer etwas und abends gehen wir gemeinsam zum Essen. Ich esse extrem viel, weil ich denke, dass ich es ausnutzen müsse, jetzt wo meine Oma da ist und es so leckere Sachen gibt, die ich mir aussuchen kann. Immer mit Hauptgang und Nachtisch. An diesem Abend esse ich das erste Mal ein Magnum Chocolate, das ich, seit es auf dem Markt ist, probieren wollte – ich habe mich aber nie getraut. Es ist so köstlich.

Trotzdem denke ich daran, dass es ziemlich klein ist und trotzdem 240 Kalorien hat. Das hat mich immer abgeschreckt. Doch ich schalte meinen kranken Kopf aus und denke einfach daran, dass ich ja sowieso zunehmen muss. Voll und satt schlafe ich an diesem Abend ein und bin schon gespannt aufs Wiegen am nächsten Tag.

31.07.2011 – 37,8 kg

Was soll ich denken? Ich weiß es nicht. Hanna, schalte deinen Kopf aus, es ist nur eine Zahl und sie ist immer noch niedrig.

Am Mittag gibt es Lasagne und es ist das erste Mal, dass ich ein ganzes Stück Lasagne esse. Es ist total mächtig und fettig und käsig, aber es schmeckt unglaublich lecker. Trotzdem ist es ein Gericht, mit dem ich unglaublich zu kämpfen habe und das ich nur sehr schwer schaffe aufzuessen. Danach rattert es in meinem Kopf, ob ich das Stück wirklich hätte aufessen sollen, doch alles in allem bin ich auch stolz auf mich, dass ich auf meine gesunde Seite gehört habe.

Aber mir geht es heute trotz allem mal wieder sehr schlecht. Ich bin extrem weinerlich und möchte einfach nur nach Hause. Als ich in der Gruppe sitze, fange ich sofort an zu weinen, als ich an der Reihe bin zu erzählen, wie es mir geht. Mein Herz scheint fast zu platzen.

Nach der Gruppe halte ich es nicht mehr aus und gehe zu meinem Arzt. Als ich bei ihm im Zimmer sitze, fange ich wieder an zu weinen und frage: »Dr. Müller, ich kann einfach nicht mehr, ich will einfach nur noch nach Hause. Es kann doch nicht sein, dass ich nur noch depressiv bin.«

»Ja, das ist bei Ihnen schon extrem, Frau Blumroth, aber das hat auch mit Ihrer Krankheit zu tun. Haben Sie denn auch Suizidgedanken beziehungsweise würden Sie sich etwas antun?«

»Keine Ahnung. Ich habe oft die Gedanken, dass ich lieber tot wäre, aber dann denke ich an meine Familie, sodass ich mir dann doch nichts antue. Herr Dr. Müller, mir geht es wirklich so schlecht. Bitte geben Sie mir irgendwas. Gibt es nicht irgendwelche Happy-Pillen, die Sie mir verschreiben können?«

»Die Wunder-Tablette gibt es natürlich nicht, aber ich habe auch schon darüber nachgedacht, dass es bei Ihnen sinnvoll wäre, ein Antidepressivum zu geben. Ich hatte da an Cipralex gedacht.«

»Ja, das kenne ich, das habe ich schon mal genommen.«

»Würden Sie das nehmen? Um Sie zu beruhigen und Ihnen die Google-Leserei zu ersparen, sag ich es Ihnen gleich: Sie werden nicht davon zunehmen, also keine Angst. Der Nachteil ist allerdings, dass es erst nach zwei bis drei Wochen wirkt. Außerdem könnte Ihnen am Anfang etwas übel werden und Mundtrockenheit wäre auch noch eine häufige Nebenwirkung. Aber ich würde es Ihnen wirklich empfehlen, weil sich das Medikament schon sehr oft in solchen Fällen bewährt hat.«

»Mir ist das alles egal, Hauptsache es geht mir besser. Und ich nehme wirklich nicht zu davon?«, frage ich unsicher, denn meistens ist das sehr wohl der Fall bei Antidepressiva.

»Sie können es mir ruhig glauben. Es ist häufig so, dass Leute davon zunehmen, aber es ist bewiesen, dass es bei Magersüchtigen bis jetzt nicht der Fall war.«

»Und wieso sollten gerade Magersüchtige davon nicht zunehmen?« Ich kann es irgendwie immer noch nicht so ganz glauben.

»Es ist der Fall, dass Antidepressiva häufig den Appetit steigern und die Leute davon zunehmen, weil sie auch mehr essen. Bei Magersüchtigen ist es so, dass sie gegen den Appetit ankämpfen können und nicht mehr essen, auch wenn sie mehr Appetit haben, und deswegen dann auch nicht zunehmen. Aber Sie können es gerne googeln, wenn Sie mir nicht glauben.«

»Doch, doch, ich glaube Ihnen schon. Außerdem will ich ja auch, dass es mir besser geht. Trotzdem habe ich etwas Schiss. Aber ich werde es nehmen.« Nach dem Gespräch fühle ich mich etwas besser, weil ich so sehr hoffe, dass mir die Tabletten helfen, doch als ich aufs Zimmer gehe, ist da gleich wieder dieses bedrückende Gefühl und gleich ist auch die Panik wieder da. Wann hört diese Scheiße endlich mal auf?

05.08. 2011 – 39,0 kg

Als ich heute Morgen gegen fünf Uhr wach werde, ist es wieder da. Dieses schreckliche Gefühl. Diese Panik. Ich wache vom einen auf den nächsten Moment auf und bekomme Panik. Ich schaue auf die Uhr. Fünf Uhr. Ich habe sofort Herzrasen und mir wird schlecht. Sofort überschlagen sich die Gedanken in meinem Kopf.

Los, Hanna, schlaf ein. Du kannst noch 1 ½ Stunden schlafen. 1 ½ Stunden bis zum Wiegen. Noch 1 ½ Stunden ohne Gedanken. Ich möchte einfach nur wieder einschlafen. Die Nacht ist meine Erlösung. In der Nacht muss ich nichts denken und nichts fühlen. In der Nacht, wenn ich schlafe, bin ich nicht einsam und hab kein Heimweh. In der Nacht vermisse ich meine Mutter und meine Oma nicht. In der Nacht bin ich weit weg. Von der Klinik. Von allen schlechten Gefühlen und Gedanken. Und so kreisen meine Gedanken darum, dass ich einschlafen MUSS. Diese 1 ½ Stunden noch leer und gedankenlos sein. Und so steigere ich mich in die panische Angst hinein, dass ich jetzt diese Zeit bis zum Wiegen wach liege und denke.

Wie lange dauert die Therapie noch?

Werde ich gesund?

Möchte ich gesund werden?

Wie viele Wochen noch?

Und es wird immer schlimmer und schlimmer. In meinem Kopf dreht sich alles. Und mein Herz klopft immer heftiger und mir wird speiübel. Meine Hände fangen an zu schwitzen, meine Füße an zu zittern. Und die ganze Zeit denke ich.

Einschlafen, Hanna.

Einschlafen, Hanna.

Einschlafen, Hanna.

Natürlich schlafe ich in diesem panischen Zustand nicht ein und schaue immer wieder auf die Uhr.

05:02 Uhr.

05:06 Uhr.

05:13 Uhr.

Das kann doch nicht sein.

Ich habe einfach so schreckliche Angst vor dem neuen Tag, der vor mir liegt, und das fast jeden Morgen. Angst davor, dass ich wieder so schlimmes Heimweh habe und mich einsam fühle, dabei sind alle so nett hier.

Und mein Herz rast und rast. Muss ich mich übergeben? Wenn ich jetzt ans Frühstück denke, könnte ich brechen, weil mir so schlecht ist. Wann hört das endlich auf. Ich will einfach nur gesund sein. Endlich gesund sein. Hunger und Sättigung spüren.

05:17 Uhr.

Die Zeit geht einfach nicht um. Aber eigentlich möchte ich auch nicht, dass sie umgeht. Am besten, ich schlafe ein und die Zeit bleibt stehen, sodass ich lange schlafen kann und der Tag nicht anfängt.

Ich will einschlafen!!!

Jetzt! Und weil ich merke, dass ich so unmöglich einschlafen kann, weil mein Herz rast wie nach einem Sprint, schlage ich auf mein Kissen ein und fange an zu weinen.

Das kann doch nicht sein.

Und so liege ich die Zeit wach im Bett, aufgeputscht und panisch, bis ich um 6:28 Uhr noch mal auf die Uhr schaue und meinen Wecker ausstelle. Den brauche ich nun nicht mehr.

Also stehe ich auf und gehe ins Bad, um mich zu schminken. Ich sehe schrecklich aus. Unausgeschlafen und verquollen. Mittlerweile ist es 6:40 Uhr, das heißt, Wiegen ist angesagt. Ich bin wie jeden Morgen total aufgeregt, weil ich nie wirklich einschätzen kann, wie viel ich wiege. Manchmal denke ich, ich hätte total viel zugenommen, dann hab ich es aber nur gehalten oder vielleicht sogar weniger als am Tag zuvor. An anderen Tagen bin ich mir sicher, dass ich weniger wiege, und dann ist das Gewicht aber in die Höhe geschossen.

Wie es heute ist? Ich weiß es nicht, aber auf jeden Fall habe ich totalen Schiss. In den letzten Wochen ist mein Gewicht fast nur gestiegen, weil ich sehr viel esse. Ich esse momentan häufig zwischendurch, weil ich dann denke, dass ich umso schneller zu Hause bin. Ich will einfach nur nach Hause.

Und wieder beginnen die Panik und die Übelkeit.

Ich schnappe mir die lange Jacke, die so schön nach Mama riecht und mit der ich jeden Morgen zum Wiegen gehe, und gehe aus dem Zimmer zum Wiegeraum.

Ich ziehe die Jacke aus und sage meinen Standardspruch: »Blumroth vom Lehn, Zimmer 200.«

Ich halte die Luft an, weil ich denke, dass ich sonst das Gewicht verfälsche, wenn ich Luft eingeatmet habe, und stelle mich auf die Waage.

39 kg. Es ist wahr. Ich wiege 39 kg. Ich weiß gar nicht, was ich denken soll. Einerseits komme ich der 40-kg-Marke immer näher und bekomme Angst.

Anderseits bin ich auch etwas froh, weil ich weiß: Mehr Gewicht. Näher daheim. Ich lege mir die Jacke wieder um, gehe ins Zimmer und ziehe mich an.

Nach dem Frühstück habe ich GSK. Gruppe Soziale Kompetenz. Wir sollen uns in zwei Grüppchen zusammentun und aufschreiben, was der Mensch für persönliche Rechte hat, um anschließend zu lernen, dass wir diese Rechte auch einfordern dürfen.

Das Recht, Nein zu sagen.

Das Recht, krank zu sein.

Das Recht, Kritik zu äußern.

Das Recht, eine Familie zu gründen usw.

Schon am Anfang der Gruppe merke ich, wie schlecht es mir geht. Beim Frühstück war die Panik etwas weg, doch jetzt merke ich, wie sie wiederkommt. Ich sitze in der Gruppe und habe das Gefühl, als müsse ich mich übergeben. Ich halte es kaum aus. Eine Zeit lang sitze ich da und sage kaum etwas und möchte auch nicht Bescheid sagen, weil ich denke, ich würde jammern. Doch in der Pause gehe ich zur Co-Therapeutin, weil ich es kaum aushalte. Ich habe das Gefühl, als würde mein Herz platzen. Es ist ein furchtbares Gefühl.

»Frau Runtsch, kann ich kurz mit Ihnen reden?«

»Aber natürlich, Frau Blumroth, Sie sehen gar nicht gut aus.«

»Mir geht es auch gar nicht gut. Mir ist total schlecht und ich habe Herzrasen.«

»Hat das plötzlich angefangen oder haben Sie das schon länger?«

»Seit heute Morgen, direkt nach dem Aufwachen.«

»Und warum kommen Sie dann jetzt erst, Frau Blumroth? Wenn es Ihnen schlecht geht, können Sie sofort kommen. Sie müssen nicht denken, dass Sie das aushalten müssen oder dass wir denken, Sie würden jammern.«

Ach, die Co-Therapeuten sind immer so nett. Können die hier eigentlich Gedanken lesen, denke ich und bin froh, dass ich Bescheid gesagt habe.

»Dann sag ich jetzt in der Gruppe Bescheid, und Sie gehen bitte direkt zur Medizinischen Zentrale und sagen, dass die Ihren Arzt anpiepen sollen, damit Sie untersucht werden, vielleicht können Sie ja etwas bekommen.«

Mit meiner Wärmflasche im Arm gehe ich zur Medizinischen Zentrale und fange dort direkt wieder an zu weinen: »Mir ist so schlecht und ich habe Herzrasen, können Sie bitte meinem Arzt Bescheid sagen, dass er kommt?«

Ich soll mich erst mal in den Untersuchungsraum setzen und mir wird der Blutdruck, der deutlich höher ist als sonst, gemessen. Anschließend ruft die Schwester bei meinem Arzt auf der Station an.

»Also Frau Blumroth, Sie sollen jetzt erst mal 20 Tropfen Iberogast bekommen und dann, wenn es möglich ist, zurück zur Gruppe gehen.«

Na toll. Iberogast. Als ob das etwas bringt gegen meine Panik. Die Übelkeit habe ich doch, weil ich Panik habe. Trotzdem nehme ich die 20 Tropfen und gehe zurück zur Gruppe.

Die Übelkeit wird wirklich etwas besser, doch als die Gruppe zu Ende ist, ist das Herzrasen wieder da. Denn jetzt weiß ich, dass ich Leerlauf habe bis zum Mittagessen. Zwei Stunden ohne Programm. Das ist immer die schlimmste Zeit, weil ich dann wieder merke, wie depressiv ich bin und wie sehr ich meine Mutter vermisse.

Auch Frau Runtsch merkt, dass es mir nicht wirklich besser geht, und nimmt mich mit auf die Station.

»Setzen Sie sich mal in die Kanzel, ich schau mal, ob der Dr. Müller jetzt Zeit hat, um Sie sich doch mal genauer anzuschauen.«

Kurz darauf sitze ich bei meinem Arzt im Zimmer, zittere am ganzen Körper und weine so sehr, dass ich es kaum beschreiben kann.

»Ich weiß, dass es ihnen sehr schlecht geht, Frau Blumroth, und auch Ihr Puls ist deutlich erhöht. Ich werde Ihnen jetzt Tropfen verschreiben, die sich in solchen Fällen gut behauptet haben, das fährt Sie etwas runter. Wären Sie damit einverstanden?«

»Ich bin mit allem einverstanden. Hauptsache, ich beruhige mich und diese scheußliche Panik hört endlich auf.«

»Gut, dann gehe ich jetzt direkt mit Ihnen runter zur Medizinischen Zentrale, damit Sie sofort die Tropfen bekommen. Der einzige Nachteil wäre, dass sie bis zu 14 Stunden lang wirken.

Da mir das momentan so was von egal ist und der Tag sowieso gelaufen ist, nehme ich die Tropfen und warte.

»Außerdem möchte ich, dass Sie sich mit der Co-Therapie zusammensetzen und Ihr Wochenende komplett durchplanen, damit Sie beschäftigt sind und nicht in ein Loch fallen.«

Mir geht es so was von beschissen, dass ich nur noch nicke und alles über mich ergehen lasse.

Am Sonntag bekomme ich Besuch von der besten Freundin meiner Mutter, die in München lebt. Doch was ist am Samstag? Ich habe immer solchen Horror vorm Wochenende, weil man so viel Zeit hat nachzudenken und ich immer panisch daran denke, wie langsam die Zeit vergeht. Nach dem Mittagessen bin ich schon etwas ruhiger, aber psychisch besser geht es mir nicht. Am Nachmittag klingelt dann mein Handy und eine sehr gute Bekannte von mir ruft an.

»He Hanna, du, wir sind ja zurzeit in Salzburg, bei den Festspielen. Hast du nicht Lust, nach Salzburg zu kommen für einen Tag? Das ist ja nicht weit von dir.«

Ich weiß nicht so recht. Meine Bekannte und ihren Mann würde ich schon gerne wiedersehen, da ich sie sehr gern habe. Aber schaffe ich das in meinem Zustand: Also psychisch gesehen? Mir ist ja nur zum Heulen zumute. Aber ich gebe mir einen Ruck und sage zu. Irgendwie ist mein Samstag ja dann schon mal geplant. Bestimmt wird es schön. Ich hoffe es.

06.08.2011 – 39,4 kg

Wie jeden Morgen habe ich wieder die gleiche Panik. Das Wiegen ist mir eigentlich egal. Ich merke, wie mein Gewicht immer höher steigt, und dabei denke ich die ganze Zeit nur: Nach Hause. Nach Hause. Nach Hause.

Nach dem Frühstück mache ich mich gemütlich fertig und auf den Weg zum Bahnhof. Noch geht es mir sehr schlecht, aber je weiter weg ich von der Klinik bin, desto besser geht es mir. Trotzdem denke ich immer wieder: Es bringt nichts, Hanna, du weißt ganz genau, dass du wieder zurück musst.

Und schon geht es mir wieder schlecht.

Warum kann ich nicht einfach mal diese scheiß Gedanken abstellen. Einfach mal positiv denken. Einfach mal hoffnungsvoll sein. Einfach mal optimistisch sein.

Einfach, einfach, einfach.

Wenn das mal so einfach wäre.

In Salzburg angekommen, holt mich mein Bekannter direkt am Bahnsteig ab. Ich freue mich tierisch, ihn wiederzusehen. Zurzeit

ist extrem viel los in Salzburg, weil die Salzburger Festspiele stattfinden. Seine Frau ist im Hotel geblieben, zu dem wir jetzt fahren,
als sie ihn plötzlich ganz aufgeregt anruft. Da er Auto fahren muss,
gibt er sein Handy an mich weiter und sie ist so aufgeregt, dass ich
sie kaum verstehen kann.

»Du Hanna, hör mir zu, es ist kaum zu glauben, also, kannst du
mich verstehen, oh Gott, ich bin ganz aufgeregt, also ich habe noch
eine Karte besorgen können für *Jedermann*, die allerletzte Karte,
würdest du da mitkommen wollen, das ist wirklich unglaublich,
eigentlich ist der seit Langem ausverkauft, das ist ein Riesenglück,
aber ich muss ja trotzdem erst fragen, du musst mir sofort Bescheid
geben, klappt das mit deinem Zug?«

»Ja, auf jeden Fall möchte ich mitkommen, wenn das in Ordnung
geht«, antworte ich schnell.

Eigentlich wollte ich um vier Uhr den Zug zurück nehmen, weil
meine Bekannten dann in den *Jedermann* gehen wollten, und jetzt
haben sie sogar noch eine Karte für mich! Ich bin total aus dem
Häuschen. Salzburger Festspiele und dann sogar noch eine allerletzte Karte. Das ist ein unglaublicher Zufall. Ich bin ganz aufgeregt.
Im Hotel angekommen, begrüße ich Marianne und freue mich total,
auch sie wiederzusehen.

Anschließend probiere ich ein langes schwarzes Kleid von ihr an
und eine Perlenkette, um etwas anzuziehen zu haben für abends,
für das Schauspiel. Eigentlich fühle ich mich nicht richtig wohl, weil
das Kleid viel zu groß ist, aber Marianne und Klaus sprechen mir
gut zu, dass mir das Kleid wirklich stehen würde, also lasse ich es
an. Danach fahren wir mit dem Taxi in die Salzburger Innenstadt
und schauen uns die Salzgasse und das Geburtshaus von Mozart
an. Gegen Mittag essen wir eine Kleinigkeit in einem noblen Restaurant, in dem wir auch abends noch mal sein werden zum Essen.

Die Aufführung ist der Hammer. Insgesamt ist es einfach ein
wunderschöner Tag. Es ist heiß draußen, ich bin mittlerweile froh,
dass ich doch nur ein Kleid anhabe und nicht meine warme Hose,

und genieße die Aufführung, wobei ich weiß, was es für ein unglaubliches Glück für mich war, noch diese letzte Karte zu bekommen. Danach geht es zurück zum Restaurant. Ich esse pochiertes Lachsfilet auf einem Spinatbett in Schaumsoße und Kartoffeln. Leider muss ich dann ziemlich hetzen, da um kurz nach neun schon mein Zug kommt. Ich schaffe nicht die ganze Portion, aber es schmeckt total lecker. Es wird angestoßen auf die tolle Aufführung und ich trinke das erste Mal seit Jahren ein ganzes Glas Sekt.

Dann ist leider mein Taxi schon da. Ich verabschiede mich, würde aber am liebsten noch stundenlang bleiben, weil es so ein schöner Tag ist.

Als ich im Zug sitze und anschließend gegen halb elf zurück zur Klinik laufe, bin ich wieder zweigeteilt. Ich bin glücklich, weil es so ein schöner Tag war, andererseits wird mein Herz immer schwerer, je näher ich der Klinik komme.

Ich könnte heulen. Eigentlich ist das Leben doch so schön. Es kann so schön sein, warum bin ich dann so depressiv? Warum kann ich nicht einfach glücklich sein so wie heute? Glücklich und zufrieden und nicht immer übers Essen nachdenken. Ich möchte so gern gesund sein.

Ich meine, die Ärzte und Therapeuten hier in Prien sind wirklich super. Kompetent, erfahren und gleichzeitig nett und liebevoll. Ich habe ja schon wirklich viele kennengelernt und hier sind eindeutig die besten, aber das hilft mir nicht mit meiner Stimmung und meinen Gefühlen. Nur manchmal. Aber mein Hauptgefühl und meine Panik bleiben. Ich möchte einfach nach Hause. Ich kann nicht mehr.

Im Zimmer angekommen, rufe ich noch einmal kurz Mama an und esse noch einen fettarmen Joghurt und Schokolade, was ich mir manchmal noch abends erlaube.

Müde lege ich mich hin und denke jetzt schon an den nächsten Tag. Ich bin einfach nur froh, dass ich Besuch bekomme, sonst würde ich jetzt schon durchdrehen.

07.08.2011 – 39,0 kg

Ich habe etwas abgenommen, aber es ist normal, dass das Gewicht mal schwankt, es kann ja nicht nur raufgehen jeden Tag. Meine Gewichtskurve sieht eh aus wie ein Gebirge. Rauf, runter, rauf, runter.

Gegen halb zwölf kommen dann die beste Freundin meiner Mutter und ihre zwei Jungs aus München, um mich zu besuchen. Ich zeige ihnen die Klinik und anschließend gehen wir zum Italiener zum Essen. Ich bin total aufgeregt, weil ich das Lokal nicht kenne und ich nicht weiß, was ich essen soll. Ich habe zwar tierischen Hunger und würde am liebsten einen Auflauf oder Pizza essen. Aber in meinem Kopf ist verankert: Salat. Salat. Salat.

Doch dann sage ich mir: Hanna. Klar, du hast in den letzten Wochen viel zugenommen, aber du bist immer noch untergewichtig. Es gibt keinen Grund für dich, Salat zu essen. Du hast Hunger, du hast Appetit, du musst zunehmen, also warum dann Salat?

Und so entscheide ich mich für einen Gnocchi-Auflauf mit Pfifferlingen und Scampi und esse danach sogar noch eine Kugel Erdbeereis. Irgendwie bin ich stolz auf mich, dass ich das geschafft habe, und es hat auch wirklich gut geschmeckt.

Dass ich Besuch habe, sorgt schon dafür, dass es mir wieder kurzzeitig besser geht, und es sind auch wirklich schöne Stunden, aber auch heute muss ich wieder ständig anfangen zu weinen und klage mein Leid, dass ich nicht mehr kann und nicht mehr möchte.

Einfach nur nach Hause.

Und mit dem Gedanken geht auch dieser Tag wieder vorbei.

09.09.2011 – 40,1 kg

Ich hab die 40 erreicht. Ich glaub es nicht. Oh Gott. Ich kann es nicht glauben. Was soll ich jetzt denken? Das geht mir zu schnell. Viel zu schnell. Aber ich will doch nach Hause, also ist es gut. Aber so schnell. Kann ich denn jetzt noch normal essen?

Die letzten Wochen habe ich einfach immer so viel wie möglich gegessen, weil ich dann wusste, ich komme nach Hause, aber jetzt wird es ernst. Jetzt habe ich die 40 geknackt und bekomme Angst. Muss ich mich jetzt mit dem Essen zurückhalten oder kann ich einfach weiteressen?

Schießt mein Gewicht weiterhin in die Höhe? Verliere ich die Kontrolle? Ja, das passt. Ich habe die Befürchtung, die Kontrolle zu verlieren. Dass ich esse und mein Gewicht steigt und steigt und steigt. Am liebsten würde ich in meinen Körper hineinfühlen und ihn fragen, wann er vorhat, das Gewicht zu halten.

Gott sei Dank habe ich gleich ein Einzeltherapie.

In der Einzelstunde geht es darum, wie die Therapie weiter verläuft, und gleich fließen wieder Tränen.

»Also Frau Blumroth, um die Magersucht wirklich zu überwinden, sollten Sie einen 18er-BMI mindestens erreichen.«

»Aber ich will einfach nur noch nach Hause, ich kann nicht mehr«, fange ich sofort an zu jammern, »und ich schaffe auch keinen 18er-BMI.«

»Sie können das schon schaffen, die Frage ist, ob Sie das wollen?«

»Ich möchte schon gesund werden, ich hab keine Lust mehr auf diese Krankheit, aber ich habe so panische Angst vor diesem 18er-BMI.«

»Sie meinten letztens in der Therapie, dass Sie nicht wissen, wer Sie sind ohne die Magersucht. Jetzt sind Sie Hanna, die Magersüchtige. Aber wir müssen herausfinden, wer Sie ohne die Magersucht sind.«

»Aber gerade das weiß ich ja nicht. Jetzt weiß ich, wer ich bin, wie Sie schon sagten, ›Hanna, die Magersüchtige‹, aber ich weiß eben nicht, wer ich dann bin. Hanna die, … Ja, die was?«

»Ich glaube, dass da noch ganz viel dahintersteckt, Frau Blumroth, Sie haben es nur noch nicht herausgefunden. Dadurch, dass Sie die Magersucht haben, haben Sie alles andere verdrängt und ich bin mir sicher, dass Sie, wenn Sie die Magersucht nicht mehr brauchen, auch so erfolgreich sein können, wie Sie es sich wünschen. Das wünschen Sie sich doch?«

»Ja schon, ich möchte schon erfolgreich sein, aber irgendwie weiß ich nicht, was ich will, und kann mich nicht entscheiden und, ach, ich weiß auch nicht. Ich denke halt, wenn ich nicht mehr magersüchtig bin, bin ich so, ich weiß nicht, so normal halt.«

»Erst wenn Sie die Magersucht loslassen, sind Sie wer. Nur dann können sie studieren oder eine Ausbildung oder ein Praktikum machen, erfolgreich sein, einen Freund haben, eine Familie gründen, eine gesunde Lebenseinstellung haben. Und dann wissen Sie auch, wer Sie sind.«

»Aber ich hab so Angst davor und ich möchte einfach nur noch heim. Ich möchte schon gesund werden, aber ich kann nicht mehr«, antworte ich und klappe heulend auf dem Stuhl zusammen.

Ich bin einfach so verzweifelt. Ich kann wirklich nicht mehr. Ich möchte einfach nur noch nach Hause. Jeden Morgen wache ich auf und habe Panik und so eine tierische Sehnsucht nach meiner Mutter und meiner Oma, das ist unbeschreiblich.

Trotzdem haben mich die Worte meines Therapeuten sehr aufgebaut. Vielleicht bin ich ja doch jemand anderes, wenn ich gesund bin?

Vielleicht kann ich dann mal Komplimente und Lob annehmen?

Vielleicht kann ich dann mal Geld ausgeben?

Vielleicht kann ich dann erfolgreich sein?

Vielleicht weiß ich dann, was ich machen möchte?

Wie ich werden möchte?

Wer ich bin?

Was ich kann?

Ach, es ist einfach so schwierig. Ich möchte gesund werden, aber ich möchte nicht mehr wiegen. Warum habe ich so Angst davor, vor dieser bescheuerten Zahl? Diese einfach so blöde bekloppte scheiß Zahl, die eigentlich nichts zu sagen hat. Warum denke ich, dass mich eine Zahl auszeichnet? Was bringt es mir, weniger zu wiegen? Einfach nur Beruhigung? Ja, das ist es. Sicherheit. Damit ich weiß, dass ich nach oben hin im Gewichtskorridor noch mehr Spielraum habe. Als ich das meinem Therapeuten sage, hat er direkt wieder ein super Beispiel.

»Sicherheit, Frau Blumroth. Wenn Sie auf dem Bürgersteig laufen, laufen Sie dann immer ganz links vom Bürgersteig?«

»Nein, eigentlich nicht.«

»Aber da hätten Sie auch mehr Sicherheit vor den vorbeifahrenden Autos.«

Ach, wie recht er doch hat. Aber ich kann mir das einfach nicht vorstellen, mehr zu wiegen. Das schreckt mich so ab.

Und direkt kommt das nächste Beispiel.

»Es ist so, Sie wussten nicht, wer Sie sind und was Sie wollen, und hatten vor irgendetwas Angst, also haben Sie sich die Magersucht gesucht. Stellen Sie es sich so vor: Sie sind in einen reißenden Fluss gefallen und kämpfen darum, über Wasser zu bleiben. Da kommt ein Baumstamm angeschwommen, an dem Sie sich festhalten können. Irgendwann wird der Fluss ruhiger und Sie sollten an Land kommen. Dafür müssen Sie aber den Baumstamm loslassen, sonst schwimmen Sie in dem Fluss immer weiter, bis Sie irgendwann vor Schwäche doch ertrinken. Das sind die Probleme, die Sie damals hatten, mit denen Sie nicht klargekommen sind. Der Baumstamm ist die Magersucht, die Ihnen vielleicht am Anfang geholfen hat. Doch um Ihr Leben weiterzuführen und gesund zu werden, müssen Sie den Baumstamm loslassen, sonst kommt irgendwann der große Wasserfall.«

Ich bin total beeindruckt von der Geschichte. Solche Metaphern bringt mein Therapeut immer wieder ein, sodass ich oft denke: Ja, er hat ja eigentlich recht. Aber warum halte ich noch so sehr daran fest? Immer wieder wird mir gesagt, dass ich so viel erreichen könnte, und dass ich es wert bin, gesund zu werden, aber warum sehe ich das selber nicht?

Ich stell mir immer wieder die Frage, wer ich bin, wenn ich nicht mehr magersüchtig bin. Zugleich freue ich mich aber auch auf die Zeit nach der Klinik. Was ich dann wohl mache, wie ich dann bin? Wer ich dann bin. Nicht mehr Hanna, die Magersüchtige.

»Eigentlich freue ich mich ja auch auf die Zeit, in der ich gesund bin, aber ich möchte einfach nicht mehr wiegen. Diese Zahlen machen mir so Angst. Ich kann es mir einfach kaum denken, dass es mir damit dann besser geht. Und ich habe Angst, dass ich dann so viel wiege und wieder unzufrieden bin und wieder abnehmen möchte. Das halte ich nicht noch einmal aus. Ich kann nicht mehr. Ich möchte endlich mal zufrieden sein mit mir. Am liebsten möchte ich jetzt einfach gesund sein und gar nicht viel darüber nachdenken müssen und einfach nach Hause kommen können. Ich hab so eine Sehnsucht nach Mama. Ich kann nicht mehr, ich will heim.«

Und wieder fange ich an zu weinen.

»Aber was wäre denn, wenn Sie jetzt zu Hause wären?«

»Ich weiß es doch nicht. Ich denke einfach nur die ganze Zeit: Heim. Heim. Heim.

»Aber Frau Blumroth, es ist doch eine absehbare Zeit. Sie müssen ja nicht Ihr restliches Leben hier verbringen. Und Sie haben ja bis jetzt schon sehr gut zugenommen und wenn das so weitergeht, ist es auch keine so lange Zeit mehr. Es ist absehbar.«

»Aber in meinem Kopf ist doch eh verankert, dass ich nicht so viele Kilos erreichen kann. Ich hab so eine Grenze im Kopf. 42 kg möchte ich auf jeden Fall erreichen und dann versuchen, das zu halten. Nicht versuchen. Ich möchte es auf jeden Fall halten. Ich möchte nie wieder weniger wiegen, aber eben auch nicht mehr. Und ich möchte auch gesund sein.«

»Mit 42 kg sind Sie aber immer noch im untergewichtigen Bereich. Klar können Sie versuchen, das Gewicht zu halten, aber es wird immer ein Kampf sein. Sie werden abnehmen, kämpfen müssen, vielleicht wieder etwas zunehmen und wieder kämpfen müssen und so wird es immer hin und her gehen. Sie wollen eben ein bisschen magersüchtig bleiben. Aber das wird nicht funktionieren. Sie werden vielleicht ein einigermaßen normales Leben führen, vielleicht haben Sie auch eine Partnerschaft. Aber Sie werden immer eingeschränkt sein, weil Sie immer mit sich kämpfen müssen, um die Sucht zu unterdrücken.« Das macht mir Angst. Ich möchte ja gesund sein. Nein, nicht: Ich möchte. Ich will. Ich will gesund sein. Und wenn ich es einfach ausprobiere? Ich weiß es einfach nicht. Ich hab so Schiss. Ich wiederhole mich, aber so rattert es eben in meinem Kopf. Ja, nein, ja, nein. Ausprobieren, nicht ausprobieren.

»Versuchen Sie, so zu denken. Denken Sie, Sie seien ein Leistungssportler. Es gibt einen Punkt, an dem der Sportler am Höhepunkt seiner Karriere steht. Aber irgendwann gibt es einen Zeitpunkt, an dem der Sportler aufhören muss, weil es sonst nur noch bergab geht. Denn irgendwann kann er nicht mehr »noch besser« sein. Irgendwann ist der Höhepunkt erreicht. Genauso ist es bei Ihnen. Sie haben die perfekte Magersuchtskarriere gestartet. Sie waren bereits in vier Kliniken. Sie haben mit der Krankheit Ihr Abitur gemacht, Sie waren sogar im Fernsehen. Sie haben es allen gezeigt, dass Sie hungern können. Sie waren mit dem Gewicht so niedrig, wie es eben geht. Aber wie bei dem Leistungssportler. Da kommt nichts mehr. Jetzt geht es darum, eine neue Karriere zu starten. Mit der Krankheit haben Sie alles erreicht, was man nur erreichen kann. Sie sind sozusagen auf dem Höhepunkt angelangt. Aber das war es jetzt. Jetzt muss etwas Neues her. Und ich bin mir sicher, dass da noch viel Neues kommen wird. Wenn Sie gesund werden.«

Und wieder eine Metapher, die mir total viel Kraft gibt. Ja, ich will gesund werden. Eine neue Karriere starten. Neues ausprobieren, aber geht das nicht auch mit 42 kg? Mit ein bisschen Untergewicht? Mit ein bisschen Magersucht? Ein bisschen Sicherheit, vielleicht doch die Kontrolle zu haben?

Da kommt mir wieder die Idee, auf die ich durch eine Mitpatientin gekommen bin, und ich frage: »Kann ich nicht so ein Intervall machen? Dass ich nach einiger Zeit erst mal nach Hause kann, das Gewicht halte und dann eventuell wiederkomme?«

Während ich diese Frage stelle, denke ich schon bei mir: Ich gehe einfach zu einem Intervall nach Hause, aber komme nicht wieder. Das wäre doch was. Es kann mich ja keiner zwingen, wieder in die

Klinik zu gehen. Dass ich das denke, sage ich aber nicht. Und direkt tut es mir wieder leid und ich ärgere mich über meine kranken Gedanken.

»Ja, darüber können wir mal sprechen, ob das in Ihrem Fall Sinn macht, aber generell wäre das schon möglich, wenn Sie es in einem Zug nicht schaffen.«

In einem Zug nicht schaffen. Ich will es ja schaffen, in einem Zug, aber ich möchte auch heim. Jeden Morgen diese Panik, jeden Tag die Heulerei, jeden Tag dieses schreckliche Gefühl. Warum wird es denn nicht besser? Am liebsten hätte ich von morgens bis abends Einzeltherapien bei meinem Therapeuten, weil mir die Stunden immer wieder Mut machen und Kraft geben und Antrieb, aber diese 100 Minuten in der Woche reichen dafür nicht aus, damit es mir besser geht. Ach Mama, wenn du wüsstest, wie gern ich einfach nur bei dir wäre. Mama und Oma. Ich hab so eine Sehnsucht.

Und jetzt ist auch diese Einzeltherapie schon wieder um und ich habe Panik, auf mein Zimmer zu gehen, weil da dieser Geruch ist. Dieser Geruch, der mir immer wieder verdeutlicht, dass ich wirklich in der Klinik bin. Wieder in einer Klinik, wo ich nie wieder hinwollte. Und dann fängt die Herzraserei wieder an.

Und so ist es auch. Ich verabschiede mich von meinem Therapeuten und gehe aufs Zimmer und bekomme direkt eine Panikattacke. Es ist kaum auszuhalten und sofort rufe ich Mama an und schluchze so sehr, dass sie mich kaum verstehen kann.

»Mama, ich kann nicht mehr, ich will hier weg, ich will nach Hause, mir geht es so dermaßen schlecht, das glaubst du kaum. Ich vermisse dich so sehr. Ich will weg. Ich möchte auch gesund sein. Wirklich.«

Als ich am Telefon meiner Mutter mal wieder die Ohren vollheule, sage ich genau das Falsche: »Mama, ich will einfach nur nach Hause, ich halte das nicht mehr aus.«

»Hanna, dass du so sehr nach Hause willst, zeigt mir nur, wie krank du doch noch bist. Du bist jetzt da in der Klinik und jetzt finde dich gefälligst damit ab. Ich kann nicht mehr. Ich schlafe nachts kaum. Du sagst, du hast Panikattacken? Was glaubst du eigentlich, was ich habe? Du meinst, du bist depressiv? Was glaubst du eigentlich, wie depressiv ich war, als du zu Hause warst und ich zusehen musste, wie meine Tochter stirbt? Wenn du jetzt nach Hause kommst, ist mein Leben vorbei. Und du betrittst dieses Haus nicht eher, bis du 48 kg wiegst und die in der Klinik über drei Monate gehalten hast. Eher betrittst du dieses Haus nicht. Nicht, bevor du nicht vollkommen gesund bist. Ich kann nicht mehr, Hanna. Mein Leben ist sonst vorbei.«

Als ich das höre, falle ich völlig in mich zusammen und schluchze ins Telefon, sodass man mich nicht mehr verstehen kann. Ich bin völlig fertig und erwidere weinend: »Aber Mama, das ist doch total unrealistisch. So lange behalten die mich nicht hier. Und so viel muss ich auch gar nicht wiegen. Mama, glaub mir doch, mir geht es so schlecht. Es tut mir leid, dass ich so herumjammere, bitte verzeih mir. Aber … Aber …«

»Ich weiß, dass es dir schlecht geht. Du bist auf Entzug. Und da musst du jetzt durch. Es sei denn, du willst nicht gesund werden. Und das glaube ich momentan sehr bei dir, sonst würdest du dich mit der Situation abfinden.«

»Doch, ich will gesund werden, Mama. Ich will wirklich, aber ich will auch nach Hause.«

Ich rede so einen Mist. Nein, keinen Mist. Es ist schon wahr, aber beides geht nun mal nicht. Das weiß ich. Und das weiß auch Mama.

Und so weine ich wie die meisten Tage und denke, dass ich die Zeit in der Klinik nicht schaffen werde.

11.08.2011 – 40,8 kg

Heute habe ich das erste Mal Lehrküche, das heißt, dass wir uns ein Gericht aussuchen und es selber kochen müssen. Ich bin total aufgeregt und freue mich darauf. Aber ich habe auch etwas Schiss, dass ich es nicht aushalte, oder dass ich versuche einzusparen, z.B.

beim Öl oder so. Ich habe mich für den Gemüse-Käse-Crêpe als Hauptgang und als Nachtisch das Mokka Frappé entschieden und als wir in die Küche kommen, ist bereits alles vorbereitet. Ich fange mit dem Nachtisch an, damit ich ihn schon mal kaltstellen kann. Allerdings schummele ich beim Nachtisch etwas, mixe aber dafür etwas anderes hinzu. Eigentlich sollen in den Frappé ein Löffel Zucker und eine Kugel Vanilleeis.

Den Zucker lasse ich weg und nehme dafür aber Kokossirup. Auch beim Vanilleeis nehme ich nur eine halbe Kugel, mixe aber dafür zusätzlich etwas Himbeeren in meinen Nachtisch. Außerdem bestreue ich den Nachtisch auch noch mit Kokosraspeln, sodass ich letztendlich dann von den Kalorien her doch genug habe.

Anschließend stelle ich den Nachtisch ins Eisfach und fange mit dem Gemüseschneiden und dem Crêpe-Teig an. Mein Gemüse brennt mir etwas an, aber das schmeckt mir ja sowieso besser, doch die Oecotrophologin meint: »Das Gemüse muss sofort vom Herd, das ist ja schon krebserregend.«

Es ist wirklich sehr schwarz geworden, aber als ich es probiere, finde ich es trotzdem noch sehr lecker. Dann schaue ich plötzlich auf die Uhr und merke, dass ich nicht mehr so viel Zeit habe. Ich stehe total unter Druck und fange an zu zittern.

Dann ist es plötzlich so weit. Es geht um das Öl. Ich muss einen Löffel Öl in die Pfanne geben und anschließend den Crêpe-Teig.

Soll ich wirklich das Öl nehmen? Eigentlich ist das doch überflüssig. Die Pfanne ist beschichtet. Aber vielleicht brennt der Teig dann an? Und wieder schaue ich auf die Uhr und merke, dass ich mich endlich entscheiden muss, und wieder fängt mein Herz an zu rasen und meine Hand zittert. Aber: Ich greife zum Öl und gebe, wie es auf dem Rezept steht, einen Esslöffel Öl in die Pfanne. Das ist total komisch für mich und noch weiß ich nicht, ob ich richtig entschieden habe.

Gott sei Dank werde ich noch rechtzeitig fertig und bin froh, als ich dann endlich am Tisch sitze mit meinem selbst gekochten Gericht. Es schmeckt trotz Anbrennerei total lecker und ich genieße es sehr. Allerdings weiß ich nicht, ob es jetzt gut oder schlecht ist, genau zu wissen, welche Zutaten alle in meinem Gericht sind. Ich versuche, nicht allzu viel darüber nachzudenken, und esse mein eigenes, ohne Schummeln selbst zubereitetes Gericht.

14.08.2011 – 39,6 kg

In ein paar Tagen kommt endlich Mama zu Besuch. Nach acht Wochen sehe ich sie das erste Mal wieder. Man kann sich gar nicht vorstellen, wie sehr ich mich darüber freue. Ich kann es kaum aushalten. Trotzdem habe ich extreme Angst davor, wie sie reagiert. Immerhin wiege ich 10 kg mehr als das letzte Mal. Aber da ist noch eine Angst. Eine unbeschreibliche Angst. Zurzeit ist Mama mit meinen Geschwistern und ihrer besten Freundin im Urlaub. Das heißt, wir telefonieren sehr selten miteinander und nur sehr kurz. Damit kann ich überhaupt nicht umgehen und ganz plötzlich bekomme ich Angst, dass sie mich vergisst. Hanna, du bist bescheuert!

Wie kann ich nur so etwas denken. So oft hat Mama mir schon gesagt, wie sehr sie mich liebt, und trotzdem denke ich so einen Mist. Aber sie wirkt so glücklich am Telefon und nicht mehr weinerlich und schwach wie die letzten Male und das irritiert mich. Warum kann ich nicht einfach glücklich darüber sein? Mich freuen, dass es meiner Mutter endlich mal gut geht? Aber nein. Das Einzige, was ich egoistische Kuh denke, ist, dass mich meine Mutter vergisst.

Gott sei Dank habe ich jetzt eine Einzelstunde bei meinem Therapeuten und spreche es direkt an.

»Ich habe jetzt sehr selten mit meiner Mutter telefoniert und sie wirkt immer so glücklich am Telefon und jetzt habe ich irgendwie Angst, dass sie mich vergisst und sich gar nicht freut, mich wiederzusehen«, weine ich ihm vor.

»Ich habe Sie ja schon einmal darauf angesprochen, Frau Blumroth, dass es durchaus sein kann, das solche Gefühle aufkommen bei Ihnen. Wissen Sie noch, was ich Ihnen dazu gesagt habe?«

»Nein, leider nicht, sagen Sie es mir.«

»Sie müssen es ansprechen. Auf jeden Fall ansprechen, sonst steht das zwischen Ihnen und Ihrer Mutter und das wird nicht gut gehen. Also sagen Sie einfach geradeheraus, was Sie fühlen, und wie Ihre Mutter darüber denkt.«

»Okay, ich werde es versuchen.«

Gesagt, getan.

Am Abend nehme ich mit zittrigen Händen das Telefon in die Hand und rufe meine Mutter an. Am Anfang reden wir über ihren Urlaub und das Wetter, weil ich mich gar nicht traue, es anzusprechen. Doch plötzlich fange ich an zu weinen und frage: »Mama, freust du dich überhaupt, mich zu besuchen? Oder würdest du lieber länger Urlaub machen?«

»Hanna, wie kannst du so etwas denken, natürlich freue ich mich, so tierisch, das kannst du dir gar nicht vorstellen.«

»Aber du bist so komisch am Telefon. Ich hab Angst, dass du mich hier vergisst.«

»Hanna, du bist mein Kind. Mein Ein und Alles. Niemals in meinem ganzen Leben könnte ich dich vergessen. Du spinnst ja. Keines meiner Kinder würde ich je vergessen. Bitte denk so etwas nicht. Ich freue mich, dich zu sehen, und denke Tag und Nacht an dich. Und deine Geschwister freuen sich auch.«

»Okay, gut, dann will ich dir mal glauben«, sage ich und kann schon wieder etwas lächeln.

Erleichtert bin ich auch, aber die Angst ist noch nicht ganz weg. Und wieder bekomme ich Herzrasen, weil ich es kaum aushalten kann, noch länger zu warten. Es soll endlich so weit sein. Ich will sie endlich wiedersehen. Ich will. Ich will. Ich will.

17.08.2011 – 40,1 kg

Morgen ist es endlich so weit. Ja. Ja. Ja. Endlich. Endlich. Endlich. Nach acht langen Wochen hat das Warten ein Ende. Aber die Freude wird leider momentan wieder vom Essen überdeckt. Besser gesagt vom Nichtessen. Ich kann es kaum aushalten, immer mehr zu wiegen, und seit Kurzem esse ich mittags wieder weniger. Nicht einmal die Hälfte.

Mann, warum bin ich so dämlich? Ich habe es so gut geschafft die letzten Wochen und nur weil mein Gewicht ansteigt, fange ich schon wieder an, restriktiv zu essen. Ich könnte mich ohrfeigen. Egal. Erst mal nicht dran denken. Einfach nur an Mama denken, und dass sie morgen kommt.

18.08.2011 – 41,0 kg

Und da ist er, der Tag. Acht Wochen lang habe ich darauf gewartet. Ich freue mich so, ich freue mich so. Und dann plötzlich. Die Tür zur Station geht auf und da steht sie. Mama mit Maria und Robert. Ich komme auf sie zu gerannt und wir halten uns fünf Minuten lang im Arm und weinen beide. Es ist ein unglaubliches Gefühl. Jetzt merke ich wieder, wie sehr sie mir gefehlt hat die letzten Wochen. Dann merke ich, wie ihre Hand zu meinem Po wandert und ihn greift. Sofort steigt Panik in mir auf und es schwirren Gedanken durch meinen Kopf.

Zu dick.

Zu prall.

Zu viel.

Warum greift sie mir jetzt an den Po?

Sieht sie, dass es mehr ist?

Ist sie jetzt glücklich?

Das macht sie doch nur, weil er wieder da ist, der Po?

Ist es so auffällig, dass ich wieder Po habe?

Oh nein, das kann doch nicht sein.

Irgendeinen Grund muss es doch haben?

Ich versuche, die Gedanken zu verdrängen und mich auf etwas anderes zu konzentrieren. Vielleicht hat es gar keine bestimmte Bedeutung. Früher schon hat Mama mir immer in den Hintern gekniffen, warum sollte sie also plötzlich damit aufhören?

Weg mit den Gedanken. Wir setzen uns in mein Zimmer und erzählen uns gegenseitig ganz viel. Gott sei Dank sagt Mama nichts zu meiner Figur. Gott sei Dank. Davor hatte ich so eine Panik, dass sie mich sieht und mir sagt, dass ich schon viel besser aussähe. Aber sie sagt etwas anderes: »Ach Hanna, du siehst schon ganz anders aus im Gesicht.«

»Ja, dicker«, sage ich.

»Nein, das meine ich nicht. Deine Augen sehen anders aus. Sie strahlen viel mehr aus und sind nicht mehr so gelb.«

Puh, Glück gehabt, kein Kommentar zu meiner Figur.

Da draußen so wunderschönes Wetter ist, beschließen wir, an den See zu gehen. Also lasse ich mich vom Abendessen befreien und gehe mit den dreien an den See. Es ist so schön. Endlich mal wieder Normalität. Am Abend gehen wir alle gemeinsam zum Essen und ich bestelle mir einen großen Salat. Da ich ja mittags bereits warm gegessen habe und ich gut in meiner Gewichtskurve liege, darf ich mir das ruhig erlauben. Es ist ein wunderschöner Abend. So schön, dass ich erst mal prompt zu spät zur Klinik komme und vor verschlossenen Türen stehe. Mama bekommt direkt Panik und denkt, dass ich nicht mehr reingelassen werde, also klingele ich erst mal eine Weile, bis eine genervte Nachtschwester kommt und mir aufmacht.

»Entschuldigung, aber ich habe total die Zeit verplant, tut mir wirklich leid«, lüge ich und lächele lieb.

Das stimmt die Schwester wieder etwas freundlicher, sodass ich mit ihr mitgehe und mir von ihr meine Nachtmedikation geben las- se. Vorher sage ich aber noch Mama, Maria und Robert Gute Nacht.

Eine Viertelstunde später liege ich glücklich im Bett und kann kaum den nächsten Tag erwarten. Das kam schon lange nicht mehr vor, dass ich mich auf den nächsten Tag gefreut habe.

19.08.2011 – 41,1 kg

Heute Vormittag habe ich noch Programm, sodass ich nicht direkt in der Früh Mama sehen kann. Aber als ich fertig bin, gehe ich zum See und treffe mich dort mit ihr und meinen Geschwistern. Als Mama und ich uns begrüßen, wandert ihre Hand wieder an meinen Hintern. Irgendwie tut es mir gut, sie zu spüren, und früher fand ich es schön, aber jetzt kommen dann sofort wieder die schlechten Gedanken und so sage ich: »Mama, warum gehst du immer an meinen Po, ist der so rund geworden?«

»Ach nein, mein Schatz, entschuldige, das ist so in mir drin, das mache ich bei deinen Geschwistern auch. Aber ich kann es sehr gut verstehen, wenn du das nicht möchtest, ich lasse es sein.«

Es tut mir unglaublich leid, dass sie das sagt, denn eigentlich mag ich diese Berührungen, diese Normalität, dieses Einfach-mal-in-den-Hintern-Zwicken, ohne sich etwas dabei zu denken. Aber nein.

Ich denke sofort an meine Figur. Vielleicht ist es besser, wenn sie es wirklich erst mal sein lässt, und ich hoffe, dass irgendwann eine Zeit kommt, in der es mich nicht mehr stört.

Der restliche Tag am See ist total schön. Die Sonne scheint, es ist schön warm und ich gehe das erste Mal seit Langem wieder etwas schwimmen. Na ja, nicht wirklich schwimmen, eher planschen im See und Kopfsprung vom 1-Meter-Brett üben, aber es macht trotzdem Spaß. Das erste Mal seit Langem, dass ich wieder Spaß habe. Das wäre undenkbar gewesen vor einigen Wochen. Trotzdem fühle ich mich unwohl, so im Bikini. Ständig schaue ich mich um, ob auch ja niemand schaut. Eigentlich könnte ich stolz auf mich sein, dass ich mich traue, mich im Bikini zu zeigen, aber ehrlich gesagt, übersteigt die Scham dieses Gefühl. Jedes Mal, wenn ich aufstehe und zum See gehe, zupfe ich an meiner Bikinihose und drehe mich um oder halte meine Arme vor meinen Bauch.

Mein Bauch.

Mein Bauch.

Mein Bauch.

Jetzt sind die Gedanken weg vom Po und beim Bauch gelandet.

Das ist das Einzige, was ich die ganze Zeit denke. Ich fühle mich hässlich und dick am Bauch und habe das Gefühl, dass alle nur auf meinen Bauch starren. Es ist furchtbar.

Mama merkt sofort, dass etwas nicht stimmt.

»Ist alles in Ordnung, Hanna?«

»Jaja, alles gut«, lüge ich und merke, dass sie mir eh nicht glaubt. Wieso merkt sie das immer sofort?

Warum kann ich mich denn nicht einfach schön fühlen? Schön so, wie ich bin. Am besten noch denken: Hanna, du bist immer noch zu dünn. Du musst eh noch zunehmen. Aber das denke ich nicht. Ich denke nur an meinen Bauch und würde am liebsten heulen. Warum kann ich nicht einfach das Zusammensein mit meiner Familie genießen? Stattdessen denke ich an meinen scheiß Bauch und was wohl fremde Menschen über mich denken mögen. Das kotzt mich echt an. Die anderen Leute können mir doch scheißegal sein. Wichtig ist, was ich denke. Und plötzlich fange ich an zu weinen.

Sofort nimmt Mama mich in den Arm.

»Was ist denn los, mein Schatz, ich wusste, dass dich etwas bedrückt.«

»Ich hab solche Angst vorm Zunehmen, Angst vorm Normalgewicht und dass ich mich nicht wohlfühle, weil ich mich jetzt schon so unwohl fühle. Es ist einfach so schlimm. In mir kämpfen zwei Seiten. Die eine Seite will unbedingt gesund werden und die andere Seite will nicht weiter zunehmen, weißt du, was ich meine?«

»Und ob ich das weiß. Ich kann genau nachvollziehen, was du meinst. Aber das ist nun mal die Krankheit. Aber ich kann nicht verstehen, wie du so über dich denken kannst. Schau dir doch die ganzen Leute mal an. Du bist wunderschön und siehst es nicht. Zwar immer noch zu dünn, aber nicht mehr so gefährlich mager. Trotzdem bist du ein wunderschönes Mädchen. Findest du etwa die anderen Menschen hier schöner? Du musst es dir immer wieder sagen: »Ich bin schön. Ich bin schön. Ich bin schön.«

»Das kann ich aber nicht, weil ich es nicht denke.«

»Ach Hanna, du bist noch sehr, sehr krank.«

Eigentlich möchte ich ihr widersprechen, aber ich liege nur in ihrem Arm und weine.

Nach und nach merke ich, wie es mir besser geht und wie ich versuche, mir zu sagen: Hanna. Genieße den Tag.

Genieße den Besuch.

Lebe im Hier und Jetzt.

Das klappt dann auch einigermaßen, sodass der Abend dann noch richtig schön wird. Ohne Weinen. Ohne Gedanken. Einfach nur schön.

20.08.2011 – 41,3 kg

Endlich konnte ich mal ausschlafen. Bis jetzt bin ich jeden Tag um halb sieben aufgestanden. Heute haben wir es so geplant, dass ich erst mal ausschlafe, Mama mich abholt und wir in der Ferienwohnung zusammen frühstücken. Um halb zehn stehe ich dann draußen vor der Eingangstür und lasse mich von Mama abholen und zur Wohnung fahren. Wir frühstücken gemeinsam und erzählen uns viel.

Ich esse ein Brötchen, mit einer Hälfte Eiweiß und einer Hälfte Marmelade und viel Kaffee. Eigentlich könnte ich noch ein zweites essen, aber ich traue mich nicht, obwohl ich noch tierischen Hunger habe. Wieder könnte ich mich ohrfeigen. Warum esse ich nicht einfach? So wie meine Geschwister auch. Aber nein. Ich quäle mich wieder und saufe Kaffee gegen das Hungergefühl. Andererseits versuche ich, vielleicht ein bisschen stolz zu sein, wenigstens ein Brötchen gegessen zu haben, das wäre nämlich früher undenkbar gewesen. Also denke ich: Hanna, du hast zwar noch Hunger, aber es ist wenigstens gut, dass du ein Brötchen gegessen hast und nichts hast verschwinden lassen.

Davon geht der Hunger zwar nicht weg, aber wenigstens die nervigen Gedanken.

Den restlichen Tag verbringen wir wieder am See und gehen abends schön zum Essen. Diesmal esse ich keinen Salat, da ich ja mittags noch nicht warm gegessen habe. Alle vier bestellen wir uns das Zanderfilet.

Als ich an der Reihe bin, sage ich: »Ich hätte gerne das Zanderfilet, aber statt Kartoffeln lieber Gemüse.«

Da merke ich aus dem Augenwinkel, wie meine Mutter erstarrt und sagt: »Gemüse, das gibt es nicht.«

Die Kellnerin versteht es falsch und sagt: »Doch, doch, das gibt es schon, das können wir ruhig machen.«

Da antwortet Mama direkt: »Ja, das ist mir schon klar, dass Sie das machen können, aber ich finde, zum Essen gehören Kohlehydrate dazu.«

Mir tut es unendlich leid und ich sage: »Ja okay, machen Sie Kartoffeln, oder halbe-halbe.«

»Mach, was du willst«, sagt Mama.

»Ich bringe Ihnen einfach ein bisschen Gemüse und ein bisschen Kartoffeln, okay?«, fragt die Kellnerin.

»Ja, okay«, sage ich und schäme mich in Grund und Boden.

»Mama, es tut mir leid. Ich ärgere mich jetzt wieder über mich selber, dass ich das gemacht habe.«

»Ja, das mag sein, aber das zeigt mir, wie krank du eigentlich noch bist.«

Am liebsten würde ich jetzt etwas erwidern, weil ich merke, dass ich sauer werde, aber ich verkneife es mir.

Als der Fisch kommt, erschrecke ich erst mal über das Riesenstück Fisch, aber Gott sei Dank liegt als Beilage nur eine halbe Kartoffel dabei mit Gemüse. Die anderen haben kein Gemüse und dafür drei halbe Kartoffeln.

So, das werde ich jetzt aufessen. Ohne Wenn und Aber. Und so ist es auch. Es schmeckt köstlich und ich esse alles auf. Auch wenn ich mich ziemlich voll fühle danach, ist es noch ein wunderschöner Abend. Auch die Umbestellung ist schnell vergessen.

21.08.2011 – 41,4 kg

Heute ist es wieder tierisch heiß, sodass wir den ganzen Tag am See verbringen. Gegen Mittag schickt Mama mich los und ich hole zwei Kaffee. Als ich mit den Bechern zurück zu unserem Liegeplatz komme, telefoniert Mama einige Meter weiter mit meiner Oma. Ein paar Minuten später kommt sie mir strahlend entgegen und meint: »Ich habe eine Überraschung für dich.«

»Was denn?«, frage ich neugierig.

»Ich habe überlegt, dass wir verlängern. In unserem Zimmer, in dem wir jetzt untergebracht sind, klappt es leider nicht, aber ich habe etwas herumtelefoniert und noch woanders ein Zimmer bekommen können. Das Wetter ist so schön und zu Hause sind eh noch Ferien, also ist es das Beste, was wir machen können.«

»Oh wie geil«, rufe ich und falle ihr um den Hals.

Ich kann es kaum glauben. Ich freue mich so dermaßen, weil ich jetzt schon wieder Angst vor dem Abschied hatte. Der kommt jetzt aber erst in ein paar Tagen.

22.08.2011 – 41,5 kg

Als ich heute früh wieder auf der Waage stehe, bekomme ich Angst, denn ich komme meinem Gewicht, das ich im Kopf habe, immer näher. Ich habe mir vorgenommen, bis zu den 42 kg zuzunehmen und das Gewicht dann zu halten. Jetzt habe ich allerdings Angst, dass ich nur noch zunehme und es kein Ende mehr nimmt. Ich kann es gar nicht begreifen. Langsam wird mir klar, dass ich schon über 10 kg zugenommen habe. 10 KG!!!

Das muss erst mal in meinen Kopf rein. Hinzu kommt, dass ich total nervös bin, weil ich heute mein erstes Familiengespräch habe, das heißt, ich habe ein Gespräch mit meinem Therapeuten und Mama zusammen. Ich hab auch Mama schon erzählt, dass ich unheimlich aufgeregt bin, und ihr geht es genauso.

Das Gespräch verläuft dann eigentlich ganz gut. Allerdings ist das Thema wieder: NORMALGEWICHT.

»Also Ihre Tochter hat bis jetzt schon sehr große Fortschritte gemacht und zugenommen. Unser Ziel ist es natürlich, dass Ihre Tochter das Normalgewicht erreicht, allerdings liegt es da an Ihrer Tochter, wie weit sie gehen will«, sagt mein Therapeut und schaut mich an.

Schweigen.

Langes Schweigen.

»Ach, wollen Sie jetzt eine Antwort von mir?«, frage ich und rede gleich weiter.

»Also ich weiß es nicht genau, ich habe halt so Angst vor dem Normalgewicht. Auf jeden Fall hab ich ein bestimmtes Gewicht im Kopf, das ich nie wieder unterschreiten möchte. Und ich möchte auch nicht, dass Mama weiß, was ich wiege, wenn ich entlassen werde. Ich möchte nicht mehr, dass sie irgendetwas damit zu tun hat, weil ich es alleine schaffen muss. Und auch diese Wiegerei: Ich finde nicht, dass das noch ihr Job sein sollte, das sollte nur noch ein Arzt übernehmen.«

»Ja, das muss auf jeden Fall ein Arzt übernehmen. Und du kommst erst nach Hause, wenn du komplett gesund bist«, fällt Mama sofort dazwischen und in ihren Augen steht schon wieder die Panik geschrieben.

»Also sagen wir es mal so«, sagt mein Therapeut, »Ihre Tochter wird nicht gesund sein, wenn sie entlassen wird. Es kommt halt auch darauf an, wie viel Gewicht sie bei der Entlassung haben wird. Klar ist: Je höher das Gewicht, desto niedriger ist das Risiko eines Rückfalls. Trotzdem wird Ihre Tochter noch sehr zu kämpfen haben. Ihre Tochter hat, glaube ich, auch die Angst, dass Sie denken, sie würde noch monatelang hier in der Klinik bleiben. Die Illusion muss ich Ihnen leider nehmen, das ist eigentlich eher nicht der Fall, da sonst das Risiko von Hospitalisierung besteht.«

Gott sei Dank hat er das gesagt. Mir wollte sie ja nicht glauben. Trotzdem ist in meinem Kopf dieses blöde Gewicht von 42 kg verankert, das ich irgendwie nicht unterschreiten, aber auch nicht überschreiten möchte, also sage ich: »Ich habe halt so Angst vorm Normalgewicht und weiß nicht, ob ich das erreichen kann.«

»Und ob du das erreichen kannst!«, fällt mir Mama sofort ins Wort. »Das musst du erreichen – eher kommst du nicht nach Hause.«

»Boah, Mama«, fange ich an zu meckern, werde aber von meinem Therapeuten unterbrochen.

Letztendlich lief das Familiengespräch dann aber doch noch sehr gut. Es wurde noch nichts Festes ausgemacht, aber mein Therapeut hat Mama klargemacht, dass ich nicht monatelang in der Klinik sein werde, sondern dass es gar nicht mehr so lange dauern wird, bis ich nach Hause komme.

23.08.2011 – 41,3 kg

Heute ist der Tag, den ich weit weg gesehnt habe. Heute fahren Mama, Maria und Robert wieder heim. Als ich morgens aufwache, denke ich direkt daran und könnte heulen. Gott sei Dank wollen sie erst gegen Mittag fahren, sodass wir noch ein paar Stunden am See verbringen können. Irgendwann meint Mama dann: »Es tut mir ja leid, Hanna, aber wir müssen so langsam losfahren.«

Am liebsten würde ich die Zeit anhalten, aber da das nun mal nicht geht, packen wir langsam die Sachen zusammen und gehen zum Auto. Wir fahren zur Klinik und verabschieden uns. Ganz lange liege ich in Mamas Armen und will sie gar nicht mehr loslassen. Als sie dann ins Auto steigen, ich ihnen hinterherwinke und sie um die Ecke biegen, halte ich es nicht mehr aus und fange tierisch an zu weinen. Gott sei Dank sind so viele liebe Mädchen auf der Station, die wissen, wie es mir geht, und mich trösten können.

01.09.2011 – 42,5 kg

Endlich ist wieder ein neuer Monat angebrochen. Jedes Mal, wenn ein neuer Monat anfängt, bin ich überglücklich, weil ich merke, dass die Zeit vergeht. Trotzdem geht es mir richtig beschissen. 42,5 kg. Ich bin bereits über dem Gewicht, das ich eigentlich erreichen wollte, und halte es kaum aus. Ich will nicht so viel wiegen. Allerdings muss ich sagen, dass es mir mit mehr Gewicht auch etwas besser geht. Ich kann wieder Freude empfinden und bin nicht mehr so antriebslos. Und ich bin wieder zwiegespalten. Ich weiß einfach nicht, was ich denken soll. Einerseits geht es mir besser, andererseits geht es mir schlechter. Ich denke, ich muss mich einfach damit abfinden und lernen, mit mehr Gewicht klarzukommen. Ich muss abwägen, was mir wichtiger ist: Leben oder Sterben. Normalgewichtig sein oder dünn sein. Freude oder Leid. Auch wenn ich viel zugenommen habe, weiß ich, dass es die richtige Entscheidung war, in die Klinik zu gehen.

05.09.2011 – 40,9 kg

Abgenommen. Wie soll ich das finden? Gut oder schlecht? Ich weiß es einfach nicht. In mir kämpfen wie immer zwei Persönlichkeiten. Zum Glück habe ich jetzt ein Einzelgespräch, in dem ich wie immer jammere, dass ich heim möchte, da sagt mein Therapeut plötzlich: »Vielleicht ist es wirklich ganz gut, wenn Sie erst mal nach Hause gehen und testen, wie es läuft.«

Ich glaub, ich höre nicht richtig. Hat er das wirklich gerade gesagt? Klar, wenn es nach mir ginge, könnte ich sofort nach Hause, aber ich wollte es aus dem Munde meines Therapeuten hören, damit ich mich sicherer fühle, wenn ich heimgehe. Da ich aber jetzt total baff bin, frage ich nur: »Wie jetzt?«

»Ja, ich finde, Sie sollten es ausprobieren. Vom Gewicht her sind Sie nicht mehr im lebensgefährlichen Bereich und zunehmen tun Sie ja auch nicht mehr. Wir können Sie nicht dazu zwingen. Ich finde, Sie sollten es ausprobieren, wie Sie mit dem Gewicht leben können und ob Sie noch sehr eingeschränkt sind.«

Ich bin überglücklich und kann es kaum glauben. Trotzdem habe ich Angst vor Mamas Reaktion und möchte gerne, dass mein Therapeut dabei ist, wenn ich ihr die neuesten Neuigkeiten erzähle. Also rufen wir sie gemeinsam an und ich erzähle ihr, dass ich am 14.09.

bereits entlassen werde. Das ist das Datum, das mein Therapeut und ich ausgemacht haben. Am anderen Ende ist Stille. Ich glaube, meine Mama ist geschockt. Ich bin voller Freude und sie voller Angst.

»Ich halte das nicht aus«, sagt sie. »Ich kann das nicht glauben. Du kannst doch noch nicht heim. Was hast du mir denn anzubieten? Woher weiß ich, dass es nicht genauso ist wie die letzten Male, als du heimkamst? Hanna, ich habe solche Angst.«

»Ich weiß, Mama, aber ich verspreche dir, ich werde nicht abnehmen. Ich werde zum Arzt gehen und mich wiegen lassen und sobald ich abnehme, gehe ich wieder in die Klinik. Aber ich werde nicht abnehmen. Ich will das Gewicht, das ich erreicht habe, halten.«

Da meldet sich mein Therapeut zu Wort: »Frau Blumroth, ich denke, dass es ein ganz guter Zeitpunkt ist für Ihre Tochter, nach Hause zu gehen. Meiner Meinung nach muss sie ins Leben zurück und ihre Erfahrungen machen, wie es ist, mit mehr Gewicht zu leben.«

Das besänftigt meine Mutter etwas und sie stimmt zu.

Am 14.09. werde ich endlich entlassen. Ich kann es kaum glauben. Ich bin endlos glücklich.

14.09.2011 – 40,4 kg

Endlich ist es so weit. Es ist der 14.09. Heute werde ich entlassen. Heute kann ich nach Hause. Heute sehe ich meine Mama wieder. Ich kann es kaum fassen. Da meine Mutter arbeiten muss, fährt mein Vater die vielen Kilometer, um mich abzuholen. Auch das Fernsehteam ist wieder vor Ort, um festzuhalten, wie ich entlassen werde. Wir verstauen all mein Zeug im Auto und fahren los. Für mich ist es immer noch unbegreiflich, dass ich die Klinik hinter mir lasse, ich weiß aber auch, dass es die beste Klinik war und sie mir das Leben gerettet hat.

Als ich zu Hause ankomme, ist das Kamerateam bereits da und hat alles aufgebaut, um die Begrüßung mit Mama zu filmen. Ich kann es kaum erwarten, je näher ich der Haustür komme. Ich klingele und dann sehe ich sie, wie sie den Flur entlangläuft und auf die Haustür zukommt. Mein Herz rast wie verrückt und dann geht die Tür auf. Wir sagen beide erst mal nichts, sondern liegen uns lange in den Armen. Dann knutschen wir uns ab und sagen uns richtig »Hallo«. Ich kann es kaum glauben. Ich bin wieder daheim. Es ist das eingetroffen, was ich monatelang nicht abwarten konnte. Ich bin überglücklich. Kurz darauf kommen auch meine Geschwister, die ich wirklich sehr vermisst habe. Als der größte Trubel dann vorbei ist, sitzen wir noch lange mit dem Kamerateam auf der Terrasse und quatschen. Kurze Zeit später kommt dann auch Matthias und umarmt mich. Es ist ganz komisch, weil ich, glaube ich, auch ihn etwas vermisst habe. Er ist total liebenswürdig und hat mir sogar Blumen mitgebracht.

Als wir das Kamerateam verabschiedet haben, gehe ich in mein Zimmer und kann es wieder kaum glauben. Ich bin wieder da. Ich bin wieder daheim. Mein Zimmer sieht aus wie vor drei Monaten. Unverändert. Und trotzdem muss ich mich erst wieder richtig einfinden. Doch irgendwie ist es so, als sei ich nie wirklich weg gewesen. Spätabends falle ich todmüde in mein Bett und schlafe sofort ein.

15.09.2011 – 40,4 kg

Meine erste Nacht in meinem eigenen Bett war traumhaft, und das erste Mal seit Langem kann ich mal wieder richtig ausschlafen. Mittlerweile ist es zwölf Uhr und ich tippele langsam die Treppe runter, um mir einen Kaffee zu machen. Irgendwie ist mir ganz komisch, aber ich weiß nicht wieso. Egal.

Ich setze mich an meinen Computer und checke erst mal meine E-Mails und meinen Facebook-Account. Anschließend mache ich mich fertig, als es plötzlich schon halb zwei ist. Mist. Um zwei Uhr kommt Mama und ich muss noch das Mittagessen vorbereiten. Also flitze ich runter und koche den Reis und schiebe den Fisch in den Ofen. Als Mama dann kommt, ist das Essen natürlich noch nicht fertig, und ich merke, dass sie darüber etwas genervt ist, sie lässt es sich aber nicht anmerken. Kurz darauf kommt dann auch Maria und der Fisch ist innen drin immer noch etwas kühl. Jetzt lässt Mama sich doch anmerken, dass sie darüber verärgert ist.

»Mensch Hanna, ich hab dir doch gesagt, dass der Fisch mindestens 40 Minuten braucht. Warum hast du ihn denn nicht rechtzeitig in den Ofen geschoben?«

»Oh ja, ist ja gut, ich hab ihn schon rechtzeitig hineingeschoben, das weiß ich doch nicht, warum er dann so lange braucht, vielleicht war der Ofen noch nicht heiß genug.«

Als das Essen dann endlich warm ist, verteilt Mama es auf Maria und Roberts Tellern und ich bekomme direkt Panik, bis sie dann aber sagt: »Du nimmst dir selber?«

»Ja, ich nehme mir selber, aber ich sage dir gleich, es wird nicht viel sein.«

»Es ist mir vollkommen wurscht, was und wie viel du isst, Hauptsache, du hältst dein Gewicht.«

Ich bin heilfroh, als das Mittagessen dann endlich um ist und ich mit Mama die obligatorische Tasse Kaffee trinke.

Am Nachmittag machen wir uns auf zu meiner neuen Therapeutin. Ich hab direkt für heute einen Termin bei ihr kriegen können und da ich sie noch nicht kenne, nur vom Telefon, bin ich ziemlich gespannt.

Als ich dann mit Mama bei ihr im Raum sitze, bin ich guten Mutes. Ich finde sie sehr nett und kompetent wirkt sie auch. Wir besprechen, wie es die nächsten Wochen weiter aussehen wird.

»Ich möchte dann aber auch, dass Hanna regelmäßig, also jede Woche, von Ihnen gewogen wird«, sagt Mama.

»Eigentlich mache ich das nicht bei mir, weil ich möchte, dass Hanna das Gefühl von Vertrauen bei mir hat und nicht, dass ich eine Kontrollfunktion übernehme. Wenn Hanna das natürlich möchte, würde ich wohl eine Waage besorgen und das machen. Wie sieht das mit Ihnen aus?«, fragt mich meine Therapeutin.

»Mir selbst ist es eigentlich egal, aber es war halt so abgemacht, dass ich regelmäßig gewogen werde, damit Mama das nicht mehr machen muss. Einmal die Woche bei Ihnen und alle zwei Wochen dann beim Arzt mit Ultraschall, damit ich nichts trinke. Im Gegensatz dazu möchte ich dann aber eben, dass Mama nichts dazu sagt, was und wie ich esse.«

»Ja gut, wenn das so ist, werde ich für das nächste Mal eine Waage besorgen und dann werde ich Sie wiegen. Allerdings wäre es mir ganz lieb, wenn wir das nach und nach ausschleichen lassen könnten, weil ich finde, dass sie auch eigenverantwortlicher werden müssen. Und es kann ja nicht sein, dass Sie Ihr restliches Leben lang gewogen werden.«

Da müssen Mama und ich dann beide zustimmen.

»Die Hauptsache ist eben, dass Sie sagen, dass Sie Ihr Gewicht halten wollen. Denn wenn Sie abnehmen wollen, dann nehmen Sie auch ab. Und dann bringt die Therapie und auch das Wiegen nichts. Es kommt auf Sie an«, fügt sie hinzu.

»Ich weiß, aber ich möchte mein Gewicht wirklich halten. Ich möchte es schaffen.«

Nach dem Gespräch sind Mama und ich guter Dinge, weil wir beide positiv überrascht sind von meiner neuen Therapeutin.

20. KAPITEL

Panik kommt auf

September 2011

Ich bin nun seit zwei Monaten wieder zu Hause und ich habe es bis jetzt geschafft, mein Gewicht zu halten.

Psychisch geht es mir allerdings sehr schlecht, aber körperlich auf jeden Fall besser als noch vor drei Monaten. Es war die richtige Entscheidung, in die Klinik zu gehen, und es war die beste Klinik, die ich kennengelernt habe. Auch wenn ich immer nur nach Hause wollte, haben sich alle die größte Mühe gegeben, mir zu helfen und mir den Aufenthalt so erträglich wie möglich zu gestalten. Außerdem hatte ich bei jedem Arzt und Therapeuten ein gutes Gefühl. Vielleicht wäre es besser gewesen, noch länger zu bleiben, aber das weiß ich nicht. Ohne die Klinik wäre ich jetzt wahrscheinlich tot.

Auch wenn es mir physisch besser geht, geht es mir psychisch schlechter als je zuvor, ich hab zwar zugenommen und überlebt, aber jetzt habe ich ein neues Problem, und das ist das Schlimmste, was ich je erlebt habe.

Ich habe Panikattacken. Ich wache morgens auf und habe das Gefühl, jeden Moment zu sterben. Ich kann es kaum beschreiben. Ich weiß nicht, was es ist, aber es ist schrecklich. Ich wache auf und bekomme keine Luft. Ich habe Herzrasen und fange an zu zittern, ich schwitze und friere gleichzeitig. Doch das Schlimmste ist das Herz. Einerseits rast es wie gesagt, doch es kitzelt auch ganz komisch. Es ist ein ekelhaftes Gefühl. Ich will mich am Herzen kratzen, was natürlich nicht geht, und hinzu kommt, dass ich das Gefühl habe zu sterben, und da das Gefühl so ekelhaft ist, würde ich in dem Moment auch am liebsten sterben.

Das Komische an der Sache ist, dass ich diese Wahnsinnspanik habe, aber nicht weiß wovor. Ich kann es nur vermuten. Ich habe, glaube ich, Angst vor dem Tag, der vor mir liegt. Angst, ihn nicht bewältigen zu können. Angst zu essen. Angst zuzunehmen. Angst vorm Leben. Aber am meisten Angst vor der Zukunft.

Diese scheiß Zukunft. Sie ist so ungewiss. Ich weiß nicht, was ich will. Ich habe mein Abitur gemacht, und nun? Was ist jetzt? Ich muss mein Gewicht halten und ich muss erwachsen werden. Was wird jetzt? Was kommt jetzt? Was wird aus mir? Wer bin ich? Das ist für mich die große Frage. Bin ich noch Hanna, die Magersüchtige? Wenn nicht, dann bin ich ein Nichts. Wenn ich nicht mehr Hanna, die Magersüchtige, bin, dann weiß ich nicht, wer ich sonst bin. Ich glaube, das macht meine Angst aus. Dass ich nicht weiß, wer ich bin und was aus mir wird. Ich bin einfach ein Nichts. Nein, das stimmt nicht. Ich bin jemand, der absolut nicht mit seinem Leben klarkommt. Was mir seit Langem klar geworden ist: In der Klinik habe ich zwar zugenommen, aber mein Selbstwertgefühl hat abgenommen.

Als ich so dünn war, habe ich mir immer gedacht: Hanna, du kannst nichts. Du bist nichts. Aber immerhin bist du dünn. Das war immer mein Trumpf im Ärmel, das war der Gedanke, der mich am Leben gehalten hat. Das war das, was mich ausgezeichnet hat. Das habe ich jetzt nicht mehr. Jetzt denke ich das Gleiche: Hanna, du kannst nichts, Hanna, du bist nichts und Punkt. Ich bin zwar immer noch im Untergewicht. Alle sagen mir, ich sei noch dünn. Aber ICH sehe das nicht. Ich muss mich korrigieren. Ich fühle mich nicht nur wie ein Nichts, ich fühle mich wie ein dickes Nichts. Es ist einfach unglaublich, wie unwohl ich mich fühle.

Ich stelle mich auf die Waage und habe einfach nur Panik. JETZT weiß ich es! Jetzt kenne ich meine Panik. Ich habe nicht nur Angst vorm Leben und Angst vor der Zukunft. Ich habe Angst, die Kontrolle verloren zu haben. Aber diesmal in die andere Richtung. Meine geliebte Kontrolle zu wissen, dass ich dünn bin. Zu wissen, nichts essen zu können. Meine geliebte Kontrolle ist weg. SIE IST WEG. Was mache ich jetzt? Ich wiege 40 kg. Ich bin nicht mehr dünn. Ich bin alles andere als dünn. Ich bin dick. Ich bin dick. Ich bin dick. Oh mein Gott. Da ist sie wieder, diese Panik. Oh mein Gott. Ich halte das nicht aus. Ich sterbe.

Lieber Gott, bitte hol mich zu dir. Bitte nicht wieder diese Panik. Ich bekomme keine Luft. Mein Herz. Ich halte das nicht aus. Keine Luft. Mein Herz. Es platzt gleich. Ich sterbe gleich. Bitte lass mein

Herz doch einfach platzen. Aber nicht dieses Gefühl. Ich halte das nicht aus. Bitte lass mich doch einfach wieder dünn sein. Nein, das will ich auch nicht, dann geht ja alles wieder von vorne los. Keine Luft. Mein Herz. Mein Herz. Keine Luft. Atmen, Hanna. Atmen. Du stirbst. Dein Herz platzt gleich. Du wirst sterben. Das kann doch nicht sein. Bitte, lieber Gott, lass mich doch endlich einen Weg daraus finden. Was kann ich? Was will ich? Was wird aus mir? ICH WILL ENDLICH WISSEN, WER ICH BIN!

»Eine Tür geht zu, zwei gehen auf.«

September bis Oktober 2011

Die Panik geht weiter. Jeden beschissenen Morgen. Aber jetzt ändere ich was. Ich pack jetzt mein Leben an. So kann es doch nicht weitergehen. Ich brauche eine Aufgabe.

Das Schlimme ist, dass ich morgens aufwache und da ist ein großes Nichts. Da ist keine Schule mehr, die mir sagt, dass ich aufstehen muss. Da ist kein Job. Ich wache auf und es liegt ein neuer Tag vor mir. Ein Tag, vor dem ich einfach nur Angst hab. Ich hab Angst, dass mein Leben so weitergeht, mit diesem großen Nichts.

Aber so wird es nicht weitergehen. Ich suche mir jetzt eine Aufgabe. Doch erst muss meine Panik vorbeigehen.

Man kann sich gar nicht vorstellen, wie schlimm das ist. Ich setze mich auf meine Bettkante und atme tief durch. Immer und immer wieder. Doch ich merke, dass das nichts bringt. Aber jetzt weiß ich ja: Eine Aufgabe muss her. Also stehe ich auf und mache mich fertig. Ich ziehe mich an und schminke mich und höre immer wieder in mich rein. Und ich merke: Langsam wird es besser.

Als ich fertig bin, schnappe ich mir meine Jacke und mache mich auf den Weg in die Stadt. Und mein Trip geht los. Ich gehe einfach in jedes Geschäft.

»Guten Tag, suchen Sie vielleicht noch eine Aushilfe?«, frage ich.
»Nein, tut mir leid, leider nicht.«
Und so geht es weiter. Niemand braucht eine Aushilfe.

Als ich mich auf den Heimweg mache, fahre ich an einem leer stehenden Café vorbei und sehe die Erlösung. Ein Zettel, auf dem steht:

»Neueröffnung vom Café Bruno. Wir suchen noch Aushilfen und Festangestellte für unser Team. Wenn Sie Interesse haben, schicken Sie uns doch eine Bewerbung zu.«

Sofort zücke ich mein Handy und schreibe mir die Adresse auf. Eigentlich habe ich keine große Lust, eine Bewerbung zu schreiben, und auch nicht allzu große Hoffnung auf den Job, aber ich kann es ja mal probieren. Zu Hause angekommen, sind mittlerweile auch Maria, Robert und Mama aus der Schule wieder da.

»Ah, schön, dass du da bist, dann können wir ja jetzt Mittag essen«, zwitschert Mama.

Na toll. Ich hatte eigentlich gehofft, dass ich das Mittagessen verpasst habe, aber anscheinend war Mama heute später dran. Und sofort beginnt wieder Angst. Ich setze mich an den Tisch und nehme mir eine Mini-Mini-Portion von den Nudeln, dafür aber eine Riesenportion vom Gemüse, weil ich tierischen Hunger habe.

Da meckert Mama auch schon los.

»Hanna, jetzt reicht es aber, die anderen wollen auch noch was von dem Gemüse haben. Nimm lieber mal was von den Nudeln, das ist ja ein Witz.«

»Jaja, ist ja gut«, meckere ich zurück.

Oh Mann, ich hab einfach keinen Bock mehr auf diese scheiß Diskussionen. Um schnell das Thema zu wechseln, erzähle ich der Familie von meinem Vormittag. Anschließend stehe ich auf und setze mich an den PC, um die Bewerbung zu schreiben. Am gleichen Nachmittag schicke ich sie noch ab. Je später es ist, desto besser geht es mir, weil ich weiß, dass der Tag bald um ist. Ich liebe den Abend. Weil ich den ganzen Tag kaum was esse, freue ich mich immer auf den Abend, weil ich mir abends was erlaube. Außerdem sitzt abends immer die Familie zusammen und alles ist harmonisch.

Na ja, oder auch nicht.

Also entweder es ist harmonisch oder es gibt totalen Streit. Etwas dazwischen gibt es nicht. Streit gibt es meistens aus nichtigen Gründen. Ich könnte nicht mal einen Grund nennen. Doch. Zum Beispiel letzte Woche. Da hat Mama fast das Haus abgerissen. Und ratet mal wieso. Weil sie einen Löffel gesucht hat. Und ratet mal, wer wieder der Auslöser war. Genau – ich. Ich hab beim Abendessen wieder an einer halben Scheibe Brot rumgeschnöckelt und Mama war wieder total gereizt. Darauf folgte, dass Maria, Robert und Matthias auch genervt waren. Und dann ging's nach dem Abendessen los.

»Jetzt reicht's mir«, schreit auf einmal Mama los.

»MARIA, HANNA, ROBERT – SOFORT ANTANZEN.«

Wenn Mama so sauer ist, bekomme ich sofort panische Angst, weil ich denke, es sei wegen mir. Aber wie gesagt, ich bin nur der Auslöser für ihre gereizte Stimmung.

Als wir alle vor ihr stehen, meint sie: »Ich hab mir vor einer Woche neues Besteck gekauft. Da waren sechs Löffel drin. Wo zum Teufel ist der sechste Löffel? Hanna, hast du den mit runter in den Keller zu deinen scheiß Joghurts genommen und den irgendwo mit eingefroren?«

»Nein, Mann, ich bin nicht immer schuld«, meckere ich zurück. Das Problem ist, dass ich mir ganz und gar nicht sicher bin, ob ich den scheiß Löffel nicht doch aus Versehen mit runter in den Keller genommen habe. Sofort flitze ich runter und suche und suche, während Mama weiterhin ausflippt. Als nächstes Opfer ist Maria an der Reihe.

»Maria, wie dein Zimmer schon wieder aussieht! Wie bei einer Schlampe! Wo verdammt ist dieser Löffel?! Bestimmt liegt der irgendwo in deinem Chaos hier rum.«

Maria tut mir zwar leid, aber ich bin froh, dass sich Mamas Ärger verlagert hat. Auf einmal ruft Robert: »Ich glaube, ich weiß, wo der Löffel ist.«

Und wo war er? Im Kakao!

Danach hat sich Mama natürlich sofort bei uns allen entschuldigt und war wieder ruhig, aber irgendwo muss sie ja auch mal die Luft rauslassen.

Na ja, solche Abende mag ich dann nicht so, aber wenn es dann harmonisch ist, finde ich sie umso schöner. Ich bin so ein Familienmensch, das ist nicht mehr feierlich. Aber nun verrate ich, warum ich den Abend wirklich mag.

Ich habe tierischen Hunger und sobald ich in meinem Zimmer bin, geht meine nächtliche Fresserei wieder los. Ich kann es nur Fresserei nennen, weil es einfach so unnormal ist. Es beginnt mit meinen nächtlichen Gängen zum Kühlschrank. Salat. Tomaten. Gurke. Salat. Tomaten. Gurke. Anschließend futtere ich meine eingefrorenen Joghurts, die aus Obst, vermischt mit Wasser, vermischt mit Süßstoff, bestehen. Natürlich esse ich die heimlich, weil Mama mir diese verboten hat. Die Joghurts esse ich aber nicht einfach so. Einen Löffel davon esse ich mit Nutella, einen anderen Löffel mit Marmelade, einen mit Joghurt, einen mit Apfelmus, einen mit Quark, einen mit Honig usw.

Davon esse ich mehrere, bis ich einen kugelrunden Bauch habe. Satt bin ich dann trotzdem nicht. Mein Bauch ist zwar voll von Gemüse und Obst und Joghurt, aber das bekämpft nicht das Hungergefühl. Ganz im Gegenteil.

Dann kommt ein unglaublicher Appetit. Und was ich dann mache, ist genauso unnormal. Ich hab in meinem Zimmer ein Fach, in dem ich Süßigkeiten horte. Und wenn ich voll mit Salat und Obst und Joghurt bin, hocke ich mich wie ein Gnom vor mein Fach und knabbere an einer Praline, leg sie wieder weg, knabbere an der nächsten Praline, knabbere an einem Keks, leg ihn weg und knabbere an einem anderen Keks. Aber nicht zu viel. Das reicht dann auch.

Mein Appetit ist dadurch nicht gestillt, aber mehr kann ich auf keinen Fall essen. Ja, und so halte ich auf ziemlich essgestörte Weise mein Gewicht. Dann geht's mit einem riesigen Bauch und noch mehr Appetit ins Bett.

Schon jetzt hab ich wieder Angst vorm nächsten Morgen. Denn morgen ist Wochenende. Und Wochenende heißt Frühstück. Und Wochenende heißt früh aufstehen. Na ja, »früh«. Meistens ist es elf Uhr. Aber unter der Woche, wenn Mama arbeiten ist, schlafe ich oft bis 13 Uhr und frühstücken tue ich natürlich auch nicht.

Und der nächste Morgen ist einer der schlimmsten, die ich bis jetzt erlebt habe. Erstaunlicherweise wache ich schon um neun Uhr auf und habe direkt wieder meine altbekannte Panik.

Ich stehe sofort auf und gehe runter zu Mama und Matthias ins Schlafzimmer. Als ich in der Tür stehe, schaut Mama mich nur an und weiß sofort, wie es mir geht.

Ich schau sie nur an und fange bitterlich an zu weinen.

»Mama, ich hab solche Panik, ich halt's kaum aus, ich glaube, ich sterbe. Mama, bitte hilf mir.«

»Komm, leg dich mal zu mir und schau fern. Ich mach dir einen Tee und du versuchst, dich zu beruhigen.«

Ich leg mich ins Bett und schau in den Fernseher und trinke Mamas Tee, doch es wird und wird nicht besser. Eher schlimmer. Ich fange wieder zu weinen an oder eher zu schreien.

»Mama, ich halt's nicht aus, bitte hilf mir, ich halt's nicht aus, ich kann nicht mehr, Mama, bitte. Mein Herz. Ich bekomme keine Luft.« Und dann springe ich aus dem Bett und schmeiße mich auf den Boden. Und dann schlage ich meinen Kopf auf den Boden und schlage mit den Fäusten auf den Boden und schreie und reiße mir an den Haaren. Es ist furchtbar. Ich habe solch eine Angst. So furchtbare Angst und ich kann nicht sagen wovor. Mama kommt zu mir gerannt.

»Hanna, du musst aufstehen, du musst was tun, beweg dich, steh auf. Los, steh auf. Wir gehen jetzt zusammen runter und decken den Frühstückstisch. Du musst was tun. Lass dich nicht in die Panik fallen. Lass dich nicht von ihr unterkriegen. Du schaffst das. Aber mach was. Los komm.«

Ich kann nicht aufstehen. Ich schlage weiter mit den Fäusten auf den Boden, bis Mama zu mir kommt und mich hochzerrt.

Also gehe ich mit ihr runter und decke den Frühstückstisch. Dabei weine ich die ganze Zeit. Dafür wird die Panik aber ein bisschen besser. Eine halbe Stunde später sitzen wir alle am Tisch und ich weine und weine und weine. Ich sitze vor meinem halben Brot und ich bekomme es nicht runter. Zusätzlich merke ich, wie Mama immer schwächer wirkt.

»Hanna, du darfst jetzt nicht aufgeben. Du darfst dich von der Panik nicht lenken lassen. Du darfst jetzt nicht weniger essen, nur weil du Panik hast. Du hast nichts gegessen. Iss wenigstens das halbe Brot. Iss nicht weniger als sonst, sonst lässt du dich in die Panik fallen.«

Aber ich kann nicht. Ich fange an zu schreien, springe vom Tisch auf und schmeiße mich auf den Boden und schreie und schreie. Mama kommt zu mir und zieht mich immer und immer wieder hoch, aber ich lasse mich hängen wie ein nasser Sack und schluchze. Und so sitzen Mama und ich fünf Minuten später auf der Couch und sie versucht, mich irgendwie zu beruhigen. Plötzlich klingelt mein Handy. Eigentlich fühle ich mich gar nicht in der Lage, ans Handy zu gehen, aber da ich die Nummer nicht kenne und neugierig bin, gehe ich ran.

»Hanna Blumroth? Ich bin der Inhaber vom Café Bruno und hab Ihre Bewerbung bekommen. Ich würde Sie gern zu einem Bewerbungsgespräch einladen. Morgen um 15 Uhr?«, sagt eine männliche Stimme.

»Ja, sehr gerne, vielen Dank«, antworte ich.

Mama hat das Gespräch mitbekommen. Sie lächelt mich ganz lieb an und meint: »Siehst du, Hanna. Eine Tür geht zu, zwei gehen auf.«

22. KAPITEL

Zusagen über Zusagen

Oktober 2011 bis Februar 2012

Das Bewerbungsgespräch verläuft super. Ich hab den Job. Ich bin so unglaublich froh darüber, endlich eine Aufgabe zu haben.

Doch das löst leider immer noch nicht mein Problem. Was ist mit meiner Zukunft? Ich meine, ich will ja jetzt nicht mein restliches Leben lang in einem Café jobben. Und zu allem Übel kommt hinzu, dass bald die Bewerbungsfristen anfangen und ich keinen Plan hab, was ich studieren soll. Mein größter Traum wäre, Schauspielerin oder Model zu werden. Model zu werden ist lächerlich. Dafür bin ich viel zu klein und ich bin ein viel zu kindlicher Typ. Außerdem hab ich nichts an mir, was besonders ist und was irgendjemand unbedingt braucht.

Davor, Schauspielerin zu werden, hab ich viel zu große Angst. Oh Mann, bin ich dämlich. Immer nur Angst, Angst, Angst. Das ist doch krank.

Na ja, jedenfalls hab ich viel zu große Angst, auf eine Schauspielschule zu gehen, weil es so unsicher ist. Ich brauche etwas Sicheres. Außerdem war kaum ein Schauspieler, den ich kenne, auf einer Schauspielschule. Meistens wurden sie aus Glück entdeckt. Warum sollte gerade ich dann eine erfolgreiche Schauspielerin werden. Und so träume ich weiter. Journalismus wäre auch noch etwas, was mich interessieren würde. Aber das gibt's entweder nur auf privaten Unis oder auf Journalistenschulen oder der Numerus clausus ist utopisch. Außerdem wird oft ein langes Praktikum oder eine freie Mitarbeit bei der Zeitung verlangt. Glaube ich zumindest. Hotelmanagement oder Medienmanagement oder Modemanagement? Wäre auch cool. Aber das gibt's auch nur an privaten Unis. Und wenn ich es dual mache?

Eigentlich habe ich schon viele Ideen, aber ich lege mir selber Steine in den Weg. Alles, was ich machen möchte, mache ich mir wieder kaputt, weil ich irgendwelche Gründe finde, dass es eh nicht klappen würde. Es mag komisch klingen, aber mir wäre es lieber, ich hätte Eltern, die mich zu einem Studium drängen würden. Die sagen würden: »Hanna, du studierst Medizin. Ohne Wenn und Aber.«

Ob das dann klappen würde, ist eine andere Geschichte, aber ich müsste mich wenigstens nicht entscheiden. Ich hasse Entscheidungen.

Ich kann mich nicht mal entscheiden, was ich morgens anziehe, geschweige denn, was ich studieren will.

Es ist hoffnungslos. Oder soll ich doch eine Ausbildung machen? Hotelfachfrau vielleicht oder Restaurantfachfrau? Aber ich hab doch nicht Abitur gemacht, um eine Ausbildung zu machen. Oder vielleicht doch? Oh, ich raste gleich aus. Am besten, ich probiere ein bisschen was aus. Ich kann ja Praktika machen. Ich überleg mal. Mhm. Also Hotelfachfrau oder Restaurantfachfrau? Dann mache ich ein Praktikum in einem richtig guten Restaurant. Ich hab da auch schon eine Idee. Wenn schon, denn schon. Und bei der Mediendesign-Agentur, dann hab ich noch etwas Kreatives. Und so mache ich mich auf und schreibe eine weitere Bewerbung für die Designagentur. Zum Restaurant fahre ich persönlich und gehe direkt zum Oberkellner, der mich bereits kennt, weil ich schon mal nach einem Praktikum gefragt habe.

»Guten Tag, Herr Roser. Ich habe ja im Sommer bereits gefragt, ob es möglich wäre, ein Praktikum hier zu machen. Wäre das jetzt möglich?«

»Sehr gerne. Wann könnten Sie?«

»Wie wäre es die nächsten zwei Wochen?«, frage ich.

»Montags und dienstags haben wir Ruhetag. Also dann am Mittwoch um elf Uhr?«

»Alles klar. Vielen Dank.«

Na, das wäre dann schon mal geklärt. Ist doch super.

Anschließend fahre ich wieder heim und sende meine Bewerbung für die Mediendesign-Agentur ab.

Die nächsten zwei Wochen sind ziemlich anstrengend. Ich bin immer von elf bis 15 Uhr und von 18 bis mindestens 24 Uhr im Restaurant. Vormittags ist meistens nicht so viel los. Abends darf ich dann Gäste bedienen, aber der Oberkellner ist ziemlich streng, weil das Restaurant so vornehm ist. Der Umgangston ist ziemlich harsch. Ganz ehrlich. Ich bin froh, als das Praktikum vorbei ist.

In der Zwischenzeit hat sich die Agentur gemeldet. Auch von ihr habe ich eine Zusage bekommen. Doch auch das Praktikum macht mir nicht allzu viel Spaß. Hinzu kommt, dass ich trotzdem jeden Morgen meine Panikattacken habe und mit Panik in die Agentur muss. Ich muss mich immer so zusammenreißen, nicht loszuheulen, während ich am Computer sitze und Bilder bearbeite.

Als die Praktika vorbei sind, beginnt auch schon die Arbeit im Café. Das erste Mal hab ich richtig Spaß. Schon komisch, an der Arbeit Spaß zu haben, aber hauptsächlich geht es darum, dass ich eine Aufgabe habe. Und das erste Mal sind die Panikattacken besser. Sie sind nicht weg, aber an manchen Morgen sind sie etwas schwächer. Aber wie gesagt, ich will ja nicht mein restliches Leben lang kellnern, sondern studieren. Und da die Bewerbungsfristen angefangen haben, muss ich mich ranhalten. Und so bewerbe ich mich, unglaublich, aber wahr – für BWL. Wer nichts wird, wird Wirt. Und wenn ich sonst nicht weiß, was ich machen will, dann studier ich halt BWL. Ich bewerbe mich überall, wo es nur geht.

Am liebsten wäre mir München. Denn wenn ich in München angenommen werde, könnte ich zugleich in die Wohngruppe für essgestörte Mädchen gehen. Die gibt es nämlich in München. Ich möchte eigentlich gar nicht wirklich dahin, aber so kann ich zwei Fliegen mit einer Klappe schlagen. Ich kann in München studieren und nebenher umsonst wohnen. Aber vielleicht werde ich ja sogar dort gesund. Da sind andere Mädchen, mit denen ich mich austauschen kann, und ich werde beim Essen unterstützt. Und so bewerbe ich mich auch noch für die Münchner Wohngruppe. Um in die Wohngruppe zu kommen, muss man sich mit dem Jugendamt zusammensetzen. Und so sitzen Mama und ich ein paar Tage später bei einer sehr netten Frau, um alles zu besprechen.

Ich hab allerdings Zweifel. Ich will nur in die Wohngruppe, wenn ich auch einen Studienplatz habe. Also habe ich einige Zeit ein großes Problem. Denn wiederum zwei Wochen später sitzt die für mich zuständige Jugendamtsbetreuerin bei uns in der Küche und überbringt mir eine gute Nachricht.

»Liebe Hanna. Es ist eigentlich unglaublich schwierig, einen Platz in dieser Wohngruppe zu bekommen, aber du kannst in zwei Wochen dort einziehen. Allerdings musst du mir jetzt zusagen, damit ich alles einstielen kann. Und du brauchst mindestens 40 kg. Es gibt keine Zeit zu verlieren.«

Mama springt sofort auf, weil sie sich unglaublich freut. Ich freue mich auch, allerdings nicht richtig, denn ich hab noch nichts von der Fachhochschule gehört, bei der ich mich beworben habe. Und das lasse ich auch die Betreuerin merken.

»Ich weiß es nicht. Ich würde schon gern nach München, aber ich möchte auch in München studieren. Das mit den 40 kg geht klar, die hab ich ja seit der Klinik.«

»Ja aber, Hanna, in erster Linie geht es doch darum, dass du gesund wirst. Und studieren kannst du ja danach immer noch. Und diese Wohngruppe ist wirklich gut. Und denk doch mal. München. Das ist eine superschöne Stadt.«

Ich überlege total lange hin und her, sodass meine Betreuerin so langsam ungeduldig wird, bis ich irgendwann sage: »Ja okay, ich mach's.«

»Ganz ehrlich?«, sagt meine Betreuerin. »Es muss wirklich ernst sein, denn dann rufe ich gleich noch heute an und sage zu.«

»Ja, es ist ernst«, antworte ich, bin mir aber alles andere als sicher.

Und wie kann es anders sein. Wieder habe ich Angst. Angst und unglaublich große Hoffnung. Hoffnung, dass diese Wohngruppe die Lösung ist. Vielleicht werd ich dann endlich gesund. Aber Hanna. Sei doch mal ehrlich. Um gesund zu werden, muss ich zunehmen. Und ich will alles andere als zunehmen. Will ich überhaupt gesund werden? Warum sollte eine Wohngruppe etwas daran ändern? Nur weil sie in München ist? Na ja, es sind ganz viele Menschen um mich herum, die sich um mich kümmern. Die mich beim Essen unterstützen. Aber trotzdem. Zunehmen will ich nicht. Jetzt gehe ich also nach München. So weit weg von zu Hause. Halte ich das überhaupt aus?

Oh mein Gott, was habe ich mir da eingebrockt. Ich hab auch immer Ideen. Ich hab gar nicht darüber nachgedacht, wie es ist, wirklich nach München zu gehen. Und jetzt ist es ernst geworden. Und was ist mit meinem Studium? Was mit meiner Zukunft?

Nur weil ich nach München gehe, heißt das doch nicht, dass ich erfolgreich bin.

Nach und nach trudeln immer mehr Briefe von den Universitäten ein. Und was steht drin: Zusagen. Zusagen über Zusagen. Nur von München ist noch nichts gekommen. Ich könnte heulen. Jetzt hab ich Studienplätze in ganz Deutschland. So viele Zusagen, dass ich damit mein Zimmer tapezieren könnte. Doch dann ist es endlich so weit.

Als ich an einem Nachmittag von der Arbeit nach Hause komme und in den Briefkasten schaue, bleibt mein Herz stehen. Ein Brief! Fachhochschule München! Mein Herz fängt an zu rasen. Meine Hände an zu zittern. Ganz langsam mache ich den Brief auf. Anstatt ihn einfach aufzureißen, quäle ich mich noch ein bisschen und zögere es hinaus.

Ich ziehe den Zettel heraus und lese langsam, was dort steht: »Sehr geehrte Frau Blumroth, wir freuen uns, Ihnen mitteilen zu können, dass Ihnen im Studiengang Betriebswirtschaft, Studiengruppe 1A an der Hochschule München die Zulassung im Sommersemester 2012 in Aussicht gestellt wird.«

Ich kann es kaum glauben: Endlich läuft mein Leben in geregelten Bahnen. Das ist der Wahnsinn. Ich kann in die Wohngruppe. Ich hab einen Studienplatz. Wow.

Ich könnte ausflippen vor Freude.

Doch am meisten freue ich mich, Mama davon zu erzählen. Als sie nach Hause kommt, sage ich noch nichts. Doch als sie am Herd steht und kocht, kann ich mich nicht mehr zurückhalten. Aber ich kann mich auch nicht zurückhalten, sie ein bisschen zu ärgern. Also setze ich ein trauriges Gesicht auf und gehe zu ihr.

»Mama, ich hab einen Brief aus München bekommen. Von der Hochschule.«

Ich versuche, mir ein bisschen Tränen in die Augen zu drücken. Oh Mann, Hanna, bist du gemein. Aber es muss sein. Ich mag diese kleinen Scherzereien.

Also fragt sie mich mit ängstlichem Blick: »Und?«

Ich breite die Arme aus und schreie: »ZUSAGE!«

Sofort ändert sich Mamas Gesichtsausdruck. Auch sie breitet die Arme aus, umarmt mich und dreht mich im Kreis.

»Das ist ja wundervoll, Hanna. Du bekommst ja eine Zusage nach der anderen. Mensch, Hanna, ich freu mich so für dich! Ich hab doch gesagt: Eine Tür geht zu, zwei gehen auf. Ich hab es gewusst. Komm, das müssen wir feiern. Lass uns ein Schlückchen Sekt trinken.«

Sofort denke ich an unnötige Kalorien und verneine.

Enttäuscht geht sie zum Kühlschrank und meint: »Dann muss ich wohl alleine auf dein Glück trinken.«

Ach Mensch, Hanna. Deine Mutter freut sich so sehr. Du freust dich. Und sofort ist meine Stimmung wieder im Keller, weil ich so eine Spaßbremse bin. Nachts hocke ich vor meinem Fach und dann kann ich nicht mal tagsüber einen Schluck Sekt trinken. Es ist hoffnungslos. Warum sollte das in München bloß besser werden?

Wenn ich ehrlich bin, hab ich wenig Hoffnung. Und wenn ich ganz ehrlich bin: Ich glaube nicht an die Wohngruppe. Es mag gemein klingen, weil andere Mädchen lange auf den Platz in der Wohngruppe warten und für ihre Gesundheit kämpfen, aber ich denke nur pragmatisch. Studieren in München. Nebenher Therapie. Aber gesund werden?

Nein.

Da glaube ich nicht dran. Oder doch? Ich meine, Hanna, du bist in München. Du hast Therapie. Ach Mensch. Ich weiß es einfach nicht. Aber ich schäme mich. Ich hab mich schon lange nicht mehr so geschämt. Ich habe mein Abitur gemacht. Ich habe damals den Platz in der Klinik bekommen. Ich habe jetzt den Platz in der Wohngruppe bekommen. Ich habe etliche Studienplätze bekommen. Und was tue ich? Nichts. Ich mache weiter wie bisher.

Aber vielleicht ist das jetzt die große Wende. Ein klitzekleines Fünkchen Hoffnung ist doch da. Aber was ich dabei verdränge, ist: Um gesund zu werden, muss ich es wollen. Ich muss hundertprozentig dahinterstehen. Ich muss kämpfen. Ich muss leben wollen. Und ich weiß nicht, ob ich es will. Wie gesagt: Wenn ich nicht mehr magersüchtig bin, bin ich nichts mehr.

23. KAPITEL

Neuer Lebensabschnitt

Februar bis April 2012

Und dann geht die Rödelei los. Das Gefühl, das ich empfinde, ist ganz komisch. Ich weiß nicht, was ich denken soll. Die letzten vier Jahre hab ich viermal meine Koffer packen müssen. Und immer war ich ein bisschen weiter weg von zu Hause.

Der Unterschied? Ich wusste, dass ich wieder heimkomme nach einer gewissen Zeit. Und was ist jetzt? Jetzt ziehe ich um. Besser gesagt, ich ziehe aus. Ich ziehe nach München und hab keine Ahnung, wann ich wieder heimkomme. Ich hab solche Angst. Angst, aber da ist auch Freude. Angst. Freude. Aber worauf freue ich mich eigentlich?

Auf die Wohngruppe ganz bestimmt nicht. Ich freue mich auf eine neue Stadt. Auf mein Studium. Auf ein neues Leben? Auf eine neue Zukunft?

Pah, lächerlich. Als ob ich mich auf meine Zukunft freue. Wenn ich an meine Zukunft denke, sehe ich ein großes Fragezeichen. Und eine riesengroße, neue, unbekannte Stadt. Weit weg von zu Hause. Weg von Maria und Robert, weg von Papa, weg von Matthias, aber am allerschlimmsten: weg von Mama und Oma.

Meine Familie ist das Einzige, was mich am Leben hält, und jetzt soll ich von ihr weg. Aber ich habe es selber gewählt. Ich bin auch eine dumme Nuss. Oder auch nicht. Immerhin bin ich jetzt 20 Jahre alt und irgendwann muss ich ja auch mal ausziehen. Ausziehen. Wie das klingt. So weit weg.

Aber nun zum Packen. Man sollte es nicht glauben, aber ich sitze seit einer Stunde in meinem Zimmer auf dem Boden vor leeren Koffern und weiß einfach nicht, wo ich anfangen soll. Wenigstens muss ich keine Möbel mitnehmen.

Und dann beginne ich langsam bei den Hosen, dann die T-Shirts, dann die Pullover. Anschließend rufe ich: »MAMA, ICH BRAUCHE NOCH EINEN KOFFER!«

Und so geht es weiter mit einem zweiten Koffer. Weitere Hosen, T-Shirts und Pullover folgen.

»MAMA, ICH BRAUCHE NOCH EINEN KOFFER!«

Und weiter geht's mit einem dritten Koffer. Es folgen Schuhe, Schmuck und Krimskrams. Und immer noch hab ich nicht alles eingepackt. Es ist schrecklich.

Als ich dann schließlich alles verstaut habe und auf gepackten Koffern sitze, habe ich immer noch nicht realisiert, dass ich ausziehe.

Langsam lasse ich meinen Blick durch mein Zimmer schweifen und denke, dass ich mein geliebtes Zimmer nun verlassen werde. Maria wird es übernehmen, was heißt, dass hier in Zukunft Chaos herrschen wird. Aber auch das realisiere ich nicht.

Warum eigentlich nicht?

Hanna, mach es dir mal bewusst: In ein paar Tagen ziehst du nach München. Es ist zu weit weg. Viel zu weit weg. Oh Mann. Wahrscheinlich wird es mir nicht mal bewusst sein, wenn ich in München mein neues Bett beziehe.

Apropos Bett. Ich brauche ja noch Bettzeug. Und so rufe ich wieder nach Mama und wir vakuumieren Bettdecke, Kopfkissen, Bettlaken, Bettbezug und Kopfkissenbezug. Jetzt müsste ich aber langsam mal alle sieben Sachen beieinander haben.

Ein paar Tage später ist es endlich so weit. Wieso endlich? Weil ich hoffe. Ich hoffe, dass jetzt ein neuer Lebensabschnitt beginnt. Und er wird beginnen. Die Frage ist nur, wie es jetzt weitergeht. Aber dazu später.

Um halb acht klingelt es an der Tür, vor der meine Betreuerin vom Jugendamt steht. Ein paar Meter weiter steht der Fahrer, der uns nach München bringen wird. Mama kann aus beruflichen Gründen nicht mitfahren, worüber ich unendlich traurig bin, aber sie kann mich ja auch nicht bei jedem Schritt, den ich tue, begleiten.

Schön wär's. Und wieder ist das Kamerateam von *stern TV* mit dabei, um meinen nächsten Schritt zu dokumentieren. Und dann ist er da. Der Moment, den ich weit weg gesehnt habe. Die Verabschiedung von Mama. Von Maria, Robert und Matthias hab ich mich bereits verabschiedet, doch jetzt ist Mama dran. Als ich die letzten Tage daran gedacht habe, dachte ich eigentlich, dass ich heulen würde wie ein Schlosshund. Doch ich kann nicht weinen. Ich kann's einfach nicht. Ich bin viel zu aufgeregt, um jetzt zu heulen. Also liegen wir uns nur lange in den Armen und sind ganz still.

Und dann steige ich ins Auto und wir fahren los. Ich blicke so lange nach hinten, bis ich Mama nicht mehr sehen kann. Und immer noch nicht habe ich realisiert, was hier gerade passiert. Ich bin soeben ausgezogen und ziehe in eine 600 km entfernte Stadt.

Hanna, geht das denn nicht in deinen Kopf rein?

Einige Stunden später fahren wir dann in München ein und dann dauert es nicht mehr lang, bis ich in der Wohngruppe ankomme. Es braucht einige Zeit, bis ich alle Sachen in den vierten Stock gebracht habe. Anschließend begrüßt mich der Chef ganz lieb und zeigt mir mein Zimmer. Es ist ziemlich klein und spärlich eingerichtet. Schrank. Bett. Regal. Als ich meine Zimmernachbarin kennenlerne, ist meine Stimmung vollends am Boden. Sie ist sehr zurückhaltend und überhaupt nicht auf meiner Wellenlänge. Als ich dann kurz auf meinem Bett sitze und meine Betreuerin ins Zimmer kommt, fange ich erst mal an zu weinen. Ich bin komplett überfordert mit der Situation.

Ich will einfach nur zu meiner Mama. Aber das geht nicht. Jetzt nicht, und in Zukunft auch nicht. Hinzu kommt, dass ich tierischen Hunger habe und eine riesengroße Angst, dass gleich jemand vom Wohngruppenteam kommt und mir sagt, ich müsse jetzt etwas essen. Oh Mann, Hanna. Was hast du dir da nur eingebrockt? Ich weiß es nicht. Und ich will es auch gar nicht wissen. Ich will gar nicht daran denken, was die nächsten Wochen auf mich zukommt.

Langsam ist es Abend und nun muss ich mich auch noch von meiner Betreuerin und vom Kamerateam verabschieden. Das heißt, ich werde gleich ganz allein sein. Als dann alle weg sind, hab ich mein erstes Gespräch mit meiner Sozialpädagogin. Es gibt mehrere davon in der Wohngruppe. Dazu kommen Ernährungstherapeutinnen und Psychologinnen. Der einzige Mann im Haus ist der Chef, der auch Psychologe ist. Aber den werde ich die nächsten Wochen auch nur ein paar Mal zu Gesicht bekommen.

Ich hab also jetzt mein erstes Gespräch mit meiner Sozialpädagogin. Ich finde sie unglaublich nett und liebenswürdig, was mir einige Angst nimmt. Doch dann kommt etwas, was ich lange verdrängt habe. Der Vertrag mit dem dazugehörigen Essensplan. Wie auch in der Klinik gibt es hier einen Essensvertrag und einen Essensplan. Demnach muss ich morgens und abends am begleiteten Essen teilnehmen. Morgens Müsli oder Brot mit Butter und Belag. Abends drei Brote, oder zwei Brote und einen Joghurt. Der Essensplan ändert sich jede Woche, aber die Mengen bleiben ungefähr gleich. Mittags muss sich jeder sein Essen selbst kochen. Irgendwie find ich das lächerlich.

Ich bin in einer Wohngruppe für essgestörte Mädchen und muss mittags selber kochen? Als ob ein magersüchtiges Mädchen sich mittags was kocht. Wie machen das denn die anderen Mädchen hier?

Ein paar hab ich schon kennengelernt und die sind eigentlich alle ganz nett. Meiner Meinung nach auch nicht sonderlich dünn. Schon schlank, aber nicht dünn. Und zwei sind sogar eher etwas dicker. Die haben bestimmt Bulimie. Aber die Magersüchtigen hier, kochen die sich etwa was mittags? Und essen die auch die Richtmengen?

Es ist so, dass man nur eine bestimmte Zeit im begleiteten Essen morgens und abends ist. Wenn es gut klappt und man die Richtmengen in der angegebenen Zeit isst, darf man aus dem begleiteten Essen raus und muss sich selber darum kümmern.

Ich frag mich wirklich, in was für einer Welt die hier alle leben. Mal ganz im Ernst. Für mich ist es utopisch, abends drei Scheiben Brot zu essen. Geschweige denn morgens. Ich weiß nicht mal, wann ich das letzte Mal überhaupt eine ganze Scheibe zum Frühstück gegessen habe. Aber wahrscheinlich sind die anderen Mädchen viel weiter als ich. Bestimmt sind die direkt aus der Klinik hierhergekommen und auch so lange in der Klinik gewesen, bis sie normalgewichtig waren. Also somit mit völlig anderen Voraussetzungen in die WG gekommen.

Na das kann ja heiter werden. Dann bin ja schon wieder ich diejenige, die aus der Reihe tanzt. Ich hab schon eine Sonderrolle, weil ich mit einem 15er-BMI in die WG kommen durfte. Normalerweise wird man nur aufgenommen, wenn man einen 16er-BMI hat.

Und somit zurück zum Vertrag. Wenn ich unter 40 kg wiege, habe ich nur drei Stunden Ausgang PRO WOCHE! Das muss ich erst mal in meinen Kopf bekommen, ich wiege gerade so 40 kg, rutsche aber ab und zu auch in die 39 und dann hab ich sofort eine Woche lang nur drei Stunden Ausgang. Da man hier nur einmal in der Woche gewogen wird, gilt das dann auch für die ganze Woche. Meine Stimmung ist auf dem Nullpunkt.

Und hinzu kommt, wie nicht anders erwartet, dass ich zunehmen muss. Außerdem steht im Vertrag, dass ich eine sechswöchige Probezeit zu bestehen habe und danach entschieden wird, ob ich bleiben kann oder nicht. Daran mag ich jetzt noch gar nicht denken und das ist ziemlich dumm von mir, denn mir ist jetzt schon klar, dass ich nicht zunehmen möchte.

Aber vielleicht macht es ja hier in der Wohngruppe plötzlich klick in meinem Kopf und alles ändert sich.

Nachdem ich dann auch gelesen hab, dass fettarme Produkte und Süßstoff verboten sind und es regelmäßig Kühlschrank-, Zimmer- und Essensfachkontrollen gibt, unterschreibe ich den Vertrag wie bereits alle Essensverträge zuvor mit dem Gedanken im Kopf, dass ich ihn eh nicht einhalten werde.

Und wieder macht sich ein schlechtes Gewissen breit. Als das Gespräch vorbei ist, sitze ich wieder mutterseelenallein auf meinem Bett und weiß nicht wohin mit mir. Meine Koffer habe ich bereits ausgepackt und somit mache ich, was ich immer tue, wenn ich einsam bin. Mama anrufen.

Geizig wie ich bin, lasse ich es natürlich nur bei ihr klingeln, damit sie mich zurückruft. Und ja. Auch das macht mir ein schlechtes

Gewissen. Ich stehle ihre Zeit und lasse mich dann auch noch auf ihre Kosten anrufen. Ich bin ein ganz schönes Arschloch.

Na ja. Zuverlässig wie Mama nun eben ist, ruft sie mich sofort zurück.

»Hallo, mein Schatz. Na, bist du gut angekommen?«

»Ja«, antworte ich mit zittriger Stimme.

»Hab auch schon meine Sachen in die Schränke geräumt. Das war gar nicht so eine leichte Angelegenheit, mein ganzes Zeug in diesem Mini-Schrank unterzubekommen.«

Da lacht sie laut und meint: »Ja, das glaub ich dir.«

Und dann kann ich mich aber nicht mehr zusammenreißen. Ich fange fürchterlich an zu weinen und klage Mama mein Leid.

»Mama, ich bin so einsam. Das Zimmer ist so weit okay. Die Mädels sind nett, aber ich bin einfach so einsam. Ich will heim.«

»Ach Hannachen«, seufzt sie.

»Hast du denn was anderes erwartet? Es ist völlig normal, dass du jetzt erst mal einsam bist, aber du musst dich auch erst mal einleben. Und wenn du die anderen Mädchen besser kennengelernt hast und die Stadt nicht mehr so fremd ist, dann wird das schon. Die Hauptsache ist, dass du erst mal gesund wirst.«

Gesund werden. Gesund werden. Immer dieses scheiß Gesundwerden. Ich kann es nicht mehr hören.

Was denken denn bitte alle? Dass ich nur, weil ich in München in so einer scheiß Wohngruppe bin, plötzlich drei Brote morgens und abends esse? Das ist lächerlich. Aber, mein Gott, was hab ich mir eigentlich dabei gedacht? Wenn ich ehrlich bin, hab ich genauso gedacht. Dass ich nach München komme und alles wird gut. Aber Hanna. Denk doch mal nach. Du bist seit vier Jahren magersüchtig. Schaffst es, dein Gewicht zu halten, indem du nachts vor Kühlschrank und Süßigkeitenfach hockst. Wie soll das denn bitte schön hier sein? Ich hab zwar auch ein Kühlschrankfach und ein Essensfach, aber ich kann ja schlecht den ganzen Tag nichts essen und mir abends die Wanne mit Salat vollhauen.

Und so verläuft der Abend, was das Essen angeht, wie immer.

Es ist mittlerweile sieben Uhr, das Gespräch mit Mama ist unter Tränen beendet und um halb acht gibt es das begleitete Abendbrot. Langsam mache ich mich auf den Weg zur Küche.

Gott sei Dank hab ich von zu Hause ein bisschen was zu essen mitgebracht. Natürlich nur Dinge mit wenig Kalorien. Tomaten. Gurke. Salat. Babygläschen. Fettarmen Joghurt und Süßstoff. Und somit hat Hanna bereits die erste Regel des Vertrags gebrochen.

Den Süßstoff verstecke ich in meiner Wolldecke, die ich zu einer Wurst gerollt hab, um meine Bettkante zur Wand hin etwas gemütlicher zu gestalten.

Der fettarme Joghurt landet in meinem Essensfach, so, dass es keiner merkt. Die anderen Mädchen sind schon eifrig dabei, ihr Abendbrot zu richten.

Es ist so, dass man alles auf ein Tablett legen muss, was auf dem Essensplan steht. Hergerichtet werden die Brote dann, wenn man im begleiteten Essen sitzt, damit die Betreuer auch ja kontrollieren können, dass man sein Brot gescheit mit Butter beschmiert und mit Wurst oder Käse belegt.

Und wieder schweifen meine Gedanken ab. Wann hab ich eigentlich das letzte Mal Wurst oder Käse gegessen? Ich weiß es nicht. Heute steht auf dem Plan:

- 1 Butterbrezel
- 2 Brote mit Butter, Wurst und Käse
- 1 Glas Saft
- 1 Tomate

Wie nicht anders zu erwarten, landet was auf meinem Tablett? Richtig.

Die Tomate.

Na ja, die können ja schlecht erwarten, dass ich am ersten Tag alles mitbringe, doch da Magersüchtige ja immer ganz schnell sind, was Essen anbieten angeht, bekomme ich gleich Hilfe. Für mich eher nervige Hilfe, die ich eigentlich nicht haben will, die aber natürlich nett gemeint ist. So meint ein Mädchen, das auch mit mir in der Essensbegleitung ist: »Du bist wahrscheinlich noch nicht dazu gekommen, einkaufen zu gehen. Soll ich dir was leihen?«

»Nein, danke«, antworte ich freundlich.

»Aber eigentlich muss man zum begleiteten Essen alles mitbringen, was auf dem Plan steht.«

»Ja, ich weiß, aber ich werde es eh nicht essen.«

»Aber mitbringen muss man es trotzdem und herrichten auch. Ich kann dir ja mal eine Brezel geben und etwas Belag und du schaust, wie viel du schaffst.«

»Okay, vielen Dank«, antworte ich und weiß jetzt schon, dass die Brezel auf meinem Tablett vergammeln wird.

Das Hauptproblem ist eigentlich, dass ich erst nächste Woche Dienstag gewogen werde.

Jetzt ist es Donnerstag. Das heißt, ich muss so wenig wie möglich essen, damit ich so wenig wie möglich wiege.

Ich will ein so niedriges Gewicht wie möglich haben, wie es auch schon bei den etlichen Kliniken vorher der Fall war. Und dann ist es halb acht und wir marschieren im Gänsemarsch mit unseren Tabletts den Flur entlang in die zweite Küche, in der das begleitete Essen stattfindet. Und es ist der Horror. Die Betreuerin lässt ihren Blick über alle Tabletts schweifen und schreibt auf, ob auch wirklich jeder alles mitgebracht hat.

»Wo sind Ihre Brote, Frau Blumroth?«, fragt sie mich.

»Ich bin heute erst gekommen, deswegen hab ich noch keine. Die Brezel hab ich mir auch nur geliehen«, antworte ich und bin jetzt schon genervt, aber die Betreuerin zeigt Verständnis und guckt mich eigentlich ganz lieb an.

Doch dann geht's los.

Ich sitze da, alle richten ihr Essen und ich warte einfach nur und gucke auf dem Tisch herum. Ich weiß gar nicht, wo ich hingucken soll, damit sich niemand beobachtet fühlt. Und damit ich wenigstens irgendetwas tue, schneide ich die Tomaten, ich hab nämlich zwei mitgenommen. Als ich damit fertig bin, meint die Betreuerin zu mir: »Richten Sie bitte auch Ihre Brezel mit der Butter?«

Ich wusste, dass das kommt, und weiß gar nicht, wie ich mich erklären soll. Ich fühle mich extrem unwohl und würde mich am liebsten in Luft auflösen.

Also antworte ich: »Ne, das würde nichts bringen, weil ich sie eh nicht esse.«

»Richten Sie sie bitte trotzdem und probieren auch davon zu essen? Denn wenn Sie die Brezel erst gar nicht herrichten, fällt es Ihnen noch schwerer, davon zu essen.«

»Das ist nur Verschwendung«, antworte ich genervt, »weil ich eh nicht vorhabe, davon zu probieren.«

Und so bleibt die Brezel unberührt auf meinem Teller liegen, genauso wie die geliehene Butter. Die anderen Mädchen gucken mich nur mit großen Augen an und fangen an zu essen.

Und dann passiert etwas, was mich total baff macht. Alle Mädchen, mit denen ich am Tisch sitze, essen brav, was auf dem Plan steht. Die Brezel, die Brote, die Butter und den Belag.

Ich esse meine Tomaten so langsam wie möglich, damit ich auch ja als Letzte fertig bin. Ich kann es nämlich nicht ertragen, wenn ich vor anderen mit dem Essen fertig bin.

Eine halbe Stunde haben wir Zeit und danach bin ich einfach nur froh, dass das Essen vorbei ist. Aber ich bin immer noch total verstört.

Ich dachte, ich wäre in einer Essgestörten-WG. Wieso können die essen, was auf dem Plan steht, und ich nicht?

Na ja, wenn ich ehrlich bin, bin ich auch unglaublich froh, dass die anderen Mädchen alles gegessen haben.

Das Gegenteil hätte ich nämlich nicht ausgehalten. Sofort hätte ich mich verglichen und mich mies gefühlt.

Als das Essen vorbei ist, hole ich sofort meine Tablette ab, damit ich schön früh schlafen gehen kann. In der anderen Küche angekommen, räumen alle ihre Sachen weg und ich schaue mir den

Essensplan an. Einerseits finde ich es gut, dass es jeden Tag variiert, zum Beispiel an einem Tag Müsli, am nächsten Tag Brot, aber abends ist es total unpraktisch. Mal gibt's Käse, am nächsten Tag Wurst, am nächsten Tag Lachs, dann Schinken usw. Das heißt, man kauft sich eine Packung Wurst und es kann sein, dass man die nur einmal in der Woche braucht, sodass man sehr viel wegschmeißen muss. Das bekomme gerade ich zu spüren. Ich kaufe mir das Zeug, weil man es ja zum Essen mitbringen muss, und das war es dann auch. So gammelt der Belag auf meinem Tablett rum und wird nicht angerührt, bis er schimmelig wird und ich ihn wegschmeiße.

Ja und so verlaufen die nächsten Wochen. Ich geh zum begleiteten Essen und mache meine Extrawurst.

Morgens trinke ich eine Tasse Tee. Wenn es Müsli gibt mit Obst und Joghurt, esse ich nur das Obst mit meinem fettarmen Joghurt.

Wie ich es schaffe, fettarmen Joghurt zu essen? Ich hab ihn einfach in einen Becher umgefüllt, auf dem »3,5 % Fett« steht.

Abends mache ich mir dann immer einen großen Salat und Gemüse, was ich in der Mikrowelle heiß mache. Und heiß ist noch untertrieben, es dampft geradezu. Salat in die Mikrowelle zu machen ist ja eigentlich schon eklig, oder? Aber mir schmeckt's. Schmeckt wie Kohlgemüse dann. Ist ja auch wurscht.

So wie beschrieben, verläuft das begleitete Essen eigentlich immer. Jetzt fragt ihr euch bestimmt, wie ich es dann schaffe, mein Gewicht zu halten. Na wie wohl. Ich hocke abends vor meinem Essensfach und esse Babygläschen. Keine ganzen natürlich. Sondern von dem einen einen Löffel voll, dann von der anderen Sorte, dann von der dritten Sorte. Einmal mit Sojasoße. Einmal ohne Sojasoße. Dann von jeder Sorte einen Löffel mit Essig und so weiter.

Anschließend stehen fettarmer Joghurt und eingefrorene Früchte auf dem Speiseplan.

Aber mal ganz ehrlich: Ich bin so dämlich. Anstatt, dass ich versuche, beim begleiteten Essen die Essensmengen zu steigern, esse ich heimlich. Warum eigentlich?

Ich kann es nur vermuten. Ich habe tierische Angst vor Kohlehydraten. Brot, Müsli, Nudeln, Kartoffeln, Reis etc. stehen ganz oben auf meiner Angstliste.

Klar. Die Babygläschen bestehen auch aus Kohlehydraten. Und klar esse ich auch Sorten mit Nudeln in Bolognesesoße zum Beispiel, aber das wiederum schmeckt mir.

Aber ich kann ums Verrecken kein Brot essen. Ich nenne das trockene Kalorien. Kalorien, die man halt zu sich nimmt, weil es ein Grundnahrungsmittel ist, aber nicht, weil es besonders ist.

Und so esse ich Tag für Tag beim begleiteten Essen fast nichts, um abends meine Babygläschen, meinen Joghurt und meine Früchte zu essen. Dadurch halte ich grob mein Gewicht. Als ich dann aber am Dienstag gewogen werde, wiege ich knapp unter 40 kg. Das heißt, ich hab nur drei Stunden Ausgang pro Woche.

Fürchterlich ätzend. Jeden Einkauf muss man genauestens planen, damit man ja nicht seine Zeit überschreitet.

Hinzu kommt, dass mir tierisch langweilig ist. Die Uni hat noch nicht begonnen. Ich stehe Tag für Tag auf und weiß nicht wofür. Am schlimmsten ist es morgens. Da muss ich um sieben frühstücken, aber danach lege ich mich meistens wieder ins Bett.

Was würd ich doch dafür geben, wieder ausschlafen zu können. Aber das war es jetzt wohl erst mal mit der Ausschlaferei.

Das einzig Spannende, was passiert, ist, wenn neue Mädchen in die Wohngruppe kommen. Zurzeit ist es so, dass ziemlich viele gehen und neue kommen. Und dann geschieht das, was ich einfach nur hasse. Es kommt ein Mädchen, eigentlich ganz nett. Aber was ist mit ihr? Sie ist dünn. Und somit meine Konkurrentin. Ich kann das einfach nicht aushalten, wenn andere Mädchen dünn sind. Sofort hab ich es irgendwie geschafft herauszubekommen, was für einen BMI sie hat, und sie hat den gleichen wie ich. Problem bei der Sache: Ich finde sie spindeldürr und mich superfett. Ich weiß ihren BMI ganz sicher und trotzdem glaube ich nicht, was ich sehe.

Sie ist dünn. Ich bin dick.

Egal ob wir den gleichen BMI haben oder nicht. Sie ist dünn. Ich bin dick. Und so kontrolliere ich mit Argusaugen, was sie isst. Und sie ist eine von den Kandidatinnen, die in die Wohngruppe kommen, und alles ist gut. Sie isst die Richtmenge. Sie kocht sich mittags was zu essen.

Und wie. Kaiserschmarrn, Reis, Nudeln. All die schönen Dinge mit viel schönen Kalorien. Ich glaub das einfach nicht. Und trotzdem ist sie so dünn. Ich versteh das einfach nicht. Ich esse ja nun wirklich nicht viel. Joghurt, Obst, Gemüse, Babygläschen.

Als sie dann vom Wiegen kommt und ihrer Freundin erzählt, dass sie abgenommen hat, gibt mir das einen Stich ins Herz. Das sind immer die Momente, in denen ich mich gerne ritzen oder mir die Haare ausreißen würde, weil ich mich und meinen Körper so unglaublich hasse.

Ich hasse ihn. Ich hasse ihn. Ich will auch essen wie ein Scheunendrescher und abnehmen. Warum ist mein Körper so anders? Ich will wieder meine 29 kg haben.

Ich will dünn sein. Als ich dünn war, war ich zufrieden. Warum bin ich jetzt nur so unglücklich?

Meine Laune ist abhängig von einem anderen Mädchen. Ein Mädchen, mit dem ich nichts zu tun habe, aber das mich unglaublich fertigmacht.

Schau doch mal dich an, Hanna, bleib bei dir. Orientier dich nicht immer an anderen. Das sag ich mir immer wieder. Doch als ich dann vom Wiegen komme und sehe, dass ich wieder im 40er-Bereich bin, könnte ich heulen.

Also gehe ich in mein Zimmer und beiße mich. Ich beiße mir in den Arm, weil ich meinen Körper so sehr verabscheue. Ich halt es einfach nicht aus. Ich spüre mich nicht. Das Einzige, was ich spüre, ist ein dicker Bauch, ein dicker Hintern, dicke Oberschenkel. Ich hatte schon lange nicht mehr ein so mieses Körpergefühl. Und das macht mich so traurig, weil ich mich so sehr nach meinem lebensgefährlichen Gewicht sehne.

Ich versuche, mir gut zuzureden, und aufzuhören, mir wehzutun, doch es tut so gut, seinen Körper mal auf andere Weise zu spüren.

Doch einen guten Punkt hat es, dass ich über 40 kg wiege: Ich darf zur Uni. Mit meinen drei Stunden Ausgang pro Woche hätte ich das schön knicken können. Aber auch das macht mich gerade nicht wirklich glücklicher.

Zwei Tage hab ich jetzt noch, bis die Uni anfängt, und ich bin einfach nur heilfroh.

Dann ist es endlich so weit. Donnerstagmorgen. Heute ist erst mal nur ein Kennenlern-Nachmittag. Ich bin total aufgeregt und weiß gar nicht, was ich anziehen soll. Auf dem Weg zur Uni hab ich ein ganz komisches Gefühl in mir.

Einerseits freue ich mich, dass endlich ein neuer Lebensabschnitt beginnt. Andererseits habe ich wieder meine altbekannte Angst.

Was ist, wenn es mir nicht gefällt? Was ist, wenn ich zu blöd bin? Wenn ich nicht verstehe, was da vorne geredet wird?

Hanna fährt zur Uni. Hanna studiert. Schon komisch. Aber irgendwie auch cool.

Weniger cool bin ich gerade, als ich aus der S-Bahn steige und zur Bushaltestelle laufe. Hier stehen bereits etliche Studenten und Studentinnen, ich kann aber nicht sagen, ob es überhaupt welche aus meiner Gruppe sind.

In der Uni angekommen, herrscht erst mal Chaos. Alle Studenten des ersten Semesters treffen sich im Auditorium.

Hier hält erst mal jemand aus der Fachschaft eine sehr nette Rede.

Anschließend werden wir herumgeführt und alles wird erklärt. Insgesamt gibt es vier Gruppen. 1A–D. Diese Gruppen werden dann zusammen ihre Vorlesungen haben.

Ich bin in Gruppe 1A. Als die Führung vorbei ist, sitzen alle zusammen in dem kleinen Café, das zur FH gehört. Ich setze mich an einen Tisch und lerne die ersten Kommilitonen kennen.

Alle sind sehr nett zu mir, aber es kommen natürlich noch keine tieferen Gespräche zustande.

Als ich nach diesem Nachmittag wieder in der Wohngruppe ankomme, lasse ich alles Revue passieren. Es ist ganz komisch. Ich habe das Gefühl, dass ich in zwei Welten lebe – in der Wohngruppe und in der Fachhochschule. Einmal bin ich die Magersüchtige. Einmal die Studentin. Jetzt ist die Frage, was mir mehr gibt. Nach einigen Tagen kann ich sagen: Ich bin Hanna, die Magersüchtige. Ich hatte jetzt einige Tage Uni und ich war noch nie so enttäuscht und frustriert. Es ist schrecklich. Die Vorlesungen machen mir überhaupt keinen Spaß. Und es ist so unglaublich schwer und kompliziert und ich blicke gar nichts. Ob das jetzt daran liegt, dass ich zu doof bin oder weil es mir einfach nicht gefällt, weiß ich nicht.

Ich könnte heulen. Ich hab mich so auf diese Zeit gefreut und jetzt wünschte ich, ich hätte niemals diesen Studiengang gewählt.

Mensch, Hanna, wie blöd bist du eigentlich? Ich hätte es doch eigentlich wissen müssen, dass BWL viel mit Zahlen zu tun hat und sehr theoretisch ist. Aber ich hatte einfach keine Ahnung, was ich studieren wollte, und somit dachte ich, BWL wäre das Richtige. Oh Mann. Warum kann in meinem scheiß Leben nicht einfach mal was so laufen, wie ich es will?

Und hinzu kommt, dass ich mit dem Konzept der Wohngruppe überhaupt nicht klarkomme. Jetzt ist die Kacke nämlich richtig am Dampfen. Die Wohngruppe macht mir Druck, dass ich endlich was ändern muss. Zusätzlich ist es so, dass die anderen Mädchen mittlerweile richtig genervt sind von mir und meinem Verhalten. Sie schließen mich aus, schneiden mich, geben genervte Antworten und lassen mich merken, dass ich fehl am Platz bin.

Und ganz ehrlich: Sie haben recht. Ich bin hier total falsch. Ich bin einfach noch zu essgestört für diese WG. In der wöchentlichen Gruppentherapie lässt ein Mädchen dann die Bombe platzen, als sie sagt: »Also wir haben in der Toilette Erbrochenes gefunden und wir denken, dass du das warst, Hanna.«

»Bitte? Wollt ihr mich verarschen? Was soll das denn bitte jetzt?«, antworte ich.

»Du hockst jeden Abend vor deinem Fach und isst irgendwas. Genauso hab ich immer zu Hause vorm Essen gehockt, als ich meine Fressanfälle hatte. Aber das ist nicht das Einzige. Wir sind mittlerweile alle genervt. Das ist nicht böse gemeint, Hanna, aber wir können einfach nicht verstehen, was du hier machst. Du isst nichts beim begleiteten Essen, du kochst dir mittags nichts. Wir verstehen alle nicht, warum Sie«, dabei schaut sie zur Therapeutin, »warum Sie das alles mitmachen und du immer noch hier bist. Wir denken, dass du besser aufgehoben wärst in einer Klinik, aber nicht in dieser Wohngruppe. Wir müssen alle kämpfen und haben es alle schwer, aber immerhin strengen wir uns an. Und du tanzt einfach aus der Reihe und die Wohngruppe lässt das alles mit sich machen. Der Ärger hat aber nichts mit dir zu tun, sondern eigentlich eher mit den Leuten, die das Ganze hier leiten, weil sie zuschauen, wie du genauso weitermachst wie bisher, und keiner kommt dir zu Hilfe.«

Ich kann es kaum glauben. Was soll das denn bitte jetzt. Ich kann nichts sagen, ich hab das Gefühl, dass mir der Boden unter den Füßen weggezogen wird. Wie soll ich mich denn jetzt rechtfertigen?

»Also, erst mal muss ich sagen, dass es mir leidtut, dass ich so bin, wie ich bin und wie ich mich verhalte, aber das ist Hanna, die Magersüchtige. Es gibt auch noch eine andere Hanna und das solltet ihr eigentlich alle wissen. Und dass ich breche, ist ein Witz. Ich hatte noch nie in meinem Leben einen Fressanfall und dass ich vor meinem Essensfach hocke, ist halt, weil ich da meine Babygläschen habe und immer wieder davon nasche.«

Während ich das erzähle, schaue ich in zweifelnde Gesichter, was mein Gefühl nicht gerade verbessert. Es fühlt sich einfach so ungerecht an, wenn andere etwas von einem glauben, was nicht stimmt. Und diese Gruppentherapie hat zur Folge, dass auch die Therapeuten nun anfangen zu handeln. Und so habe ich an einem Nachmittag einen Termin mit meiner Psychologin, meiner Betreuerin und der Ernährungstherapeutin.

»Also, Frau Blumroth«, meint meine Therapeutin, »so kann es nicht weitergehen. Wir haben jetzt einen Plan gemacht. Um Sie ein bisschen zu unterstützen. Sie essen nicht mehr im begleiteten Essen, sondern bekommen eine Eins-zu-eins-Betreuung. Das heißt, Sie gehen vor oder nach dem begleiteten Essen zur Aufsicht und essen in Begleitung. Morgens essen Sie Obst mit Joghurt und abends eine Scheibe Brot mit Belag. Außerdem möchten wir, dass Sie das Wiegen bei einem Arzt durchführen lassen, der einen Ultraschall macht, damit wir wissen, was Sie wirklich wiegen.«

Als ich das höre, fange ich sofort an zu weinen.

»Das wird nicht funktionieren. Ich kann morgens nichts essen, das geht einfach nicht. Auch nicht nur Obst mit Joghurt. Und abends eine Scheibe Brot, das schaffe ich nicht. Das geht einfach nicht.«

Das mit dem Wiegen beim Arzt ist mir wurscht, weil ich weiß, dass das, was ich beim Wiegen gewogen habe, ehrlich war. Bis auf einmal, da habe ich draufgetrunken.

Meine Therapeutin reicht mir Taschentücher und meint: »Versuchen Sie es wenigstens, sonst klappt es hier nicht weiter. Haben Sie mal überlegt, noch mal in eine Klinik zu gehen? Sie sind noch sehr am Anfang und so wie es zurzeit läuft, sieht es so aus, dass Sie die Probezeit nicht bestehen und die läuft in einer Woche aus.«

»Das können Sie doch nicht machen, wo soll ich denn hin? Ich hab grad erst ein Studium angefangen und wie soll ich jetzt in einer Woche eine Wohnung finden? Und dann auch noch in München?«

»Wir haben Ihnen jetzt diesen letzten Vorschlag gemacht, etwas zu ändern. Wenn das nicht klappt, können Sie hier nicht bleiben. Wir empfehlen Ihnen, noch mal in eine Klinik zu gehen.«

Heulend antworte ich: »Ich gehe nicht noch mal in eine Klinik. Und ich esse auch keine Scheibe Brot zum Abendessen und ich kann auch morgens nichts essen. Das geht einfach nicht. Und das mit dem Wiegen beim Arzt finde ich auch unter aller Sau. Wenn ich Sie verarschen würde, was das Wiegen betrifft, würde ich wohl kaum nach dem Wiegen so fertig sein und heulen.«

»Es ist nur zu Ihrer Unterstützung.«

»Was bitte soll mich daran unterstützen, dass morgens jemand neben mir sitzt und mir dabei zuschaut, wie ich eine Tasse Tee trinke? Das wird nicht funktionieren.«

»Dann werden Sie die Probezeit nicht bestehen, Frau Blumroth.«

Langsam steigt die Panik in mir.

»Das können Sie doch nicht machen, dann stehe ich auf der Straße. Wo soll ich denn hin? Ich weiß nicht, wo ich hin soll.«

Doch es lässt sich nichts machen. Die drei bleiben bei ihrem Plan.

Doch ich halte mich nicht daran. Am nächsten Morgen stehe ich auf und gehe zur Betreuerin mit einer Tasse Tee. Und so sitzen wir uns gegenüber und ich trinke meinen Tee.

Ich komme mir unglaublich dämlich vor. Und so gehe ich am Abend und am nächsten Morgen nicht mehr zur Betreuerin zum Essen.

Dann ist Wiegen angesagt. Bevor ich zur Uni gehe, gehe ich zu meiner Ärztin, um mich wiegen zu lassen. Natürlich trinke ich nichts, weil es nichts bringen würde, aber ich wiege meiner Meinung nach eh genug, um zur Uni gehen zu dürfen.

Als ich bei meiner Ärztin bin, macht sie einen Ultraschall und untersucht meine Blase und meinen Magen. Leer. Keine Flüssigkeit.

Anschließend stellt sie mich auf die Waage.

39,8 kg. Natürlich freue ich mich tierisch, dass ich abgenommen habe, aber diese 200 g bedeuten, dass ich nur drei Stunden Ausgang habe. Diese 200 g bedeuten, dass ich nicht zur Uni darf.

Aber wisst ihr was? Das ist mir egal. Und so gehe ich aus der Praxis und fahre wie selbstverständlich zur FH. Ein bisschen ein ungutes Gefühl habe ich schon, aber mal im Ernst: Die können mich doch nicht einfach aus der Wohngruppe schmeißen. Dann stehe ich ja auf der Straße.

Also gehe ich auch die darauffolgenden Tage zur FH. Und das bekommt natürlich auch das Team von der Wohngruppe mit und so folgt ein weiteres Gespräch, diesmal allerdings mit dem Chef der

Wohngruppe. Und was ich jetzt erfahre, hab ich weit weg gesehnt. Aber ich hätte es wissen müssen. Ich habe die Probezeit nicht bestanden. Und jetzt bin ich so was von am Arsch. In ein paar Tagen muss ich raus aus der Wohngruppe und ich weiß nicht wohin.

Die haben echt Ernst gemacht. Aber das können sie doch nicht machen. Scheiße, ey, wo soll ich denn hin? Ich kann doch jetzt nicht wieder nach Hause, ich hab doch grad erst mein Studium begonnen. Ich bekomm das nicht in meinen Kopf rein. Ich stehe in ein paar Tagen auf der Straße? Scheiße, Hanna, warum hast du dich nicht angestrengt?

Du hättest doch nur Obst mit Joghurt und eine Scheibe Brot essen müssen.

Was mache ich denn jetzt?

Sofort setze ich mich an den Computer und suche nach Wohnungen. Das ist doch lächerlich. Als ob ich in ein paar Tagen jetzt eine Wohnung finde. In München. Ah, ich könnte schreien vor Wut. Ich bin so wütend auf mich.

Doch jetzt habe ich wahrscheinlich das schlimmste Gespräch noch vor mir. Mama. Langsam nehme ich mein Handy und lasse wie immer nur durchklingeln. Sofort ruft sie mich zurück. Das Gespräch ist der Horror. Ich erzähle ihr, dass ich aus der WG geschmissen werde, und ich muss mir das Telefon vom Ohr halten, weil sie so sauer ist und mich anschreit.

»DU hast wieder alle verarscht. DU ziehst dein Ding durch auf Kosten deiner Familie und du hast gewusst, dass du mit der Wohngruppe spielst, und du hast es darauf angesetzt, rausgeschmissen zu werden. Sieh zu, wie du damit klarkommst, aber nach Hause kommst du nicht.«

Als das Gespräch vorbei ist, liege ich eine Stunde auf dem Bett und weine und weine und weine. Mein Leben ist im Arsch. Diese Wohngruppe war meine letzte Hoffnung und meine letzte Chance und ich hab sie wieder nicht ergriffen. Jetzt stehe ich in ein paar Tagen auf der Straße und ich bin selber schuld.

Die nächsten zwei Tage bestehen aus Uni und Wohnungssuche. Ich rufe bei etlichen WGs an. Und ich bin so glücklich, als ich zwei Besichtigungen habe. Doch mein Glück verfliegt schnell wieder. Denn ich werde bei keiner der zwei Wohnungen genommen. Ich stehe total unter Strom. Es ist Stress pur und immer wieder sage ich mir: Das können die doch nicht machen. Die können mich doch nicht einfach auf die Straße setzen.

Doch, können sie. Und das merke ich, als ich ein Gespräch mit meiner Betreuerin habe und sie mir einen Zettel mit Übernachtungsmöglichkeiten in die Hand drückt. Das ist jetzt ein Scherz, oder? Aber es ist kein Scherz. Es ist ernster als ernst. Und wie tief ich gesunken bin, merke ich, als ich bei diesen Übernachtungsmöglichkeiten anrufe, unter denen sich sogar Obdachlosenheime befinden. Aber es ist bei allen das Gleiche. Ich rufe an und tue so, als ob ich heulen würde, und leiere überall den gleichen Text runter.

»Guten Tag. Ich hab ein Problem. Ich habe bis jetzt in einer Wohngruppe für essgestörte Mädchen gewohnt und habe die Probezeit nicht bestanden, das heißt, ich stehe in zwei Tagen auf der Straße. Ich weiß einfach nicht, wo ich hin soll. Bitte helfen Sie mir.«

Aber es hilft nichts. Entweder es wird mir gesagt, dass das Jugendamt für mich zuständig ist, oder es heißt, dass sie mich nicht aufnehmen, weil ich in eine Klinik gehöre und sie die Verantwortung nicht übernehmen können.

Und so gilt mein nächstes Gespräch dem Jugendamt, welches auch schon über meine Situation Bescheid weiß. Ich hab allerdings eine neue Betreuerin, die für mich zuständig ist, weil meine versetzt wurde. Das heißt, ich rede mit einer mir völlig fremden Person. Trotzdem ist sie meine Rettung, denn sie hat eine Lösung für mich.

»Also wir haben zwei Lösungen für Sie. Entweder Sie kommen zurück nach Hamm, Sie wohnen auf Kosten des Jugendamtes in einem Hotel und wir suchen eine neue Wohngruppe für Sie, oder Sie gehen in eine andere WG in München, die sich auch auf Essstörungen spezialisiert hat.«

Ich bin total perplex. Andere WG in München?

Ich dachte, es gibt nur diese eine. Ich bin einfach nur heilfroh. Mein Leben ist gerettet.

Einen Tag später fahre ich in die neue Wohngruppe, weil ich eine Art Vorstellungsgespräch habe. Das Gespräch verläuft ganz gut, aber die Wohngruppe unterscheidet sich nicht sonderlich von der jetzigen. Eigentlich fühle ich mich total lächerlich, weil es irgendwie nichts bringen würde, jetzt in eine andere Wohngruppe zu gehen.

Na ja, trotzdem weiß ich jetzt noch nicht, ob ich in diese Wohngruppe gehen kann oder nicht, und so fahre ich wieder in die Wohngruppe mit der gleichen Angst wie vorher. Und ein weiterer Tag vergeht und ich weiß immer noch nicht, wo ich hin soll. Es ist furchtbar zu wissen, dass man aus seiner Bleibe raus muss und einfach keinen Plan hat, wo man hin soll.

Und so bin ich fast nur am Heulen und sitze stundenlang am PC, weil ich glaube, eventuell noch irgendwie eine Wohnung zu finden.

Aber der Gedanke ist utopisch.

Entweder die Wohnungen sind schon weg, viel zu teuer oder am Arsch der Welt. Das hätte ich echt nicht gedacht, dass sich das als so schwierig erweist. Wenn ich die letzten Wochen Revue passieren lasse, denke ich einfach nur: Mann, Hanna, wie dumm und naiv warst du eigentlich? Aber das rettet mich jetzt auch nicht.

Hinzu kommt, dass alle glauben, ich würde in allerletzter Minute noch sagen: Okay, ich gehe noch mal in die Klinik. Aber das können sich alle abschminken. Eher lebe ich in München unter der Brücke, als noch mal in die Klinik zu gehen. Wahrscheinlich denken sich alle, dass ich schon wieder am gleichen Punkt stehe wie vor ein paar Monaten. Und ich muss zugeben, dass ich ziemlich enttäuscht bin von mir selber, dass ich immer noch keinen Schritt weiter bin als vor ein paar Monaten oder sogar vor ein paar Jahren.

Also lasse ich mir jetzt noch mal alles durch den Kopf gehen.

Ich war in einer der besten Kliniken des Landes, wäre wahrscheinlich gestorben, wenn ich nicht so schnell einen Platz bekommen hätte, war daheim ein psychisches Wrack und hab eigentlich genauso gegessen wie immer, habe einen Platz in einer Wohngruppe in München bekommen und zusätzlich auch noch einen Studienplatz, alles zur richtigen Zeit. Mir wurde also das Glück zu Füßen gelegt, und jetzt? Jetzt stehe ich mit einem Bein auf der Straße.

Scheiße, ich bekomm es nicht in meinen Kopf rein. Und dann ist es so weit. Ich hab die Nacht kaum schlafen können. Ich weiß nicht, ob man das versteht, aber ich kann es nur noch mal sagen. Ich hab keine Ahnung, wo ich hin soll.

Der Tag der Tage ist gekommen und ich sitze sozusagen auf gepackten Koffern und hab keine Ahnung, wo ich heute Nacht schlafen werde. Und so gehe ich heulend zu meiner Betreuerin und klage ihr mein Leid.

»Eigentlich ist heute Ihr Auszugstermin, aber ich werde noch mal mit dem Chef reden, ob sich da irgendetwas machen lässt.«

Zwei Stunden voller Angst und Bangen später kommt sie zu mir und meint: »Also, Frau Blumroth, Sie können das Wochenende über jetzt noch hierbleiben, müssen allerdings aus dem Zimmer ausziehen, werden auch aus der Wohngruppe abgemeldet und haben heute Ihren offiziellen Auszugstermin und müssen in der unteren Etage im Gemeinschaftsraum schlafen.

Ich kann es kaum glauben.

Für zwei Tage ist mein Arsch gerettet. Aber mal ganz ehrlich. Mein Bett ist ungenutzt, es ist noch kein neues Mädchen da, die dort einzieht, und trotzdem muss ich aus dem Zimmer ausziehen und soll mich auch nicht mehr in der Wohngruppe blicken lassen.

Das verstehe ich nicht. Dann könnte ich doch dieses Wochenende auch noch in dem Zimmer schlafen.

Aber na ja, es wird schon seine Gründe haben. Und den Grund erfahre ich, als ich noch ab und zu in die obere Etage gehe, um an mein Essensfach zu gelangen. Die Mädchen, die mit mir zusammengewohnt haben, wollen mich nämlich nicht mehr da haben. Wie ich darauf komme? Wie gesagt, ich gehe durchs Treppenhaus in die obere Etage an mein Essensfach, um mir einen Kaffee zu machen, als eines der Mädchen fragt: »Ich dachte, du wohnst jetzt unten? Was machst du dann hier?«

»Ich mache mir einen Kaffee. Ich werde wohl kaum für zwei Tage jetzt mein Essensfach von hier nach unten schleppen.«

Zwei Minuten später steht eine Betreuerin neben mir und meint: »Frau Blumroth, ich muss Sie bitten zu gehen. Sie sind offiziell aus der Wohngruppe ausgezogen und haben hier nichts mehr zu suchen.«

Während sie das sagt, stehen fast alle Mädchen der Wohngruppe hinter ihr und nicken. Eine bläst sogar ins gleiche Horn und sagt: »Und den Kaffee kannst du dir ja auch unten machen.«

Da schaue ich sie böse an und keife: »Danke, aber es reicht, wenn mir das die Betreuerin sagt.«

Ich bin fassungslos. Und so schnappe ich mir mein Zeug aus dem Essensfach und verschwinde in die untere Etage. Ich fühle mich total mies. Mies und vor allem einsam.

Mittlerweile ist es dunkel geworden und ich hocke in einem riesengroßen Raum voll mit Tischen und Stühlen auf einem Klappbett und sonst ist um mich herum eine große Leere.

Wie gut, dass ich noch meinen Laptop habe. Meine Koffer habe ich oben im Zimmer gelassen. Das steht eh leer, also warum sollte ich jetzt für zwei Tage meine Koffer von der oberen in die untere Etage schleppen.

Zwei Tage später ist es dann wieder so weit. Ich wache morgens auf und habe wieder keine Ahnung, wo ich hin soll. Gott sei Dank hat sich das Fernsehteam wieder angemeldet, um meinen Umzug zu dokumentieren.

HA. Den Umzug wohin? Ich weiß es nicht. Plötzlich klingelt mein Handy und die Betreuerin vom Jugendamt ist dran und sie hat die rettende Lösung.

»Also, Frau Blumroth, ich hab mit der anderen Wohngruppe gesprochen und Sie können heute dorthin kommen.«

Ist das wahr oder ist das wahr?

Ich kann es kaum glauben, wieso wird immer wieder mein Arsch gerettet? Es ist der Hammer. Kurze Zeit später trifft das Fernsehteam ein, hilft mir, meine Koffer zum Taxi zu schleppen, und dokumentiert nebenbei meinen Umzug. Trotzdem lasse ich mich nicht lumpen und gehe noch mal eine Etage höher, um mich doch noch mal von allen zu verabschieden.

Es sind auch alle sehr nett und wünschen mir alles Gute. Ich wette, sie sind froh, dass ich endlich weg bin. Aber sie drücken mir noch einen Brief in die Hand.

Der Brief ist wirklich sehr schön und mitfühlend. Sie wünschen mir alles Gute und dass es Ihnen leidtut, wie alles gelaufen ist. Zusätzlich haben sie eine Adresse mit dazugelegt von einer Klinik und legen mir nahe, doch noch mal zu überlegen, dorthin zu gehen. Es ist lieb gemeint, aber es kommt für mich nicht infrage. Trotzdem freue ich mich so sehr wie schon lange nicht mehr. Ich hab mich mit den Mädchen immer wieder in die Haare bekommen, deswegen finde ich diesen Brief umso schöner. Aber ich bleibe auch dabei, dass bestimmt alle froh sind, dass ich weg bin.

Und so ziehe ich um in die nächste Wohngruppe.

Und es geht gleich wieder weiter. Der nächste Vertrag folgt. Diesmal habe ich vier Wochen Probezeit und muss 500 g in der Woche zunehmen.

Morgens gibt es Müsli oder Brot wie in der anderen Wohngruppe auch. Mittags gibt es Brotzeit und Rohkost und abends wird zusammen gekocht. Und wieder kann ich über den Vertrag nur lächeln. Als ob ich 500 g die Woche zunehme. Was glauben die eigentlich alle?

Na ja, ich finde jedenfalls nett, dass ich aufgenommen wurde. Und ich will auch versuchen, mir Mühe zu geben.

Und das geht gehörig nach hinten los. Ich kauf mir wieder meine eingefrorenen Früchte, die ich morgens esse. Und schon bekomm ich mich mit den Betreuern in die Haare.

»Nehmen Sie sich bitte die sieben Esslöffel Müsli?«

Ich murre wieder meinen Standardsatz, dass ich das Müsli eh nicht essen werde, nehme es mir aber trotzdem. Ich stochere aber in meinem Müsli rum und picke nur die Früchte raus und sofort heißt es: »Essen Sie bitte auch was von dem Müsli? Sie haben einen Vertrag unterschrieben, also halten Sie sich auch daran.«

»Dann breche ich eben den Vertrag, aber ich esse nichts von dem Müsli.«

Und wieder schauen mich die anderen Mädchen groß an.

Mir tut das ja auch leid, aber wenn es doch nicht geht? Ich kann morgens einfach nichts essen außer Obst, Eiweiß oder Joghurt. Ich bin einfach zu essgestört dafür.

Aber wird das denn nie besser?

Nein. Es wird nicht besser. Die nächsten Wochen laufen genauso wie in der ersten Wohngruppe auch. Ich erscheine zwar zum Essen. Ich esse auch mit, es sei denn, ich bin in der Uni, dann bin ich vom Essen befreit. In der Uni esse ich natürlich nichts. Wenn es abends ans Kochen geht, koche ich immer schön mit, esse aber nur das Gemüse oder den Salat. Wenn es kein Gemüse oder keinen Salat gibt, probiere ich kurz und esse dann nichts. Um neun Uhr gibt es dann noch eine Spätmahlzeit, zu der ich dann immer ganz viel gefrorene Früchte esse. Ich ernähre mich also zurzeit wieder nur von Obst und Gemüse und etwas Joghurt. Und mein Gewicht hält sich so um die 39 kg. In dieser Wohngruppe darf ich auch mit einem 15er-BMI in die Uni gehen. Wenigstens etwas.

Doch dann folgt das Horrorwochenende. Mein kleiner Bruder hat Konfirmation. Gott sei Dank habe ich von der Wohngruppe eine Erlaubnis bekommen, nach Hause zu fahren. Und dann ist es endlich so weit. Mama holt mich vom Bahnhof ab und ich falle ihr in die Arme. Ich bin so glücklich, sie endlich wiederzusehen. Wir verbringen zusammen den Abend und sind beide glücklich.

Warum Horrorwochenende? Weil nun die Konfirmation kommt. Und das heißt: Essen. Essen. Essen.

An besagtem Tag frühstücke ich wie immer natürlich nicht, doch nach der Kirche folgt das Mittagessen. Zuerst gibt es für alle eine Suppe, die ich auch bis auf die Knödel aufesse.

Darauf folgen auf großen Platten Schweinefilet, Kartoffelgratin, Kartoffeln, helle Soße, dunkle Soße und ganz viel Gemüse. Ich nehme mir Gemüse und Soße. Aber nicht nur einmal. Ganze drei Mal fülle ich meinen Teller mit Gemüse auf und esse und esse und esse, bis ich kugelrund bin. Und dann kommt der Nachtisch. Sorbet mit Erdbeeren. Das verputze ich dann auch noch. Ich fühle mich so unglaublich fett und hässlich. Außerdem habe ich ein enges Kleid an, sodass ich die ganze Zeit meinen Bauch einziehen muss. Und alle haben gesehen, wie viel ich gegessen habe. Am liebsten würde ich im Erdboden versinken. Die Erdbeeren von meinem Onkel hab ich auch noch verspeist. Und zu Hause geht es gleich weiter. Es gibt Erdbeerkuchen, Apfelkuchen, Käsekuchen und Tiramisu.

Zuerst bleibe ich sitzen und lasse erst mal die anderen vom Kuchen nehmen, doch ich halte es nicht aus. Obwohl ich so viel Gemüse gefuttert habe, habe ich unendlich großen Appetit auf Süßes. Als alle wieder sitzen, gehe ich ins Esszimmer, in dem die ganze Kuchenpracht aufgebaut ist.

Ich schneide mir von jedem Kuchen etwas ab, damit ich jeden probieren kann. Da ich von dem Tiramisu schlecht was abschneiden kann, schaue ich mich kurz um und lecke den Löffel ab. Und: Erwischt. Mit einem Mal steht Matthias neben mir und schaut mich angeekelt an und meint: »Hanna, was machst du da? Das ist ja total unappetitlich.«

Und wieder würde ich am liebsten im Erdboden versinken. Oh Gott, ist das peinlich. Aber anstatt mich zu entschuldigen, schnauze ich ihn nur an und tu noch so, als sei ich im Recht. Anschließend setze ich mich zu den anderen und esse meine Ministücke Kuchen. Mein Teller sieht aus wie ein Schlachtfeld.

Wieder peinlich. Als ich den Kuchen aufgegessen habe, fühle ich mich so schlecht wie schon lange nicht mehr. Und ich fasse einen

Plan. Ich schnappe mir die Cola light und trinke ein Glas. Und noch ein Glas und noch ein Glas. Dann stehe ich auf. Da sich alle angeregt unterhalten, fällt es nicht auf, wie ich nach oben verschwinde. Ich gehe eine Treppe hoch und noch eine Treppe, bis ich in meinem ehemaligen Zimmer angekommen bin.

Ich verschwinde im Bad. Schließe die Tür hinter mir und lehne mich über die Toilette. Ich stecke mir einen Finger in den Hals und versuche, mich zu übergeben. Doch es klappt nicht. Immer und immer wieder stecke ich mir den Finger in den Hals und leide Höllenqualen.

Irgendwann kommt dann etwas und ich stecke mir den Finger immer tiefer in den Hals. Es klappt nur sehr schleppend und deswegen fange ich an zu heulen. Aber nur ein bisschen, weil ich nicht riskieren kann, dass meine Schminke verläuft. Wieder trinke ich ganz viel Wasser und versuche es noch einmal. Doch wieder funktioniert es nur sehr schlecht. Als ich in den Spiegel schaue, sehe ich aus, wie ich eben aussehe, wenn ich gerade versucht habe zu kotzen.

Aber es ist mir egal. Ich mache mich etwas frisch und gehe wieder runter.

Natürlich merken Mama und Oma sofort, dass etwas nicht stimmt.

Ich gehe in die Küche und schaue einfach nur die Wand an, als plötzlich Oma von hinten kommt und mich fragt, was mit mir los sei. Sofort fange ich an zu heulen und sage: »Ich hab gekotzt.«

»Und jetzt schämst du dich?«, fragt sie.

»Ja«, antworte ich.

Während ich in ihrem Arm liege, versuche ich so unauffällig wie möglich zu weinen, denn nur einige Meter weiter im Wohnzimmer sitzen die Gäste.

Doch dass jetzt alles vorbei ist, ist nicht so. Wieder mache ich mich frisch und versuche, mich zu den anderen zu setzen und mich am Gespräch zu beteiligen. Ein, zwei Stunden später wird es langsam Abend und der Horror geht weiter.

Eine Käseplatte. Und wieder kann ich mich nicht zurückhalten und schneide mir von jedem Käse ein kleines Stück ab. Und es folgt das gleiche Spektakel. Ich fühle mich fett und hässlich, verschwinde im oberen Bad und stecke mir den Finger in den Hals. Diesmal klappt es etwas besser, doch es kommt wieder nur ein bisschen raus.

Als der Tag um ist und ich endlich schlafen gehe, bin ich heilfroh. Doch ich hab mich schon lange nicht mehr so unglaublich fett gefühlt.

Am nächsten Tag geht es mir wieder etwas besser, weil mein Bauch ein bisschen flacher geworden ist, aber er ist immer noch kugelrund.

Am Abend folgen dann die nächsten Tränen, weil Mama mich zum Bahnhof bringt, da ich wieder nach München muss.

In München angekommen, falle ich nur noch müde ins Bett und realisiere kaum, dass es jetzt wieder einige Zeit dauern wird, bis ich Mama wiedersehe.

Der Alltag der Wohngruppe folgt dann wieder ziemlich schnell.

Aber wieder bin ich ziemlich blauäugig. Denn wieder findet ein Gespräch statt, in dem es heißt, dass ich die Probezeit nicht bestanden habe.

Panik kommt in mir auf. Und ich hab nicht mal Internet, um nach einer Wohnung zu suchen. Abends hab ich eine halbe Stunde Zeit, um im Mitarbeiterbüro ins Internet zu gehen. Nicht genug Zeit, um eine Wohnung zu finden. Doch plötzlich finde ich etwas. Ein Zimmerchen, allerdings nur für ein paar Wochen. Scheißegal. Ich brauche eine Bleibe. Oh Mann. Ich hätte nicht gedacht, dass ich so oft in so eine scheiß Situation komme.

Das Zimmer wird von einem älteren Herrn angeboten, der sich ein bisschen was dazuverdienen will. Ich mache mich also auf den Weg zu der Adresse und komme mir vor wie in einem Vorstellungsgespräch. Und es klappt. Ich kann in das Zimmer einziehen, wenn ich aus der Wohngruppe raus muss. Und wieder hab ich ein Schweineglück.

Ich kann es kaum fassen. Ich freue mich richtig, dass ich endlich von diesen blöden Wohngruppen wegkomme. Ich hab da einfach keine Lust mehr drauf, weil ich genau weiß, dass es eh nichts bringt. Aber wie wird es sein, wenn ich alleine wohne?

Wird DANN alles anders?

Wird sich DANN irgendetwas ändern?

Ich glaube wenig daran. Aber ich werde es ja die nächsten Wochen sehen.

24. KAPITEL

Zukunft offen

April bis September 2012

Und so ziehe ich – wieder mit Fernsehteam im Schlepptau – in mein erstes Zimmerchen. Es ist ein unglaubliches Gefühl. Es ist zwar nicht mein eigenes Zimmer und ich weiß, dass es auch nicht für sehr lange sein wird, trotzdem fühlt es sich gut an, dass niemand hinter einem steht und mit erhobenem Zeigefinger an die Regeln erinnert.

Ich wohne jetzt seit einigen Tagen in meinem neuen Zimmer und gehe zur Uni. Doch seit ich hier wohne, hab ich nichts mehr gegessen. Ich esse nichts und ich habe auch nichts eingekauft. Ich teile mir den Kühlschrank mit dem älteren Herrn, nur von mir steht nichts drin.

Heute bin ich das erste Mal seit Langem wieder verabredet. Ich gehe mit drei Freundinnen ins Kino. Dass ich hier die Lösung für mein Wohnproblem finden werde, hätte ich nicht geahnt. Doch im Gespräch mit meiner Freundin erfahre ich, dass sie umzieht – ins Olympiadorf in München, in eine Wohnanlage extra für Studenten. Und weiterhin erfahre ich, dass die andere Freundin auch vorhat, dort einzuziehen. Ich bin gleich Feuer und Flamme und frage den beiden Löcher in den Bauch, bis Mareike plötzlich sagt: »Weißt du was? Wir gehen gleich morgen früh zusammen dorthin und fragen, ob noch was frei ist.«

Ich bin unglaublich glücklich darüber, rechne mir aber wenig Chancen aus, dass gerade ich dort noch ein Zimmer bekomme, denn in diesen Studentenwohnanlagen sind die Wohnungen schneller als schnell vergeben.

Am nächsten Morgen sitzen Mareike und ich also im Vorraum des Büros des Olympiadorfes. Ich bin total aufgeregt. Immerhin geht es um meine Existenz, denn bei dem älteren Herrn kann ich ja auch nicht ewig bleiben. Ich hab das Gefühl, die Schlange an wartenden Studenten wird gar nicht kürzer. Ich drehe Däumchen und habe Herzrasen. Wenn das klappen würde, das wäre der Burner!

Dann hätte ich mein eigenes, endlich mein eigenes Zimmerchen und wäre auch noch in der Nähe meiner Freundin.

Und dann ist es so weit. Ich betrete das Büro und versuche, ruhig zu bleiben. Vor mir steht ein netter junger Mann, der mich fragt, wie er mir helfen könne.

»Na ja, also ich hab gehört, dass hier ein paar Appartements frei sind. Meine Freundinnen waren schon hier und haben mir davon erzählt. Wäre denn noch eins davon zu haben?«

»Sind Sie denn Studentin?«

»Ja, bin ich«, antworte ich und mein Herz rast und rast.

»Ja, wir haben noch Appartements frei.«

»Auch noch im achten Stock? Da wohnt nämlich meine Freundin«, sage ich.

»Also im achten Stock nicht mehr. Ich kann den siebten und den neunten anbieten.«

Ich wähle den siebten. Das passt ja. Hausnummer 7, siebter Stock.

Und so unterschreibe ich meinen ersten Mietvertrag. Ich bin überglücklich. Das kann doch nicht wahr sein. Hey! Ich hab mein eigenes Zimmer in München! Ich glaub es nicht!

Ich gehe aus dem Büro raus und sage zu Mareike nur: »Ich hab ein Appartement.«

Und auch sie freut sich total mit mir.

Und dann rückt der große Tag immer näher. Es ist der 01.06. Und wieder dokumentiert das Fernsehteam von *stern TV* meinen Umzug.

Eigentlich ist es ja fast schon ein bisschen witzig, wie oft ich in dieser kurzen Zeit umgezogen bin. Aber das soll jetzt erst mal der letzte Umzug sein. Abends sitze ich in meinem ersten ganz eigenen Zimmer und bin überglücklich.

Einige Tage später ruft Mama an und sagt euphorisch: »Hanna, ich hab eine Überraschung für dich. Ich hab die Hypnotiseurin aus dem Fernsehen erreichen können und du kannst zu ihr kommen.«

»Echt? Wie toll.«

Und so bin ich ein paar Tage später auf dem Weg zu einer Hypnotiseurin. Wir reden ziemlich lange miteinander und sie meint, dass sie ungefähr zehn Sitzungen mit mir machen möchte. Dann lande ich auf der Couch. Sie macht mit mir eine Art Traumreise und ich kann mich richtig fallen lassen.

Am Ende fragt sie: »Wie lange, glauben Sie, dass Sie jetzt da lagen?«

»So 20 Minuten vielleicht?«

»Nein, es waren 45 Minuten. Daran sehen Sie, dass Sie dabei vollkommen das Zeitgefühl verlieren.«

Nach der Sitzung denke ich über die neue Erfahrung nach: Die Hypnose hat mir schon gut gefallen, aber ich glaube nicht, dass sie mich gesund machen kann.

Aber das ist ja die Frage der Fragen! Was macht mich gesund? Ich habe sie mir schon unzählige Male gestellt. Und ganz ehrlich: Ich glaube, ich muss es wollen. Ich muss es wirklich wollen, sonst kann mir nichts und niemand helfen. Und ich glaube, ich will es nicht. Sonst wäre ich doch schon längst gesund.

Die nächsten Tage und Wochen bestehen aus Uni und Praktikum. Ich habe mich in einigen Hotels als Hotelfachfrau beworben und direkt ein Schnupperpraktikum angeboten bekommen. Als ich es mache, weiß ich allerdings gleich: Nein, Hanna. DAS willst du nicht!

Und so bin ich jetzt dabei, mich für Psychologie zu bewerben. Das BWL-Studium möchte ich nicht fortsetzen, denn wenn ich ehrlich bin, ist es überhaupt nicht mein Ding.

Psychisch bin ich momentan sehr labil.

Es gibt Tage, an denen geht es mir gut. Das sind die Tage, an denen ich es schaffe, wenig zu essen. Aber genauso gibt es Tage, an denen ich zwar den ganzen Tag nichts esse, mir dafür aber abends wieder meinen Bauch mit Obst, Gemüse und Joghurt vollschlage. Hinzu kommt, dass ich danach oft noch größeren Appetit habe und Schokolade esse. Das sieht man am nächsten Tag sofort am Gewicht. Je nachdem, wie mein Gewicht ist, ist auch meine Laune. Ich bin also noch sehr essgestört. Ich würde sogar sagen, essgestörter als jemals zuvor. Und trotzdem geht es mir viel besser als in den Wohngruppen.

Auf meine Bewerbungen für ein Psychologiestudium habe ich nur Absagen bekommen, weil der Numerus clausus einfach utopisch ist. Jetzt sitze ich hier und habe keine Ahnung, welche Entscheidung ich treffen soll. Ich habe eine Zusage für Erziehungswissenschaften in Bielefeld bekommen und könnte vielleicht Psychologie als Nebenfach studieren. Außerdem habe ich überlegt, erst mal ins Ausland zu gehen, um meinen Weg zu finden.

Ich bin verzweifelt und zugleich auch froh, nicht mehr BWL machen zu müssen. Ich bin mal wieder zwiegespalten. Einerseits würde ich gern in München bleiben, weil zwei meiner besten Freundinnen hier wohnen, andererseits war ich dort auch sehr einsam und hab mich in die Krankheit gestürzt.

In den letzten Wochen in München ging es mir immer schlechter. Ich bin bulimisch geworden. Ich hab keine großen Fressanfälle gehabt, aber nach kurzer Zeit hatte ich keinen Würgereiz mehr, sodass ich mich nicht mehr erbrechen konnte. Es war der Horror. Ich war total einsam und depressiv. Ich hatte zwar meine zwei Freundinnen, die mir immer wieder aus meinem Loch geholfen haben, aber trotzdem hab ich mich den ganzen Tag nur mit Essen und Nichtessen beschäftigt. Aus Panik vor der Waage hab ich mich auch nicht mehr gewogen. Ich hatte einfach zu große Angst davor.

Inzwischen habe ich meine Wohnung in München gekündigt und bin wieder nach Hause gezogen. Seit ich wieder daheim bin, verfalle ich wieder in anorektisches Verhalten. Und jetzt bin ich zwar zu Hause, aber besser geht es mir auch nicht. Ich bin nicht mehr einsam, aber ich habe wieder ziemlich mit mir und meinem Körper zu kämpfen.

Seit dem Termin, den ich vor Kurzem bei meiner Ärztin hatte, hat sich sogar alles noch zugespitzt. Es sollte einfach mal wieder ein Rundum-Check sein. Inklusive Wiegen. Ich hatte mir eigentlich vorgenommen, nicht hinzuschauen, doch ich hab es trotzdem getan. Und es direkt bereut. Dort stand eine Zahl, die mich geschockt hat. Ich bin zusammengebrochen und hab nur noch geweint. Ich hab es einfach nicht ausgehalten.

Endlich habe ich mich entschieden, in Bielefeld Erziehungswissenschaften zu studieren. Ich war sehr lange hin und her gerissen, denn einerseits wollte ich nach Bielefeld, weil das nicht weit von Zuhause entfernt ist, andererseits finde ich die Stadt nicht besonders ansprechend. Seit einigen Wochen fahre ich jetzt täglich zur Uni, ich werde erst mal eine Zeit lang pendeln, bevor ich wirklich nach Bielefeld ziehe.

Mittlerweile geht es mir physisch zwar besser, psychisch ist es aber noch immer ein Auf und Ab. Ich merke jedoch, dass mir das neue Studium hilft, und ich hoffe, dass sich dadurch mein Leben etwas normalisiert. Mein Essverhalten ist immer noch sehr anorektisch. Aber mir ist einiges klar geworden. Es bringt nichts, in die Klinik zu gehen, wenn man es dort nicht so lange durchhält, bis man ein normales Essverhalten gelernt hat und sich nicht mehr ständig Gedanken um sein Gewicht macht. Man muss essen können und zufrieden sein. Ich war immer zu feige, mich ganz darauf einzulassen, obwohl ich Unterstützung hatte.

Trotzdem bin ich heute weiter. Es braucht viel Zeit zu lernen, sich seinen Ängsten zu stellen. Man ist nicht glücklicher, weil man dünner ist. Das ist nur Pseudoglück. Ich wünschte, ich hätte es einmal durchgezogen, denn wenn man sich normal ernährt, kann der Körper von allein ein normales Gewicht halten. Das hab ich bei den Mädchen gesehen, die in der Klinik normal bis viel gegessen haben und trotzdem schlank waren. Mein Stoffwechsel ist durch das ganze Hin und Her ziemlich im Eimer, was das Essen für mich noch schwieriger macht.

Wie meine Zukunft magersuchtstechnisch aussieht?

Ganz ehrlich? Ich weiß es nicht. Entweder ich nehme wieder ab oder ich halte mein Gewicht. Ich kann nur sagen, dass das eine scheiß Krankheit ist, aus der man ohne Hilfe nicht rauskommt. Und man muss es wollen. Sonst können einem weder Klinik noch Arzt helfen. Man muss es wollen und durchziehen, so früh wie möglich.

Ob ich es irgendwann zu 100 Prozent will, weiß ich nicht. Im Moment kann ich es mir nicht vorstellen, aber vielleicht bekommt mein Leben ja irgendwann einen anderen Sinn. Ich werde auf jeden Fall davon berichten. Auf jeden Fall möchte ich lernen, das Leben zu genießen und irgendwann zufrieden mit mir zu sein. Ich weiß nämlich, dass das Leben ohne Magersucht viel schöner ist.

An dieser Stelle möchte ich meiner Familie und meinen Freunden danken, dass sie immer zu mir gestanden haben. Es tut mir unendlich leid, was ich euch allen angetan habe, und ich hoffe, dass jetzt eine bessere Zeit folgt.

Danke.

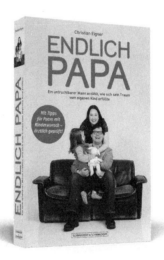